CB081255

Contrato Preliminar e a Boa-fé Objetiva

Contrato Preliminar e a Boa-fé Objetiva

2023

Guilherme de Toledo Piza

ALMEDINA

CONTRATO PRELIMINAR E A BOA-FÉ OBJETIVA
© Almedina, 2023

Autor: Guilherme de Toledo Piza

Diretor Almedina Brasil: Rodrigo Mentz
Editora Jurídica: Manuella Santos de Castro
Editor de Desenvolvimento: Aurélio Cesar Nogueira
Assistentes Editoriais: Letícia Gabriella Batista e Tacila da Silva Souza
Estagiária de Produção: Natasha Oliveira

Diagramação: Almedina
Design de Capa: Roberta Bassanetto

ISBN: 9786556279794
Novembro, 2023

Dados Internacionais de Catalogação na Publicação (CIP)
(Câmara Brasileira do Livro, SP, Brasil)

Piza, Guilherme de Toledo
Contrato preliminar e a boa-fé objetiva /
Guilherme de Toledo Piza. – São Paulo : Almedina, 2023.

ISBN 978-65-5627-979-4

1. Boa fé (Direito) 2. Contratos (Direito) – Brasil
3. Direito civil – Brasil 4. Negócio jurídico
I. Título.

23-170201 CDU-347.44(81)

Índices para catálogo sistemático:

1. Brasil : Contratos : Direito civil 347.44(81)

Eliane de Freitas Leite – Bibliotecária – CRB 8/8415

Coleção IDiP
Coordenador Científico: Francisco Paulo De Crescenzo Marino

Este livro segue as regras do novo Acordo Ortográfico da Língua Portuguesa (1990).

Editora: Almedina Brasil
Rua José Maria Lisboa, 860, Conj. 131 e 132, Jardim Paulista | 01423-001 São Paulo | Brasil
www.almedina.com.br

Ao meu pai, cuja memória segue sendo norte
e força motriz.

"Ninguém caminha sem aprender a caminhar, sem aprender a fazer o caminho caminhando, refazendo e retocando o sonho pelo qual se pôs a caminhar."

PAULO FREIRE

AGRADECIMENTOS

Ao meu orientador, Professor Marco Fábio Morsello, verdadeiro exemplo de paixão e comprometimento para com o magistério e a academia, registro meus sinceros agradecimentos por ter aberto as portas da Faculdade a um forasteiro que nela fez morada, pelos gentis conselhos e imprescindíveis ensinamentos que me trouxeram até este momento, bem como pela honra de poder me dizer seu orientado.

Aos Professores Nestor Duarte e Claudio Luiz Bueno de Godoy, que, com sua cuidadosa revisão no contexto do exame de qualificação, motivaram ajustes essenciais no desenvolvimento do trabalho.

Agradeço também aos Professores Fernando Campos Scaff e Francisco Paulo de Crescenzo Marino, cujas lições instigaram reflexões e permitiram trocas que foram primordiais no direcionamento deste estudo. Expresso minha gratidão também ao Professor George Triantis, pelas reflexões que enriqueceram este trabalho. Agradeço, ainda, ao Instituto de Direito Privado, na pessoa do Professor Francisco Marino, pela honra de figurar entre os autores da prestigiosa coleção a qual este trabalho agora integra.

Ao Pinheiro Neto Advogados, agradeço pelo incansável incentivo ao aprimoramento de seus integrantes, traduzido no apoio a este projeto. Faço meu agradecimento a todo o escritório, nas pessoas de Luciano Rossi, Franco Grotti e Fábio Rocha Pinto e Silva, que apoiaram incondicionalmente a pesquisa acadêmica, colaborando com ideias e debates, e aos demais integrantes da equipe que tanto me incentivaram. Agradeço ainda ao Fábio Rocha Pinto e Silva e ao Renato Grecco pelo companheirismo, concretizado nas inúmeras revisões e discussões. Não poderia deixar de fazer meus sinceros agradecimentos à equipe da Biblioteca Pinheiro Neto, inexaurível na missão de angariar conhecimento para munir seus integrantes.

Ao Paulo Henrique Ribeiro Garcia e ao Henrique Dada Paiva, agradeço pela enriquecedora convivência e por todo o aprendizado.

Agradeço à minha mãe, Moema, aos meus irmãos, Maria e Pedro, e aos meus sogros, Ivani, German, Eduardo e Daniela, por todo o apoio, compreensão e incentivo, bem como pelos momentos de afeto que atenuaram a árdua tarefa da produção acadêmica.

Enfim, meus agradecimentos à Camila Nishi, minha companheira inseparável. Não tenho qualquer medo de errar ao afirmar que sem sua presença este trabalho jamais existiria. Foram quase dois anos isolados do resto do mundo, além de inúmeros finais de semana e algumas férias, imersos nas pilhas de livros, nos incentivando e apoiando mutuamente, amenizando a angústia e a transformando em alegria e companheirismo. Muito obrigado.

PREFÁCIO

A obra "*Contrato preliminar e boa-fé objetiva*", cuja honra tenho de prefaciar é fruto de dissertação de mestrado que o autor apresentou à Faculdade de Direito da Universidade de São Paulo, sob minha orientação e que foi aprovada por unanimidade e com distinção por Banca composta por este orientador e os Professores Cláudio Luiz Bueno de Godoy, Renata Mota Maciel e Wanderley José Fernandes.

O autor é advogado brilhante, desempenhando seu mister com grande vocação, cultura e dedicação, no renomado Escritório Pinheiro Neto Advogados, com atuação destacada justamente no tema desta dissertação, porquanto em sede de constatação empírica observou a necessidade de colmatação de lacunas em sede de tratativas caracterizadoras do contato social, previamente à formalização do contrato, impondo-se a observância da teoria da confiança, à luz da formação da justa expectativa aos candidatos a contratantes, cujos deveres de probidade e lealdade são fundamentais no amplo *iter* da fase pré-contratual, sobretudo na seara não incomum de negociações complexas e duradouras.

Nesse contexto, parte de premissa maior acerca da caracterização do contrato preliminar, seus elementos e pressupostos, em cotejo com o princípio da boa-fé objetiva e da visão da estrutura obrigacional complexa, com projeção de deveres anexos ou laterais, que promanam do *standard* de lisura e lealdade da figura em comento, em suas funções interpretativa, supletiva e corretiva.

Nesta senda, destaca o dever de cooperação como elemento nodal, visando o escopo da denominada eficácia ótima de interesse das partes, vedando-se rupturas abruptas, injustificadas e lesivas à justa expectativa de outrem, recordando que o descumprimento de dever anexo ou lateral, *per se*, é hipótese de inadimplemento.

Justamente com fulcro no amplo plexo de situações vindas a lume, além da definição e natureza jurídica, traz a baila questão de suma relevância, concernente ao conteúdo mínimo e graus de programação, cuja intensidade, a depender da análise tópica poderá tornar a celebração do contrato definitivo em mero ato devido.

Sobreleva anotar, por derradeiro, que o autor denota expansão inconcussa de seus horizontes profissionais e acadêmicos, justamente com ênfase nas denominadas garantias objeto dos contratos preliminares, objeto de recente Pós-Graduação na prestigiosa Stanford University e com exercício sucessivo em renomados escritórios em Nova Iorque.

Conclui-se, destarte, que o autor, tema e obra se encontram em perfeita simbiose, porquanto toda a cultura humanística, em sucessivo amadurecimento intelectual do jovem jurista, reverbera em sua plenitude, abrangendo a perspectiva histórica do ideal aristotélico da justiça substancial, percorrendo os lindes mais práticos de sua vivência, mormente a partir do contato social e da fase pré-contratual das denominadas tratativas, cujos usos e costumes desvelam por vezes inúmeros desafios, que impõem a aplicação dos consectários da teoria da confiança e justa expectativa dos candidatos a contratantes.

Em suma, o tempo, no tempo, mudou com o tempo, mas o ponto nodal do escopo da justiça substancial no caso concreto reverbera ao longo da dissertação que ora se publica e que se antevê como um imperativo global que resgata a eticidade, nomeadamente diante do crepúsculo do dever e da ética indolor, que se afiguram como anteparos na realidade contemporânea, crescentemente complexa.

A leitura é agradável e útil, com linguagem escorreita e rica fonte bibliográfica jurídica. A obra engradece sobremaneira a civilística brasileira, de modo que é com gáudio que recomendo ao leitor o livro que ora se publica.

São Paulo, 11 de agosto de 2023.

MARCO FÁBIO MORSELLO
Professor Associado da Faculdade de Direito da Universidade de São Paulo.
Doutor em Direito Civil pela Faculdade de Direito da Universidade de São Paulo.
Livre-docente pela Faculdade de Direito da Universidade de São Paulo.
Desembargador no Tribunal de Justiça do Estado de São Paulo.

SUMÁRIO

INTRODUÇÃO

O tema do presente trabalho tem origem nas inquietações deste autor, que, posto diante da miscelânea de acordos e documentos corriqueiramente celebrados na fase prévia à efetiva celebração de um contrato, e sem desconhecer a figura do contrato preliminar, disciplinada especificamente nos artigos 462 e seguintes do Código Civil, pôs-se a refletir sobre a eficácia de uma "obrigação de contratar", seus limites e efeitos, levando-o a buscar uma análise sistemática do instituto em questão e, de forma subjacente, da obrigação de contratar e do indissociável dever de negociar.

Tais obrigações mostram-se presentes desde casos clássicos, como a celebração de compromisso de compra e venda de imóvel que, sujeito a condição ou termo, obriga as partes à celebração da escritura definitiva, mas também em operações de maior complexidade, que envolvem uma série de contratos coligados, e em cujo bojo, por muitas vezes, é inserida a obrigação de contratar.

Neste trabalho, para além de realizar uma descrição sistemática do regime jurídico aplicável ao contrato preliminar, o objetivo é responder às seguintes perguntas: (i) Quando há contrato preliminar? Ou seja, o que um contrato deve conter para que possa ser classificado como tal? (ii) Celebrado o contrato preliminar, quais os pressupostos de seu adimplemento? Como as partes devem agir para que se cumpra o que foi pactuado? (iii) Caso os pressupostos do adimplemento daquele não se verifiquem, quais as ferramentas jurídicas de que a parte inocente pode se socorrer?

Nesse último caso, indaga-se: (i) Quais os pressupostos e efeitos da execução específica da obrigação de emitir declaração negocial? (ii) Pode o juiz complementar a declaração de vontade para permitir sua plena eficácia, e, em caso positivo, quais os limites de tal atuação jurisdicional? (iii) Quando há inadimplemento absoluto do preliminar e quais seus efeitos?

As principais indagações, aqui, rodeiam não apenas as situações de descumprimento puro e simples, mas também aquelas situações limítrofes em que, sobretudo nos contratos preliminares que não formulam de antemão a integralidade do programa contratual pretendido, as partes omitem-se do subjacente dever de negociação, instrumental e necessário à consecução da finalidade última pretendida, qual seja, a celebração do contrato definitivo. Diante desse cenário, há inadimplemento? Qual a tutela concedida pelo ordenamento? Pode a parte adimplente valer-se de quais remédios?

O ponto nodal do trabalho consiste em verificar, como parte da resposta a todos os questionamentos ora suscitados, como a boa-fé objetiva, incidindo na relação jurídica contratual em suas funções corretiva, interpretativa e integrativa, age no sentido de orientar o comportamento das partes, complementando a declaração negocial, impondo deveres de conduta e limitando o exercício de posições jurídicas, para permitir que seja atingida a finalidade pretendida com a contratação preliminar – antes a celebração do contrato definitivo e, ato contínuo, a obtenção de seus efeitos.

Buscar-se-á demonstrar, ao longo do ensaio, que o adimplemento do contrato preliminar representa uma sobreposição do momento de adimplemento de um contrato – o preliminar – e das tratativas para a celebração de outro – o definitivo – em que a confiança recíproca depositada por uma parte na outra atinge patamar elevado, justificando a incidência do princípio da boa-fé com intensidade pronunciada.

Este livro é dividido em três capítulos. No primeiro, são tecidos comentários preliminares, apresentando a problemática de forma estruturada e apontando as questões que serão tratadas mais detidamente (pelo que não serão delongadas estas notas introdutórias). No segundo capítulo, são efetuadas considerações acerca do regime jurídico aplicável ao contrato preliminar no ordenamento brasileiro para demarcar seus principais caracteres e, com isso, delimitar o contrato preliminar em contraposição a outras figuras e situações jurídicas que possam a ele se assemelhar. Por fim, no terceiro capítulo, é feita análise dos pressupostos do adimplemento do contrato preliminar à luz da boa-fé objetiva para, outrossim, buscar responder às questões envolvendo a não verificação de tais pressupostos e seus efeitos.

Procura-se, ao fim, apresentar uma disciplina sistemática do contrato preliminar, em que se delimita seu regime jurídico em observância aos preceitos da boa-fé. Com tudo isso, o intuito é apresentar soluções teóricas e critérios abstratos, mas que possam ter repercussão prática, porquanto este trabalho tem origem em reflexões eminentemente funcionais.

Ressalta-se que, por questões metodológicas e de pertinência temática, optou-se por tratar do contrato preliminar entabulado no âmbito de relações civis paritárias, razão pela qual restaram excluídas – exceto quando referidas de forma tópica no desenrolar do texto – questões envolvendo contratos por adesão, contratos no microssistema das relações de consumo, contratos com a administração pública, contratos existenciais em geral e outras modalidades que desbordam do escopo do trabalho.

1.
A PRÁTICA DO CONTRATO PRELIMINAR E O PROBLEMA DE SEU ADIMPLEMENTO

A contratação preliminar não é novidade, embora tenha sido reconhecida pelo ordenamento jurídico brasileiro de forma ampla apenas a partir do Código Civil de 2002[1]. Outros sistemas originados na tradição romano-germânica possuem regramento positivado acerca da temática há maior lapso temporal[2].

[1] Antes disso, o Código de Processo Civil de 1973 já continha expressa previsão acerca da execução da obrigação de prestar declaração de vontade, bem como já havia numerosos diplomas que tratavam do compromisso de compra e venda, como descrito no item 2.8.1, adiante.

[2] Como será visto adiante, na Itália e em Portugal, tal regramento existe desde meados do século XX. Na Itália, ademais, a admissão da cisão entre o contrato preliminar e o definitivo, em contraposição a uma equiparação entre ambas as figuras, como antes se verificava no direito peninsular, e até hoje se observa no sistema francês, é fruto de uma transição gradual, com grande influência da doutrina alemã, que já então admitia a diferenciação entre o *Vorvertrag* e o *Hauptvertrag*, baseada na chamada "descoberta de Degenkolb" (GIUSTI, Alberto; PALADINI, Mauro. *Il contratto preliminare*. Milano: Giuffrè, 1992. p. 27-28; BIANCHINI, Luiza Lourenço. *Contrato preliminar*: conteúdo mínimo e execução. Porto Alegre: Arquipélago Editorial, 2017. p. 32). Bianca acrescenta, ainda, que não há qualquer óbice ao reconhecimento do contrato preliminar com fundamento na autonomia privada, a despeito de regramento legal expresso (*vide* BIANCA, C. Massimo. *Diritto civile*. 2. ed. Milano: Giuffrè, 2000. t. III: Il contratto. p. 181).

A origem mais comumente citada do contrato preliminar se encontra no *Vorvertrag* no direito germânico, denominação esta que deu origem às terminologias *avant contract* e *contratto preliminare*, utilizadas na França e na Itália, respectivamente. Desde o direito romano, contudo, já se conhecia do *pactum de contrahendo*, embora este fosse mero pacto, desprovido da natureza contratual de que o contrato preliminar goza nos sistemas contemporâneos[3].

Independentemente do que o ordenamento positivo prevê a esse respeito, a prática contratual recorre – e cada vez mais – à obrigação futura de contratar e à inerente obrigação de negociar[4], cabendo ao intérprete subsumir tal realidade ao que quer que esteja previsto no sistema vigente e encaixar tal *fattispecie* na moldura[5] legislativa, a fim de buscar soluções para os possíveis problemas que dali possam surgir.

Nessa esteira, ainda, é sempre importante ter em consideração que a globalização e o avanço tecnológico fizeram com que determinadas práticas extrapolassem fronteiras nacionais e passassem a ser repetidas em larga escala, até que fosse possível o reconhecimento de modelos contratuais quase que universais[6]. Muitos de tais modelos e mecanismos

[3] ANDRADE, Darcy Bessone de Oliveira. *Da compra e venda*: promessa, reserva de domínio & alienação em garantia. São Paulo: Saraiva, 1997. p. 58.

[4] COMPARATO, Fábio Konder. Reflexões sobre as promessas de cessão de controle acionário. *Revista Forense*, v. 266, 1979. p. 17.

[5] Diante dos fatos concretos, cabe ao operador do direito a subsunção ao direito positivo, enquadrar o ser ao dever ser consubstanciado nas normas jurídicas. Como será visto adiante neste trabalho, antes que houvesse previsão específica no direito brasileiro a respeito do contrato preliminar, coube aos intérpretes a proposição de soluções com base nas normas que então se lhe apresentavam. A ideia de *moldura* foi proposta por Hans Kelsen, ao tratar da teoria da decisão, para descrever o ato de escolha, pelo aplicador do direito, por uma dentre as diversas soluções possíveis dentro do sistema jurídico (KELSEN, Hans. *Teoria pura do direito.* Tradução João Baptista Machado. 6. ed. São Paulo: Martins Fontes, 1998. p. 171). Essa noção será importante quando se analisar o tratamento dado ao contrato preliminar no contexto brasileiro antes da entrada em vigor do Código Civil de 2002.

[6] A internacionalização e a uniformização dos usos e costumes do tráfego fazem com que surjam padrões amplamente adotados em escala internacional, a despeito do direito nacional do local onde determinada transação é realizada. Assim, certas práticas podem ser observadas de forma reiterada e relativamente uniformizada em diversos contextos transnacionais. Muito dessa característica decorre do rampante tecnológico que se observou no mundo pós-industrial, em que a globalização e o aumento da complexidade das relações econômicas e sociais fizeram circular novos costumes globalmente adotados. É por isso que há quem

envolvem obrigação de celebrar um contrato – por vezes como cerne da obrigação, por outras de forma acessória ou instrumental. E é justamente nesta senda que se buscará trilhar o caminho deste trabalho.

Não são raras as vezes em que, no dia a dia do tráfego comercial, os agentes se decidem pela conveniência de determinada transação sem, contudo, desejar ou dispor de todos os elementos formais ou negociais necessários à contratação definitiva em torno daquela operação econômica. Em outras circunstâncias, as partes decidem pela conveniência de engendrar uma operação econômica complexa, para cuja operacionalização seja necessária a conclusão futura de outros contratos.

Nesse contexto, é comum que as partes celebrem convenções que têm por objeto a conclusão de um segundo contrato[7]. Tais convenções de contratar futuramente podem se operar por meio de um instrumento independente e autônomo ou, ainda, de forma acidental, no contexto de negócios jurídicos diversos tendo por objeto operações econômicas complexas.

A obrigação de celebração do novo contrato pode vir prevista em um contexto corriqueiro, como a celebração de compromisso de compra e venda de imóvel nos termos do qual, mediante pagamento do preço, as partes se obrigam a celebrar a escritura pública de compra e venda; mas

fale no surgimento de uma nova *lex mercatoria* (*vide* GALGANO, Francesco. The new lex mercatoria. *Annual Survey of International & Comparative Law*, v. 2, p. 99-110, 1995). Destaca-se que a *lex mercatoria* aqui referida, relacionada à existência de padrões comuns de técnica em sistemas distintos, não se confunde com outra vertente que se verifica no direito transnacional, especialmente no que se refere ao "direito dispositivo para o qual as empresas remetem frequentemente a regulação das suas relações contratuais plurilocalizadas", consistente nas normas criadas por organismos comerciais internacionais de que são exemplos os "Princípios Relativos aos Contratos Comerciais Internacionais" da UNIDROIT (*International Institute for the Unification of Private Law*) e os *International Commercial Terms* – Incoterms (*vide*, a esse respeito, ANTUNES, José Engrácia. *Direito dos contratos comerciais*. Coimbra: Almedina, 2009. p. 64-66).

[7] Como será visto adiante, em circunstâncias nas quais as partes possuem o acordo integral em relação à totalidade do clausulado do negócio intentado, porém ainda aguardam pelo acontecimento de determinado fato para que a relação jurídica possa entrar em pleno vigor, podem elas recorrer à condição ou ao termo, figuras jurídicas expressamente previstas no Código Civil (*vide* item 2.4.5). Contudo, em outros casos, as circunstâncias concretas podem obstar a celebração já do instrumento definitivo, contendo o acordo integral das partes acerca da operação econômica ali instrumentalizada.

também no contexto de operações mais complexas, em que a obrigação de contratar se encontra inserta na formação de uma rede de contratos coligados[8] tendo por objeto uma transação econômica de maior vulto.

Tome-se por exemplo um compromisso de compra e venda em que determinado investidor, interessado apenas no retorno financeiro, compromete-se a adquirir um imóvel rural junto a determinados vendedores. Tais vendedores, experientes agricultores, por seu turno, comprometem-se a, além da outorga da escritura definitiva, e concomitantemente a esta, celebrar com o comprador um contrato de parceria rural por meio do qual darão seguimento à exploração do imóvel, repartindo os proveitos com o comprador.

A título de exemplo, menciona-se, ainda, um contrato de compra e venda de participação societária sujeito a condição suspensiva, qual seja, a celebração, pelos vendedores – que também são proprietários do imóvel no qual está localizada a principal unidade industrial da sociedade-alvo –, de contrato de locação que assegure à referida companhia a posse e plena utilização de tal imóvel após a troca de controle.

No caso do compromisso de compra e venda de imóvel puro e simples, o contrato definitivo simplesmente dá cumprimento ao negócio que constituía objeto do contrato preliminar; nos demais exemplos, efetiva-se negócio complexo, em que novo negócio jurídico complementa o negócio original, formando uma rede de contratos coligados.

Nesse contexto, a contratação preliminar, na qual as partes obrigam-se umas perante as outras ou, ainda, perante terceiros[9] à celebração futura de determinado contrato, dito definitivo, ganha relevo.

O contrato preliminar é figura amplamente utilizada no dia a dia negocial – antes mesmo de tal fenômeno encontrar disciplina expressa no Código Civil[10], os agentes econômicos já recorriam em ampla escala à

[8] A respeito dos contratos coligados, Marino ensina tratar-se de "contratos que, por força de disposição legal, da natureza acessória de um deles ou do conteúdo contratual (expresso ou implícito), encontram-se em relação de dependência unilateral e recíproca" (*vide* MARINO, Francisco Paulo de Crescenzo. *Contratos coligados no direito brasileiro.* São Paulo: Saraiva, 2009. p. 99).

[9] DELGADO, Abel Pereira. *Do contrato-promessa.* Lisboa: Livraria Petrony, 1978. p. 14.

[10] O contrato preliminar atualmente é regulado pelos artigos 462 a 465 do Código Civil de 2002. Referidos dispositivos serão analisados de forma mais detida ao longo deste trabalho.

promessa de contratação futura[11]. Ainda que muito se tenha questionado acerca da real necessidade ou utilidade do diferimento em dois momentos ou em duas declarações de vontade distintas – a saber, a conclusão do contrato preliminar e, depois, do contrato definitivo[12] –, bem como acerca da possibilidade jurídica de uma obrigação de contratar[13], fato é que referida

[11] Os ensaios produzidos por Fábio Konder Comparato e Waldirio Bulgarelli, datados de muito antes da promulgação do novo Código, são apenas dois exemplos que demonstram que a preocupação em torno do contrato preliminar não é datada de somente após seu específico acolhimento pelo direito positivo (*vide* COMPARATO, Fábio Konder. Reflexões sobre as promessas de cessão de controle acionário, cit.; BULGARELLI, Waldirio. *Contratos mercantis.* 7. ed. São Paulo: Atlas, 1993). No mesmo sentido, TEPEDINO, Gustavo; KONDER, Carlos Nelson. Qualificação e disciplina do contrato preliminar no Código Civil brasileiro. *In*: BARBOSA, Henrique; SILVA, Jorge Cesa Ferreira da (org.). *A evolução do direito empresarial e obrigacional*: 18 anos do Código Civil. São Paulo: Quartier Latin, 2021. v. 2: Obrigações & contratos. p. 27. Na jurisprudência *vide*, por exemplo: TJSP (6ª Câmara), Apelação com Revisão nº 9077973-15.1999.8.26.0000, Rel. Desembargador Lino Machado, julgado em 09.08.2000; TJSP (7ª Câmara), Apelação sem Revisão nº 9120683-50.1999.8.26.0000, Rel. Desembargador Antonio Rigolin, julgado em 28.03.2000; TJPR (4ª Câmara), Apelação nº 1.201.229, Rel. Paulo Roberto Vasconcelos, julgado em 11.09.2002; TJSP (7ª Câmara), Apelação com Revisão nº 45009-25.1999.8.26.0000, Rel. Desembargador Willian Campos, julgado em 13.11.2001.

[12] O autor espanhol Federico de Castro y Bravo, em trabalho produzido na década de 1950, dedica cerca de cinquenta páginas a criticar a contratação preliminar, a qual entende ser *supérflua, fictícia, desnecessária e inconveniente* (*vide* CASTRO Y BRAVO, Federico. La promesa de contrato, algunas notas para su estudio. *Anuario de Derecho Civil*, v. 3, n. 4, p. 1133-1188, 1950. Disponível em: https://dialnet.unirioja.es/servlet/articulo?codigo=2776226. Acesso em: 3 maio 2020). Em sentido semelhante, COMPARATO, Fábio Konder. Reflexões sobre as promessas de cessão de controle acionário, cit., p. 22. Importa destacar que os ensaios ora mencionados foram todos produzidos em um contexto diferente, em que o tráfego comercial tinha um ritmo completamente diferente e, especificamente com relação ao ambiente brasileiro, não havia disciplina legal expressa acerca do contrato preliminar, ensejando questionamentos inclusive com relação à validade de tal convenção. Hoje se entende que a discussão esteja em outro momento, conforme será visto ao longo deste estudo.

[13] Conforme posições colacionadas em PRATA, Ana. *O contrato-promessa e seu regime civil.* Coimbra: Almedina, 1995. p. 77. Interessante notar, ainda, que na *common law* norte-americana o "*agreement to agree*" não gera qualquer repercussão jurídica, pois, na visão dos juristas estadunidenses, não haveria nesse estágio efetiva intenção de vincular-se. Para gerar vínculo contratual, as partes haveriam que acordar todos os elementos do contrato pretendido (hipótese em que o contrato preliminar poderia ser diretamente executado como se definitivo fosse), ou implicar mero dever de negociar em boa-fé (*vide* CHOI, Albert H.; TRIANTIS, George. Designing and enforcing preliminary agreements. *Texas Law Review*,

figura foi acolhida pelos agentes de operações econômicas[14] e, desde a promulgação do Código Civil de 2002, ganhou expressa previsão legal.

O contrato preliminar tem notória utilidade prática, porquanto as partes contratantes usualmente desejam vincular-se a determinados elementos do negócio (a exemplo do preço), mas ainda não estão prontas para acordar a respeito dos demais elementos da contratação[15]. Importante, assim, compreender quais seus contornos jurídicos.

Não se pode olvidar que a obrigação consubstanciada no contrato preliminar tem características bastante peculiares se a compararmos com as prestações contidas nas obrigações mais usuais. Isso porque tal arranjo contratual contém em si uma declaração atual, pronta e completa, sobre a intenção de, futuramente, emitir nova declaração de vontade[16].

Por outro lado, o contrato preliminar apresenta, para aqueles que o celebram, um importante componente de segurança[17]. Segurança de

v. 98, p. 439- 488, 2020, p. 444-445). O tema será revisitado mais adiante quando tratarmos da incidência da boa-fé objetiva na relação jurídica do contrato preliminar.

[14] Nesse sentido, Giusti e Paladini: "la costruzione del contratto preliminare sulla base del dogma della volontà non è frutto di astrattezze teoriche, ma risponde a precise esigenze poste dalla vita concreta del diritto". Em tradução livre: *a construção do contrato preliminar com base no dogma da vontade não é fruto de abstrações teóricas, mas consiste em resposta precisa às exigências da vida concreta do direito* (GIUSTI, Alberto; PALADINI, Mauro. *Il contratto preliminare,* cit., p. 29).

[15] A respeito das diversas aplicações práticas do contrato preliminar, MESSINEO, Francesco. *Dottrina generale del contratto.* 2. ed. Milano: Giuffré, 1946. p. 171-174; PENTEADO, Luciano de Camargo. *Integração de contratos incompletos.* 2013. Tese (Livre-Docência) – Faculdade de Direito, Universidade de São Paulo, Ribeirão Preto, 2013. p. 194; ROPPO, Enzo. *O contrato.* Tradução Ana Coimbra e M. Januario C. Gomes. Coimbra: Almedina, 2009. p. 103; TEIXEIRA, Tarcísio. Contrato preliminar empresarial. *Revista da Faculdade de Direito – Universidade de São Paulo,* v. 101, 2006. p. 714; TELES, Miguel Galvão. *Obrigação de emitir declaração negocial.* Coimbra: Almedina, 2012. p. 60.

[16] DELGADO, Abel Pereira. *Do contrato-promessa,* cit., p. 14.

[17] Nesse sentido, Wanderley Fernandes e Jonathan Mendes Oliveira bem destacam o componente de segurança previsto no contrato preliminar (FERNANDES, Wanderley; OLIVEIRA, Jonathan Mendes. Contrato preliminar: segurança de contratar. *In*: *Contratos empresariais*: fundamentos e princípios dos contratos empresariais. São Paulo: Saraiva: FGV, 2009). A respeito da segurança, ainda, GIUSTI, Alberto; PALADINI, Mauro. *Il contratto preliminare,* cit., p. 26; TEPEDINO, Gustavo; KONDER, Carlos Nelson. Qualificação e disciplina do contrato preliminar no Código Civil brasileiro, cit., p. 27. Roppo destaca, no mesmo sentido, que a opção dos agentes pela celebração do contrato preliminar, em larga medida, decorre do fato de que, a despeito de não possuírem, naquele determinado momento, todos os elementos

que o negócio jurídico futuro – o contrato definitivo – será devidamente celebrado. Segurança esta que se encontra baseada na confiança de que a contraparte irá agir de forma diligente e leal, adotando postura coerente[18] e em linha com o que foi negociado entre as partes no âmbito do contrato preliminar celebrado, a fim de promover a finalidade que deu causa à contratação preliminar em primeiro lugar – a conclusão do contrato definitivo. Tal segurança permite às partes a certeza da celebração futura do negócio para que, então, possam complementar a declaração de vontade de modo a atingir o integral consenso acerca de seu programa contratual[19].

Após a conclusão dessa primeira etapa que se encerra com a celebração do contrato preliminar, as partes, em princípio, deverão agir de forma a promover a sua execução voluntária, levando ao adimplemento, que encerrará um primeiro processo obrigacional, dando surgimento a outro, consubstanciado no contrato definitivo. Já neste momento, há que se perquirir como deverão as partes se comportar diante da obrigação de celebração de um novo contrato.

Se, na contratação preliminar, as partes não fixaram todo o conteúdo contratual a ser futuramente implementado, deverão engajar-se em negociações acerca desses aspectos, que Alcides Tomasetti Jr., em pioneira obra sobre o tema, entendeu por denominar *acordos residuais ulteriores*[20]. A intensidade da incidência de tais negociações residuais será gradual e, em qualquer caso, inversamente proporcional ao grau de completude do

necessários à conclusão do contrato definitivo, não querem deixar os passos subsequentes da negociação e a conclusão de tal avença derradeira à boa-fé, às boas intenções e à probidade (*vide* ROPPO, Enzo. *O contrato*, cit., p. 103). Luciano de Camargo Penteado, por sua vez, entende que a regra na contratação preliminar deveria ser a possibilidade de retratação (*vide* PENTEADO, Luciano de Camargo. *Integração de contratos incompletos*, cit., p. 196). Sem prejuízo de opiniões em sentido diverso, o autor deste trabalho se alia à vertente que entende que a segurança na contratação futura, decorrente dos caráteres de vinculação e exequibilidade inerentes ao contrato preliminar, é justamente o fundamento maior de utilidade jurídica e prática do instituto em comento.

[18] MARTINS-COSTA, Judith. As cartas de intenção no processo formativo da contratação internacional: os graus de eficácia os contratos e a responsabilidade pré-negocial. *Revista da Faculdade de Direito Universidade Federal do Rio Grande do Sul*, v. 10, p. 39-55, 1994. p. 49.

[19] BIANCHINI, Luiza Lourenço. *Contrato preliminar*, cit., p. 52.

[20] TOMASETTI JR., Alcides. *Execução do contrato preliminar*. 1982. Tese (Doutoramento) – Faculdade de Direito, Universidade de São Paulo, São Paulo, 1982. p. 24.

programa inserido no contrato preliminar, como se verá mais adiante ao tratar dos graus de programação.

Já neste momento, há de se examinar qual comportamento deverá ser adotado por cada uma das partes e, por conseguinte, qual comportamento poderá ser exigido de uma parte à outra, visando à consecução da finalidade contratual pretendida. Ademais, à luz da consequência pretendida com a contratação preliminar, tal noção será importante para verificar até que ponto a falha em agir conforme devido nos termos de tal contrato pode servir de critério para averiguação da ocorrência de mora ou inadimplemento.

Muitas vezes, os contratos em geral podem conter lacunas e incompletudes. O contrato preliminar é essencialmente um contrato incompleto[21]. Assim, a fim de permitir plena eficácia e aplicação do contrato preliminar[22], possibilitando a maximização da tutela da confiança consubstanciada na segurança na contratação definitiva, é importante investigar, de forma objetiva, quais seriam os critérios apropriados e permitidos para interpretação e integração dos contratos preliminares.

Para além disso, há que se admitir que o adimplemento voluntário do contrato preliminar, que navega por águas serenas e desemboca na contratação definitiva, pressupõe que ambas as partes ajam conforme as expectativas reciprocamente depositadas e sejam capazes de compor-se a fim de atingir um bom termo[23]. Contudo, ainda que seja esse o resultado

[21] PENTEADO, Luciano de Camargo. *Integração de contratos incompletos*, cit., p. 182. A respeito dos contratos incompletos, o ensinamento do autor no sentido de que "contratos incompletos são negócios jurídicos patrimoniais de natureza obrigacional em que o clausulado é insuficiente para solucionar as demandas das partes" (p. 32).

[22] Custódio da Piedade Ubaldino Miranda ensina, a esse respeito, que "O sentido do conteúdo negocial, assim fiado, é que, em última análise, determinará os efeitos jurídicos que o negócio há de produzir, uma vez que há uma correspondência, ainda que imperfeita, entre o regulamento estabelecido pelas partes, nesse conteúdo, e os efeitos jurídicos" (MIRANDA, Custódio da Piedade Ubaldino. *Interpretação e integração dos negócios jurídicos*. São Paulo: Revista dos Tribunais, 1989. p. 129).

[23] Eduardo Tomasevicius Filho aponta para a cooperação como fator de diminuição dos custos de transação, porquanto implica convergência de esforços diante de uma finalidade comum (TOMASEVICIUS FILHO, Eduardo. *O princípio da boa-fé no direito civil*. São Paulo: Almedina, 2020. p. 310). No caso do contrato preliminar, como será visto em pormenores adiante, essa cooperação é essencial ao seu ótimo adimplemento e ao melhor aproveitamento de seus efeitos.

esperado, por vezes a realidade fática pode não transcorrer sem incidentes. Ao longo do desenvolvimento da relação obrigacional, uma das partes pode vir a, voluntariamente, deixar de cumprir com o quanto previsto no contrato preliminar. Mas pode haver divergência sobre se, ao agir de determinada maneira, uma parte estaria adimplindo o contrato ou se, na realidade, ainda que não haja clara afronta ao clausulado propriamente dito, sua conduta seria contrária ao programa contratual como um todo ou, ainda, aos deveres advindos da boa-fé objetiva.

Tal desalinhamento pode conduzir ao inadimplemento no cumprimento das obrigações consubstanciadas no contrato preliminar. Nesses casos, certamente haverá remédios a socorrer a parte prejudicada. Caberá então verificar se e como o conteúdo do contrato preliminar entabulado entre as partes, aliado às previsões contidas no ordenamento jurídico aplicável, serão capazes de preservar o interesse precípuo que se buscou resguardar quando da contratação preliminar – repita-se, a conclusão do contrato definitivo – ou se a saída cabível será apenas a reparação civil. De grande importância será averiguar, ainda que sem qualquer pretensão à exaustão, quais os limites da reparação civil cabível na hipótese de haver inadimplemento insanável do contrato preliminar.

Em suma, o contrato preliminar é uma realidade – fática e jurídica. Ao ordenamento cabe tutelar tal relação de modo a permitir sua plena eficácia funcional, sempre em vista do legítimo interesse das partes surgido de sua conclusão. É importante, portanto, compreender como o sistema se comporta, diante de suas diferentes nuances, visando à consecução de tais objetivos.

Essas e outras questões serão exploradas ao longo deste trabalho, com o intuito de apresentar parâmetros práticos e teóricos para que aos contratos preliminares, na medida em que definitivamente incorporados pela prática contratual, seja dada a máxima eficácia e utilidade.

2.
PRINCIPAIS CARACTERES DO CONTRATO PRELIMINAR

Feitas essas considerações introdutórias, passa-se a delimitar o fundamento jurídico do contrato preliminar, por ser aspecto indispensável à sua configuração como ferramenta jurídica válida e existente, bem como dotada de plena utilização prática. Neste ponto, vale notar, como já mencionado anteriormente, que o contrato preliminar apenas veio a receber tratamento específico no ordenamento jurídico brasileiro mediante a promulgação do Código Civil de 2002, muito embora sua utilização, ainda que não absolutamente admitida por doutrina e jurisprudência, já fosse amplamente verificável na prática comercial[24].

Em outros países alinhados à tradição romano-germânica, previsões legais expressas fundamentando e disciplinando a figura do contrato preliminar existem há mais alargado lapso de tempo, gerando cenário fértil para discussão e, por consequência, o amadurecimento do entendimento acerca do tema nas respectivas comunidades jurídicas.

Em Portugal, por exemplo, a disciplina do contrato preliminar foi tratada nos artigos 410 a 413 do Código Civil, conforme redação que lhes foi dada pelo Decreto-lei nº 379/86, e apresenta regramento bastante pormenorizado acerca do tema. O Código Civil português tratou expressamente da promessa unilateral (art. 411º), da transmissão de direitos e obrigações

[24] TEIXEIRA, Tarcísio. Contrato preliminar empresarial, cit., p. 700.

(art. 412º) e da eficácia real do contrato-promessa (art. 413º)[25]. Já no Código Civil italiano, datado de 1942, o *contratto preliminare* se encontra previsto nos artigos 1351, 1352 e 2932, em regime menos detalhado se comparado com o português, mais em linha com o que se verifica no Brasil. O tema também é tratado expressamente no direito positivo em outros sistemas, como ocorre em Espanha e Argentina, entre outros.

Antes da entrada em vigor do Código Civil de 2002, o contrato preliminar e a obrigação de contratar nele consubstanciada possuíam seu fundamento último de validade na autonomia privada, posto não haver vedação expressa à sua contratação[26]. O artigo 462 do Código Civil veio para sedimentar qualquer dúvida acerca da admissibilidade jurídica do contrato preliminar. Assim, pode-se afirmar que, considerando o ordenamento jurídico atualmente vigente, o contrato preliminar encontra fundamento no Código Civil, mais precisamente em seu artigo 462, de modo que o foco das discussões deve esposar-se, a partir daí, nos contornos de seu regramento, muito mais do que na admissão do instituto.

2.1. Conceito e natureza jurídica

Importante aspecto no que concerne ao estudo do contrato preliminar diz respeito à sua conceituação e à delimitação de sua natureza e regime jurídico. De tais premissas extrai-se a conclusão sobre as características que a ele se aplicam de modo a determinar seus efeitos jurídicos. Para que tal análise seja completa, é necessário também entender como o contrato preliminar se insere no contexto da formação do contrato definitivo como negócio jurídico autônomo, mas a ele funcionalmente relacionado.

[25] Embora o Código Civil de 2002 não tenha adentrado em grandes detalhes em tais temas, por serem considerados relevantes à teoria e à prática do contrato preliminar, serão estes explorados nos próximos itens deste trabalho, conforme sua importância para a análise.

[26] TEIXEIRA, Tarcísio. Contrato preliminar empresarial, cit., p. 711. Tomasetti, em sua pioneira obra, apontou para a tipicidade social do contrato preliminar (*vide* TOMASETTI JR., Alcides. *Execução do contrato preliminar.* 1982. Tese (Doutoramento) – Faculdade de Direito, Universidade de São Paulo, São Paulo, 1982. p. 20) Nesse sentido, ainda, Messineo esclarece que o contrato preliminar "[S]i trata di un contratto intenzionalmente mondo nei suoi effetti e questo rientra nei limiti normali della libertà contrattuale". Em tradução livre: *[s]e trata de um contrato intencionalmente munido de seus efeitos, e isso se enquadra nos limites normais da liberade contratual* (MESSINEO, Francesco. *Dottrina generale del contratto.* 2. ed. Milano: Giuffré, 1946. p. 173).

Impende avaliar, ademais, como o contrato se configura enquanto negócio jurídico e enquanto contrato, bem como a devida diferenciação em relação a figuras afins.

É sabido[27] que a formação do contrato se dá mediante o encontro da declaração de vontade das partes, no momento em que há a devida convergência entre proposta e aceitação. Nesse sentido, cabe ao ordenamento a indicação daquela série, ou sequência, de atos ou fatos cuja repercussão jurídica atribuída pelo sistema é a de configurar a formação de um contrato[28]. A essa sequência ordenada à qual o sistema confere relevância jurídica ensejando o reconhecimento da formação de um contrato Roppo denomina *modelo legal de formação do contrato*[29]. No sistema brasileiro (assim como em muitos outros), o modelo legal de formação do contrato pode ser descrito pelo regime consistente na proposta que, mediante aceitação pelo oblato, vincula as partes[30] e faz surgir a relação.

Contudo, cada vez mais se admite na doutrina[31] que a forma tradicional de classificação dos atos que compõem a fase de formação do contrato, descrita de maneira bastante delimitada nos momentos da oferta e da

[27] GOMES, Orlando. *Contratos.* 26. ed. Rio de Janeiro: Forense, 2007. p. 67; ZIMMERMANN, Reinhard. *The law of obligations*: Roman foundations of the civilian tradition. Cape Town: Juta, 1990. p. 560.

[28] ROPPO, Enzo. *O contrato.* Tradução Ana Coimbra e M. Januario C. Gomes. Coimbra: Almedina, 2009. p. 85.

[29] ROPPO, Enzo. *O contrato*, cit., p. 85. Com efeito, o autor ensina que "a formação do contrato consiste num processo, isto é, numa sequência de actos e comportamentos humanos, coordenados entre si, segundo um modelo não já «natural» e «necessário», mas sim pré-fixado de modo completamente convencional e arbitrário pelo direito [...]. Se essa determinada sequência de actos e comportamentos humanos corresponde ao esquema estabelecido pelo ordenamento jurídico [...] então pode-se dizer que esse determinado contrato se formou, ou concluiu, ou «ganhou existência»".

[30] GOMES, Orlando. *Contratos*, cit., p. 68. O modelo de formação dos contratos observando o encontro das declarações de vontade que veiculam proposta e aceitação parece ser, em linhas gerais, verificado não apenas nos sistemas de tradição romano-germânica, como o brasileiro, o português, o alemão, o italiano e o francês, mas também nos modelos culturais de atitude aceitos por sistemas como o estadunidense, o inglês e até mesmo o muçulmano (conforme VICENTE, Dário Moura. *Direito comparado:* obrigações. São Paulo: Almedina, 2018. v. 2. p. 77-87).

[31] COMPARATO, Fábio Konder. Reflexões sobre as promessas de cessão de controle acionário. *Revista Forense*, v. 266, 1979. p. 18; ROPPO, Vincenzo. *Il contratto del duemila.* 3. ed. Torino: Giappichelli, 2011. p. 19.

aceitação, dirigindo-se à convergência das declarações de vontade em torno de tais momentos, na grande maioria dos casos já não é suficiente para descrever com precisão o modo como, na prática, o fenômeno da formação do contrato se opera[32]. Com efeito, cada vez mais se verifica que a formação dos contratos não se dá de maneira engessada, mediante a prática de atos claramente delimitados, necessariamente observando uma sequência lógica de atos em cadeia, mas sim progressivamente, em verdadeiro processo[33], muitas vezes com idas e vindas[34].

[32] GRECCO, Renato. *O momento da formação do contrato*: das negociações preliminares ao vínculo contratual. São Paulo: Almedina, 2019. p. 59. A esse respeito, em interessante constatação, o autor esclarece que, em que pese a insuficiência de tais conceitos, ser essa a dinâmica adotada pela maioria dos ordenamentos jurídicos dos mais diversos países, tenham eles origem romano-germânica ou na *common law*. Nesse sentido, ainda, VICENTE, Dário Moura. *Direito comparado,* cit., v. 2, p. 91-93; FARNSWORTH, Edward Allan. Precontractual liability and preliminary agreements: fair dealing and failed negotiations. *Columbia Law Review,* v. 87, n. 2, p. 217-294, 1987. p. 218-219; DÍEZ-PICAZO, Luis María; GULLÓN, Antonio. *Sistema de derecho civil.* 6. ed. 2. reimpr. Madrid: Tecnos, 1992. v. 2: El contrato en general: la relación obligatoria; contratos en especial; cuasi contratos; enriquecimiento sin causa; responsabilidad extracontractual. p. 68. Engrácia Antunes vai além, falando na existência de verdadeira *crise do modelo legal clássico da formação do contrato* (ANTUNES, José Engrácia. *Direito dos contratos comerciais.* Coimbra: Almedina, 2009. p. 129-132). Cumpre destacar, ainda, que, como bem assinala Zanetti, quando se faz tal afirmação não se está tratando daqueles contratos de formação quase que instantânea, como é o caso dos contratos por adesão (ZANETTI, Cristiano de Sousa. *Responsabilidade pela ruptura das negociações.* São Paulo: Juarez de Oliveira, 2005. p. 6).

[33] COUTO E SILVA, Clóvis Veríssimo do. *A obrigação como processo.* Rio de Janeiro: Editora FGV, 2007. p. 167.

[34] Em louvável esforço de sistematização, o autor português Engrácia Antunes identifica quatro modelos de formação dos contratos mercantis para além da configuração tradicional em torno da oferta e aceitação, a saber: (i) a contratação conjunta, assim entendida a "formação contratual realizada através de declarações negociais de conteúdo idêntico inseridas num documento unitário subscrito por ambas as partes" (a qual, vale dizer, consiste na forma mais comum de formação dos contratos no modelo cultural de atitude dos tempos atuais); (ii) a contratação cruzada (*battle of the forms*) "em que ambos os contraentes trocam entre si as condições contratuais gerais, manifestando cada um deles a sua intenção de que as suas próprias condições sejam incorporadas no contrato com a consequente exclusão das da contraparte"; (iii) a contratação de fato, "com fundamento exclusivo no comportamento das partes contraentes"; e (iv) a contratação flexível, "caracterizada por uma flexibilização ou elasticidade do regime jurídico da formação contratual", formação essa que se dá por meio de uma aceitação modificada. Isso sem falar na contratação em massa, no âmbito das relações

A bem da verdade, na prática, antes que haja a efetiva formação do contrato, na maioria das vezes transcorre período de tratativas negociais entre as partes[35]. Antes mesmo que tenham início as tratativas, ocorre o que se denomina contato social, isto é, o primeiro movimento de aproximação entre agentes intentando caminhar até a conclusão do contrato[36]. Mesmo o contato social está sujeito a variações de intensidade. Apenas pelo fato de viverem em sociedade, seria possível afirmar que todas as pessoas se encontram em algum grau de contato[37]. Esse grau de contato pode ser mais intenso na medida em que os agentes estejam insertos em um mesmo segmento econômico, um mesmo círculo social, até que haja a aproximação tendo por objetivo a celebração de um contrato, momento em que o contato passa a ter repercussão jurídica sobre esses agentes[38] e têm início as ditas tratativas.

As partes então adentram o momento em que efetivamente começam a agir no sentido de formar o contrato pretendido[39]. Nesse ínterim, podem valer-se de diversas figuras visando, por exemplo, à formalização do contato realizado e da intenção de negociar determinada transação[40], mediante a celebração de documentos como cartas de intenção ou similares, sem natureza vinculante, ou a troca de minutas ou outros documentos do

consumeristas e tecnológicas em geral, que engloba figuras como a contratação eletrônica, a contratação automática, entre outras (*vide* ANTUNES, José Engrácia. *Direito dos contratos comerciais,* cit., p. 132-155).

[35] GOMES, Orlando. *Contratos,* cit., p. 68.

[36] Clóvis V. do Couto e Silva destaca, inclusive, a relevância do contato social como fato dotado de relevância jurídica suficiente para gerar deveres e responsabilidade entre as partes (COUTO E SILVA, Clóvis Veríssimo do. *A obrigação como processo,* cit., p. 75).

[37] MARTINS-COSTA, Judith. As cartas de intenção no processo formativo da contratação internacional: os graus de eficácia os contratos e a responsabilidade pré-negocial. *Revista da Faculdade de Direito Universidade Federal do Rio Grande do Sul,* v. 10, p. 39-55, 1994. p. 45.

[38] HAICAL, Gustavo. O inadimplemento pelo descumprimento exclusivo de dever lateral advindo da boa-fé objetiva. *Revista dos Tribunais,* v. 900, 2010. p. 61.

[39] ZANETTI, Cristiano de Sousa. *Responsabilidade pela ruptura das negociações,* cit., p. 11.

[40] Nesse sentido, Farnsworth ressalta o ambiente fértil para a proliferação de documentos variados que se situa entre aqueles que ele denomina os regimes extremos (*polar regimes*) das negociações (*negotiation*) e do contrato propriamente dito (*ultimate agreement*) (FARNSWORTH, Edward Allan. Precontractual liability and preliminary agreements, cit., p. 249).

acordo parcial com relação a alguns dos aspectos da declaração negocial a ser futuramente emitida – as chamadas *punctações* – que também não se confundem com o contrato definitivo[41]. Tais figuras, que aqui se denominarão, de forma genérica, documentos preparatórios, serão analisadas de maneira mais detida oportunamente.

No contexto das negociações contratuais, ainda, as partes podem optar pela celebração de um contrato propriamente dito[42], dotado de todos os requisitos para sua configuração, com eficácia vinculante perante as partes, no qual se obrigam a, futuramente, celebrar um novo contrato, este sim contemplando a operação econômica em negociação – o contrato preliminar[43].

É importante destacar, como será explorado amiúde ao longo deste trabalho, que o contrato preliminar, em que pese ser contrato propriamente dito, não se confunde com aquele negócio jurídico por meio do qual a operação pretendida operar-se-á – chamado contrato definitivo ou

[41] DELGADO, Abel Pereira. *Do contrato-promessa*. Lisboa: Livraria Petrony, 1978. p. 24. Nesse sentido também GOMES, Orlando. *Contratos*, cit., p. 68; GIUSTI, Alberto; PALADINI, Mauro. *Il contratto preliminare*. Milano: Giuffrè, 1992. p. 48.

[42] DÍEZ-PICAZO, Luis María; GULLÓN, Antonio. *Sistema de derecho civil*, cit., p. 74.

[43] Na doutrina e legislação brasileiras e estrangeiras é possível encontrar diversas denominações adotadas para referir-se à figura jurídica de que ora se trata – pré-contrato, contrato promessa, compromisso, contrato preliminar, entre outros. Em Portugal, é amplamente utilizado o termo *contrato promessa*; na Itália, a terminologia adotada é *contratto preliminare*. Na Alemanha, utiliza-se *Vorvertrag*, e, na França, *avant contract* (com a ressalva de que o conceito francês do *avant contract* tem conteúdo mais abrangente do que o contrato preliminar propriamente dito, como reconhecido pelos sistemas italiano e português – *vide* ZANETTI, Cristiano de Sousa. *Responsabilidade pela ruptura das negociações*, cit., p. 18). Há quem aponte, ainda, que o *Vorvertrag* é um contrato pronto e acabado como qualquer outro, ao passo que o *avant contract* não é contrato (*vide* GIUSTI, Alberto; PALADINI, Mauro. *Il contratto preliminare*, cit., p. 25-26). Antunes Varela aponta para o que parece ser uma diferenciação em termos de conteúdo e efeito entre o *compromisso* e o *contrato-promessa* (*vide* ANTUNES VARELA, João de Matos. *Sobre o contrato-promessa*. 2. ed. Coimbra: Coimbra Editora, 1989. p. 103-104). No presente trabalho, será adotado *contrato preliminar*, não apenas por ser esta a denominação adotada pelo Código Civil vigente, bem como por se entender ser esta a denominação que mais auxilia na compreensão do instituto, inclusive quando este é contraposto com outras figuras afins, conforme se tratará adiante. A respeito das diversas nomenclaturas aplicáveis ao contrato preliminar, ver TEIXEIRA, Tarcísio. Contrato preliminar empresarial, cit., p. 709.

prometido[44]. Na realidade, a contratação preliminar terá vez justamente nessas circunstâncias em que as partes desejam vincular-se entre si, em relação jurídica de intensidade muito mais elevada se comparada com aquela existente na fase de tratativas – ainda que tenha havido a troca de documentos preparatórios no interregno –, sem, contudo, manifestarem sua vontade com relação à totalidade do conteúdo do contrato definitivo[45].

Uma vez celebrado o contrato preliminar, o processo de formação do contrato definitivo segue seu curso, tendendo à sua formação, e posterior adimplemento. O preliminar se insere, então, como mais um dos estágios da formação progressiva do contrato definitivo, que teve início com o contato[46], de tal sorte que o contrato definitivo, àquele momento, não produz todos os seus efeitos perante as partes[47].

Ainda, no intervalo compreendido entre a celebração do contrato preliminar e a conclusão do contrato definitivo, à qual as partes se obrigaram nos termos do preliminar, estará em curso a fase de adimplemento do preliminar, ocorrendo verdadeira sobreposição, neste momento, dos planos pré-contratual (em relação à formação do definitivo) e contratual propriamente dito (em relação ao adimplemento do preliminar).

Como se verá, esse momento de sobreposição é repleto de nuances, que podem sofrer ainda mais influência a depender do conteúdo da vontade declarada no contexto do contrato preliminar, e do comportamento das partes no âmbito de seu cumprimento.

O contrato preliminar, ao contrário de diversas outras figuras que por vezes com este se confundem[48], é contrato propriamente dito[49], na medida

[44] No presente trabalho, por ser essa a nomenclatura mais adotada pela doutrina brasileira, procurar-se-á utilizar o termo *contrato definitivo* em referência ao contrato resultante do adimplemento do contrato preliminar.

[45] Fábio Konder Comparato, ao descrever o contrato preliminar, não olvida a natureza contratual deste, mas muito bem observa tratar-se, em que pese sua natureza contratual, de *acordo preliminar de vontades* (COMPARATO, Fábio Konder. Reflexões sobre as promessas de cessão de controle acionário, cit., p. 17). Veja-se ainda a lição de Díez-Picazo e Gullón no sentido de que, mediante a celebração de contrato preliminar, as partes se vinculam a prestar, posteriormente, os consentimentos necessários à formação do contrato devido (DÍEZ-PICAZO, Luis María; GULLÓN, Antonio. *Sistema de derecho civil*, cit., p. 73).

[46] ZANETTI, Cristiano de Sousa. *Responsabilidade pela ruptura das negociações*, cit., p. 11.

[47] MESSINEO, Francesco. *Dottrina generale del contratto*, cit., p. 167.

[48] A esse respeito, ver item 2.4, adiante.

[49] BULGARELLI, Waldirio. *Contratos mercantis*. 7. ed. São Paulo: Atlas, 1993. p. 114.

em que é, e deve ser, dotado de todos os elementos e requisitos inerentes àquilo que se denomina contrato[50], conforme será melhor explorado adiante. Ainda, o contrato preliminar, como contrato que é, pressupõe uma operação econômica subjacente[51].

Dito isso, como visto anteriormente, o contrato preliminar obriga as partes à celebração do contrato definitivo. Não se trata o contrato preliminar de documento destinado meramente à protocolização de intenções das partes, mas de obrigação válida e vinculante em face destas, impondo-lhes verdadeira obrigação de contratar, de um lado, e, de outro, confiança na celebração do contrato definitivo[52], permitindo às partes exigir, uma da outra, seu cumprimento[53].

Tem-se, assim, que o contrato preliminar pode ser definido como o contrato que obriga as partes à conclusão de um segundo contrato, dito definitivo[54]. Então, como ensina Comparato, o cerne do contrato preliminar reside justamente na conciliação da sua obrigatoriedade e provisoriedade[55].

2.1.1. Delimitação dos efeitos do contrato preliminar

A clareza acerca da distinção entre o contrato preliminar e o contrato definitivo se faz de suma importância, ainda, no que se refere aos seus efeitos. A consequência lógica e jurídica de o contrato preliminar não se

[50] GOMES, Orlando. *Contratos*, cit., p. 152.

[51] ROPPO, Enzo. *O contrato*, cit., p. 8.

[52] ZANETTI, Cristiano de Sousa. *Responsabilidade pela ruptura das negociações*, cit., p. 26.

[53] ROSENVALD, Nelson. *Código Civil comentado*: doutrina e jurisprudência. 10. ed. Barueri: Manole, 2016. p. 491; COMPARATO, Fábio Konder. Reflexões sobre as promessas de cessão de controle acionário, cit., p. 19. A esse respeito, ainda, Antunes Varela esclarece que no contrato preliminar assiste às partes, reciprocamente, verdadeira pretensão de exigir a celebração do definitivo (*vide* ANTUNES VARELA, João de Matos. *Das obrigações em geral.* 10. ed. Coimbra: Almedina, 2006. v. 1).

[54] Em outros sistemas, como o português, o Código Civil, em seu artigo 410º, ensaia uma definição do contrato preliminar ao referir-se, no item 1, à "convenção pela qual alguém se obriga a celebrar certo contrato". O Código Civil brasileiro, a exemplo do italiano, não contém qualquer definição do contrato preliminar. Sem embargo, o contrato preliminar já era conhecido da doutrina nacional e estrangeira muito antes da promulgação do nosso Código, sendo irrelevante a existência de semelhante previsão para sua conceituação.

[55] COMPARATO, Fábio Konder. Reflexões sobre as promessas de cessão de controle acionário, cit., p. 19.

confundir com o definitivo é que seus efeitos, da mesma forma, não se confundem – ao menos não necessariamente.

O contrato preliminar é instrumento de segurança e certeza, e, no mais das vezes, equiparar os efeitos por ele produzidos aos do contrato definitivo acaba por esvaziar sua função primordial.

Exemplifica-se, para ilustrar a relevância do tema: do artigo 496 do Código Civil decorre que a venda de ascendente a descendente está condicionada a haver o expresso consentimento dos demais descendentes e do cônjuge, se existir, do ascendente alienante. Isso implica, naturalmente, que o ascendente não possa lavrar escritura definitiva de compra e venda de imóvel de sua titularidade em favor de descendente seu sem que sejam previamente obtidas as anuências necessárias. Poderia ser dito, todavia, que nada impediria que tal ascendente prometesse vender tal bem imóvel a descendente, estando a efetiva lavratura da escritura condicionada às autorizações cabíveis[56].

A limitação contida no dispositivo em comento tem por objetivo evitar que se beneficie determinado herdeiro em detrimento dos interesses legítimos dos demais, por meio de transações que, embora onerosas, se deem de forma fraudulenta[57]. Na medida em que o contrato preliminar de compra e venda não implica a retirada do bem do patrimônio do ascendente, não ocorrendo prejuízo aos demais herdeiros, em princípio não haveria por que negar validade ao instrumento em questão[58].

A situação se mostra ainda mais explícita em relações interempresariais nas quais pode haver urgência quanto à certeza do negócio, ao passo que determinados eventos formais devam ser superados anteriormente à sua consumação – a exemplo da autorização prévia do Conselho Administrativo

[56] Será explorada mais adiante a questão da qualificação do compromisso de compra e venda de imóvel como contrato preliminar, mas, por ora, este é encarado como tal.

[57] ROSENVALD, Nelson. *Código Civil comentado*: doutrina e jurisprudência, 10. ed. Barueri: Manole, 2016. p. 529.

[58] Ressalva-se aqui, contudo, o fato de que a celebração de compromisso de compra e venda de imóvel pode implicar transferência de direito real de aquisição ao promissário comprador. Nessa hipótese, por implicar transmissão de direito real, haveria necessidade de outorga uxória ou, ao menos, a eficácia do contrato preliminar como um todo estaria condicionada à sua obtenção, antes que possa transcorrer o seu adimplemento. Antes que tal consentimento seja obtido, por exemplo, ficaria obstada a execução específica ou adjudicação compulsória do bem.

de Defesa Econômica (CADE) para a implementação de operação de aquisição de participação societária. Nesse contexto, o contrato preliminar apresenta-se como figura de grande utilidade na viabilização do tráfego, permitindo que as partes se obriguem a concluir a contratação definitiva tão logo seja obtido o aval do órgão concorrencial. Sujeitar também a contratação preliminar ao fulcro do Conselho não apenas se apresentaria como solução oposta aos efeitos que o ordenamento impõe ao contrato preliminar como também traria consequências devastadoras para sua utilidade prática.

Não obstante, a jurisprudência brasileira, ao longo dos anos, apresentou posicionamento oscilante quanto à questão dos efeitos do contrato preliminar. Em situação bastante semelhante àquela acima descrita, o Superior Tribunal de Justiça (STJ) posicionou-se no sentido da necessidade de submissão ao CADE de contrato preliminar tendo por objeto a futura contratação de operação que possa implicar ato de concentração[59]. Em diversas outras ocasiões as cortes brasileiras vêm se posicionando, ora para equiparar o contrato preliminar ao definitivo para fins de seus pressupostos e condicionantes[60], ora para reconhecer a devida cisão entre ambos os momentos[61].

Recentemente, o Supremo Tribunal Federal (STF) deu importante passo na solidificação da autonomia do contrato preliminar em relação ao contrato definitivo ao determinar, em sessão plenária e com repercussão geral (tema 1.124), que o Imposto sobre Transmissão de Bens Imóveis (ITBI) incide somente no momento do registro da escritura definitiva de compra e venda, tendo sido reconhecido expressamente, no voto do Ministro Relator, que o compromisso de compra e venda de imóvel e sua respectiva cessão não implicam a transmissão do direito de propriedade,

[59] AgInt no REsp 1392441/DF, Rel. Ministro Gurgel de Faria, julgado em 02.12.2019. No decisório, o E. Superior Tribunal deixa de examinar a questão dos efeitos do contrato preliminar, limitando-se a afirmar que este é documento vinculante entre as partes, implicando necessidade de submissão à aprovação concorrencial.

[60] REsp 615.628/DF, Rel. Ministro Herman Benjamin, julgado em 08.06.2010; REsp 1817425/RS, Rel. Ministro Paulo de Tarso Sanseverino, julgado em 03.08.2021.

[61] EDcl no AgRg no AREsp 659.008/RJ, Rel. Ministro Mauro Campbell Marques, julgado em 18.06.2015; REsp 1288033/MA, Rel. Ministro Sidnei Beneti, julgado em 16.10.2012; AgRg no AgRg no REsp 764.808/MG, Rel. Ministro Luiz Fux, julgado em 15.03.2007.

não originando fato gerador do ITBI[62]. Isso porque, no entendimento da Suprema Corte, o compromisso não tem o condão de transferir a propriedade imobiliária – o que se dá mediante a escritura definitiva.

É evidente que a segregação dos efeitos do contrato preliminar e do definitivo não pode sobreviver ao abuso de forma e aos atos meramente emulativos, mas, em condições normais, não se pode equiparar o contrato preliminar ao definitivo, no que tange a seus efeitos, sob risco de subtrair sobremaneira a utilidade prática da figura contratual em apreço.

2.2. A dupla causalidade e o conteúdo mínimo do contrato preliminar

Discussão relevante em torno de qualquer contrato diz respeito à sua causa[63]. Isso porque o contrato carente de causa, ou cuja causa se encontra em desalinhamento com a lei – nas palavras de Orlando Gomes, *falsa causa* e *causa ilícita*[64] – padece de nulidade.

Diversas teorias foram desenvolvidas com o intuito de delimitar a causa dos contratos. Uma primeira teoria, dita subjetiva, buscava definir a causa como o escopo, fim ou motivo do contrato[65]. Tal escopo, fim ou motivo estaria relacionado à psique dos agentes, aos motivos subjetivos que os levaram a determinada contratação. Essa teoria, contudo, atualmente é menos empregada[66].

Uma segunda vertente que se contrapõe à teoria subjetiva da causa busca delimitá-la por meio de critérios objetivos. É dizer, para a determinação da causa do negócio jurídico não se busca o elemento subjetivo que acarreta uma contratação, mas sim a função que dele decorre, verificável por meio de critérios objetivos[67]. Ademais, para os defensores da referida

[62] STF, Tribunal Pleno, Recurso Extraordinário com Agravo (ARE) 1294969, Rel. Ministro Presidente, julgado em 11.02.2021.

[63] O vocábulo “causa” pode ter diversos significados e por isso é frequentemente empregado para referir-se a aspectos distintos. A esse respeito, ver AZEVEDO, Antonio Junqueira de. *Negócio jurídico e declaração negocial*: noções gerais e formação de declaração negocial. 1986. Tese (Titularidade) – Faculdade de Direito, Universidade de São Paulo, São Paulo, 1986. p. 121-129.

[64] GOMES, Orlando. *Contratos*, cit., p. 64.

[65] ROPPO, Vincenzo. *Il contratto*. Milano: Giuffrè, 2001. p. 363.

[66] ROPPO, Vincenzo. *Il contratto*, cit., p. 363.

[67] ROPPO, Vincenzo. *Il contratto*, cit.

teoria objetiva, os aspectos psicológicos que levam a uma contratação não são relevantes para determinação da causa do negócio jurídico[68]. Na realidade, tais motivações são absolutamente irrelevantes para o direito na medida em que não integrem o conteúdo da declaração de vontade[69].

Ainda, a teoria da causa objetiva do negócio jurídico bifurca-se entre aqueles que defendem uma teoria da causa abstrata – a saber, a causa típica de todo e qualquer contrato pertencente a determinado tipo[70] – e uma da causa concreta – qual seja, a causa concreta intentada pelas partes de um negócio jurídico concretamente considerado, a qual, em todo caso, deve ser examinada com base em elementos objetivamente verificáveis. A teoria da causa abstrata, defendida por Betti, foi merecedora de críticas por parte de Roppo, para quem a definição da causa objetiva como a função típica implica a conclusão de que qualquer negócio jurídico típico teria necessariamente causa lícita, o que produziria consequências indesejadas no sistema[71]. Ademais, o autor afirma que, ao abrigo de tal vertente, elementos que desviem do padrão típico deixariam de ser encampados pela determinação da causa[72]. Daí por que, em sua visão, a teoria da causa objetiva concreta é mais bem acolhida pelo sistema[73].

Da conceituação do contrato preliminar infere-se que a sua causa abstrata é justamente a futura contratação definitiva[74] ou, melhor dizendo, a vinculação das partes à celebração do contrato definitivo em outro momento que não aquele da conclusão do preliminar, na medida em que

[68] BETTI, Emilio. *Teoria geral do negócio jurídico*. Tradução Editora Servanda. Campinas: Servanda, 2008. p. 257-258.

[69] DÍEZ-PICAZO, Luis María; GULLÓN, Antonio. *Sistema de derecho civil*, cit., p. 47; BETTI, Emilio. *Teoria geral do negócio jurídico*, cit., p. 258. Em sentido semelhante, ainda, o artigo 140 do Código Civil.

[70] ROPPO, Vincenzo. *Il contratto*, cit., p. 363. A esse respeito, Betti explica que, diante da impossibilidade de tipificação de todos os negócios jurídicos, "as causas de negócios são típicas no sentido de que, embora não sendo taxativamente indicadas pela lei devem, porém, no geral, ser admitidas pela consciência social, como correspondendo a uma necessidade prática legítima, a um interesse social duradouro e, como tais, são consideradas dignas de tutela jurídica" (BETTI, Emilio. *Teoria geral do negócio jurídico*, cit., p. 279-280).

[71] ROPPO, Vincenzo. *Il contratto*, cit., p. 364.

[72] ROPPO, Vincenzo. *Il contratto*, cit., p. 364.

[73] ROPPO, Vincenzo. *Il contratto*, cit., p. 364.

[74] PENTEADO, Luciano de Camargo. *Integração de contratos incompletos*. 2013. Tese (Livre--Docência) – Faculdade de Direito, Universidade de São Paulo, Ribeirão Preto, 2013. p. 188.

tal contrato confere às partes tempo e segurança para negociar e elaborar o clausulado do contrato definitivo, visando a sua futura celebração, nos termos preliminarmente acordados[75].

Por consequência, pode-se notar que o contrato definitivo, na medida em que celebrado como ato subsequente a um respectivo contrato preliminar, possui dupla causalidade, eis que a causa da contratação definitiva será tanto o adimplemento do contrato preliminar quanto a causa que deu origem a todo o arranjo contratual em primeiro lugar[76]. Nesse sentido, o contrato definitivo pode ser encarado sob a ótica de sua causa final, insculpida na operação econômica que deu azo a toda a contratação adjacente[77], ou ser entendido como ato devido, na medida em que consistente no ato de adimplemento do contrato preliminar que impulsionou sua conclusão[78].

Se se admitir que o contrato definitivo, na medida em que celebrado como resultado do adimplemento de um contrato preliminar, possui dupla causalidade, pois é contrato em si mesmo e, ao mesmo tempo, ato devido, a conclusão a que se chega é a de que também o contrato preliminar pode ser entendido como sendo dotado de dupla causalidade – a saber, a conclusão do contrato definitivo e, por conseguinte, a implementação da operação econômica subjacente. Em sentido oposto, Tomasetti afirma que a causa do contrato preliminar é, sempre e em todos os casos, "assegurar às respectivas partes a introdução diferida, ou a conformação básica do regramento de seus interesses acerca de determinado objeto"[79].

Todavia, assumir que o contrato preliminar tem uma única e solitária causa poderia levar à curiosa conclusão de que as partes celebrariam um contrato preliminar pelo simples prazer de negociar e contratar. Seria,

[75] TEIXEIRA, Tarcísio. Contrato preliminar empresarial, cit., p. 710; TOMASETTI JR., Alcides. *Execução do contrato preliminar*, cit., p. 9.

[76] COSCO, Giusy. *Il contratto preliminare ad esecuzione anticipata*: una proposta ricostruttiva di un fenomeno complesso. Milano: Cedam, 2018. p. 24. Neste ponto, é interessante notar que o tipo contratual em que consiste o contrato definitivo, de per si, não seria dotado da referida dupla causalidade. Tal característica surge na medida em que determinado contrato é concluído na condição de ato de adimplemento de um contrato preliminar.

[77] Sobre causalidade pressuposta e final dos negócios jurídicos, *vide* AZEVEDO, Antonio Junqueira de. *Negócio jurídico*: existência, validade e eficácia. 4. ed. São Paulo: Saraiva, 2008. p. 146-147.

[78] TOMASETTI JR., Alcides. *Execução do contrato preliminar*, cit., p. 10-11.

[79] TOMASETTI JR., Alcides. *Execução do contrato preliminar*, cit., p. 9.

então, o contrato preliminar um *fim em si mesmo*[80]. Ou, sob ótica inversa, poderia levar a concluir que a causa de ambos os contratos – preliminar e definitivo – seria una e indivisível, o que também afastaria a razão de ser da fissão que ocorre entre os momentos da conclusão dos contratos preliminar e definitivo. Não parece ser o caso.

Portanto, pode-se afirmar que o contrato preliminar, a exemplo do definitivo, na medida em que decorrente de um acordo prévio de vontades, apresenta dupla causalidade: uma primeira, a que se pode chamar direta, ou imediata, referente à intenção das partes de vincular-se a uma contratação futura, e outra, a que se pode chamar indireta ou mediata, associada ao resultado econômico pretendido ao termo do binômio preliminar-definitivo, causa esta que não pode ser ignorada ao examinar o contrato preliminar[81].

No plano concreto, quem contrata a compra e venda de um imóvel, por meio de um contrato preliminar, para, futuramente, celebrar a respectiva escritura definitiva celebra o compromisso com o intuito final de transferir a titularidade daquele imóvel, mas também visando, por qualquer motivo que seja, diferir o momento da declaração de vinculação àquele resultado

[80] Betti assevera, a propósito da causa do negócio jurídico, que "Quem promete, dispõe, renuncia, aceita, não pretende, pura e simplesmente, obrigar-se, despojar-se de um bem, transmiti-lo, adquiri-lo, sem outro fim, não procura fazer tudo isso só pelo prazer de praticar um ato que seja fim em si mesmo" (BETTI, Emilio. *Teoria geral do negócio jurídico*, cit., p. 252). Ademais, a respeito do contrato preliminar, Ana Prata pontua: "não há puros contratos--promessa, mas antes e sempre, por definição, contratos-promessa de um qualquer negócio" (PRATA, Ana. *O contrato-promessa e seu regime civil*. Coimbra: Livraria Almedina, 1995. p. 69).

[81] Em que pese não falarem expressamente em dupla causalidade, noção semelhante pode ser encontrada em Giusti e Paladini, ao afirmarem que "L'autonomia tipica dell'istituto si giustifica in relazione alla possibilità logica e psicologica di sdoppiare l'iter voluntatis delle parti direto ad uno scopo economico in due fasi distinte, di cui a prima tende, appunto, ad assicurare la conclusione del contratto che consentirà di conseguire l'obiettivo al quale i paciscenti mirano e la seconda è rivolta alla conclusione di questo contratto". Em tradução livre: *A autonomia típica do instituto se justifica em relação à possibilidade lógica e psicológica de se dividir o* iter *de vontade das partes objetivando um resultado econômico em duas fases distintas, sendo que a primeira visa assegurar a celebração do contrato que permitirá atingir o objetivo buscado pelas partes e a segunda visa à celebração de tal contrato* (GIUSTI, Alberto; PALADINI, Mauro. *Il contratto preliminare*, cit., p. 40).

do da sua efetiva conclusão[82]. Da mesma forma, a causa da celebração da escritura pública de compra e venda dali decorrente é tanto a efetiva transmissão de propriedade como também o cumprimento da avença contida no contrato preliminar.

Assim, o contrato preliminar pode ser entendido como negócio jurídico causal[83], distinguindo-se não pela sua forma, mas sim por seu objeto[84]. Como tal, o contrato preliminar possui elemento categorial inderrogável objetivo[85], qual seja, a obrigação das partes de celebrar um segundo contrato[86].

Não obstante, dada sua natureza peculiar, e como demonstração de sua dupla causalidade, não basta ao contrato preliminar que contenha seu elemento categorial inderrogável próprio, ou particular, mas, como será visto adiante, este também deverá indicar o caminho para a verificação dos elementos categoriais inderrogáveis do contrato definitivo contido em seu objeto[87]. Diz-se, portanto, que os elementos essenciais do contrato

[82] Aqui, reitera-se que não se está tratando da intenção, ou motivo, do contrato do ponto de vista subjetivo, a saber, os impulsos psicológicos que levam à contratação, mas sim de sua causa objetivamente considerada com base no regramento aplicável e nas características da figura contratual em exame. Roppo alerta para a necessidade de cautela na aplicação da teoria da causa objetiva concreta, sob pena de pisar-se no campo da subjetividade (ROPPO, Vincenzo. *Il contratto*, cit., p. 364).

[83] *Vide* AZEVEDO, Antonio Junqueira de. *Negócio jurídico*: existência, validade e eficácia, cit., p. 140, a respeito da classificação dos negócios jurídicos como causais em contraposição aos negócios jurídicos abstratos, os quais o autor denomina *negócios jurídicos formais*. Conclusão semelhante foi a de Alcides Tomasetti Jr. (TOMASETTI JR., Alcides. *Execução do contrato preliminar*, cit., p. 16).

[84] Note-se, inclusive, que já o artigo 462 do Código Civil trata de excluir expressamente o requisito formal do contrato preliminar.

[85] Antonio Junqueira de Azevedo explica que os negócios jurídicos abstratos diferenciam-se pela forma e não pelo objeto, razão pela qual se diz que seu elemento categorial inderrogável é formal, ao passo que os negócios jurídicos causais, em que pese poderem apresentar requisitos formais a serem observados, distinguem-se essencialmente pelo objeto, razão pela qual afirma que estes possuem elemento categorial objetivo (AZEVEDO, Antonio Junqueira de. *Negócio jurídico*: existência, validade e eficácia, cit., p. 147). Nesse mesmo sentido, ANTUNES VARELA, João de Matos. *Das obrigações em geral*, cit., v. 1, p. 121.

[86] TOMASETTI JR., Alcides. *Execução do contrato preliminar*, cit., p. 18.

[87] GIUSTI, Alberto; PALADINI, Mauro. *Il contratto preliminare*, cit., p. 40; ALABISO, Aldo. *Il contratto preliminare*. Milano: Giuffrè, 1966. p. 103.

preliminar são tanto a obrigação futura de contratar quanto o acordo com relação aos elementos essenciais do contrato definitivo[88].

Esta breve digressão ganha relevância na medida em que a ilicitude da causa ou a falta desta pode ter impacto na validade e na eficácia do negócio jurídico em exame[89]. Admitindo que a causa do negócio jurídico influencia na sua validade ou eficácia, é possível afirmar, por conseguinte, que, no contrato preliminar, a dupla causalidade o sujeita a um duplo teste[90] em um ou noutro plano, conforme lhe for aplicável[91].

Não obstante sua ampla aplicação prática, fato é que o contrato preliminar não foi sempre tratado com a mesma naturalidade com que é abordado pela doutrina. Tal transformação deve-se, em boa medida, ao contrato preliminar ter ganho previsão expressa no Código Civil de 2002.

Antes disso, embora o contrato preliminar não fosse totalmente estranho à doutrina e à jurisprudência brasileiras, muito se questionava acerca da possibilidade da contratação preliminar[92]. Da mesma forma, quando não questionada a possibilidade da contratação preliminar, admitindo-se que a autonomia privada, como expressão da vontade das partes, seria

[88] FERNANDES, Wanderley; OLIVEIRA, Jonathan Mendes. Contrato preliminar: segurança de contratar. *In*: *Contratos empresariais*: fundamentos e princípios dos contratos empresariais. São Paulo: Saraiva: FGV, 2009. p. 292. A esse respeito, note-se que, em que pese discussões anteriores a respeito do conteúdo do contrato preliminar, desde a entrada em vigor do Código Civil de 2002, o acordo com relação aos elementos essenciais do definitivo em sede do preliminar não se posiciona mais no plano da eficácia, mas sim no contexto da existência do contrato preliminar, uma vez que o contrato que não contenha o acordo mínimo acerca de tais elementos não pode ser qualificado como preliminar. Nesse sentido, "o contrato preliminar deve conter o conteúdo mínimo capaz de produzir os efeitos essenciais que qualificam o futuro negócio, permitindo ao intérprete identificar o consenso que autoriza a vinculação imediata das partes à celebração do contrato definitivo" (TEPEDINO, Gustavo; KONDER, Carlos Nelson. Qualificação e disciplina do contrato preliminar no Código Civil brasileiro. *In*: BARBOSA, Henrique; SILVA, Jorge Cesa Ferreira da (org.). *A evolução do direito empresarial e obrigacional*: 18 anos do Código Civil. São Paulo: Quartier Latin, 2021. v. 2: Obrigações & contratos. p. 36).

[89] AZEVEDO, Antonio Junqueira de. *Negócio jurídico*: existência, validade e eficácia, cit., p. 152; GOMES, Orlando. *Contratos*, cit., p. 65.

[90] ALABISO, Aldo. *Il contratto preliminare*, cit., p. 97.

[91] A respeito dos elementos de validade e fatores de eficácia do contrato preliminar, *vide* item 2.3, adiante.

[92] BESSONE, Darcy. *Do contrato*: teoria geral. 3. ed. Rio de Janeiro: Forense, 1987. p. 65.

fundamento suficiente para a sustentação jurídica da obrigação de contratar, havia divergência sobre os limites de tal instrumento.

Nesse sentido é o repercutido "Caso Disco"[93], julgado pelo STF no ano de 1979. Em breve sumário, a disputa envolvida no caso, que ainda é tido por muitos como paradigma a respeito do tema na jurisprudência brasileira, envolvia a celebração de uma promessa de compra e venda das ações representativas do capital social de determinada sociedade, cuja atividade consistia essencialmente na operação de supermercados e afins.

No contrato em questão, as partes chegaram a um acordo com relação ao objeto da futura compra e venda – as ações que compunham o capital social da sociedade-alvo –, bem como estipularam critérios, senão objetivos, no mínimo razoáveis para permitir a determinação do preço de aquisição. Por outro lado, reservaram espaço para que fossem negociados e acordados os demais elementos acidentais do contrato que seria concluído no contexto do adimplemento daquele preliminar.

Ao julgar o caso, o STF acabou por entender que, para que fosse aceita a contratação preliminar, seria necessário que as partes tivessem atingido acordo integral com relação à totalidade dos elementos do contrato definitivo. O julgamento em comento rendeu intensos debates na comunidade jurídica, sendo que à época boa parte da doutrina se posicionou em sentido contrário à decisão da Suprema Corte[94].

Não é de hoje que se aponta para alegada inutilidade da cisão entre dois momentos – o do contrato preliminar e o do contrato definitivo – se admitido o entendimento no sentido de que só há contrato preliminar se este contiver acordo acerca da totalidade do conteúdo do contrato definitivo[95].

[93] STF, Recurso Extraordinário nº 88.716-RJ, Rel. Ministro Moreira Alves, publicado em 30.11.1979.

[94] Nesse sentido, TOMASETTI JR., Alcides. *Execução do contrato preliminar*, cit., p. 27; COMPARATO, Fábio Konder. Reflexões sobre as promessas de cessão de controle acionário, cit. Ainda, AZEVEDO, Antonio Junqueira de. *Novos estudos e pareceres de direito privado*. 1. ed. 2. tir. São Paulo: Saraiva, 2010. p. 253.

[95] TOMASETTI JR., Alcides. *Execução do contrato preliminar*, cit., p. 28. Nas palavras de Tepedino e Konder, "A manutenção da perspectiva levaria à inutilidade prática do contrato preliminar, cuja aplicação se restringiria às hipóteses em que o contrato, integralmente avençado, aguardasse tão somente a presença do tabelião para a lavratura da escritura pública" (TEPEDINO, Gustavo; KONDER, Carlos Nelson. Qualificação e disciplina do contrato

Evidente que, a depender do grau de completude do contrato preliminar em relação ao definitivo, diferentes podem ser as consequências de seu inadimplemento, sob pena inclusive de não comportar o contrato preliminar execução específica[96], mas sem, contudo, que tal incompletude macule sua validade.

De todo modo, atualmente, qualquer discussão envolvendo a existência ou a validade do contrato preliminar que não possui acordo das partes com relação a todos os elementos do contrato definitivo não parece mais fazer sentido ou, quando muito, deve dar-se *de lege ferenda*. Isto porque, ao introduzir o regramento contido no artigo 462 do Código Civil, o legislador colocou uma pá de cal na discussão. Com efeito, o referido dispositivo[97] não parece deixar grande espaço para dúvidas sobre a possibilidade de as partes reservarem, quando da conclusão do contrato preliminar, aquilo que Tomasetti entendeu por chamar de *reserva de complementação*[98].

Por outro lado, não se pode deixar de notar que o artigo 462 do Código Civil não encerrou por completo as discussões acerca da validade do contrato preliminar incompleto, mas na realidade parece ter deslocado tal discussão para outro plano. Se antes discutia-se a possibilidade de ser o contrato preliminar silente com relação a parte do conteúdo do contrato definitivo, agora, ao sanar a questão, fixando um conteúdo mínimo necessário, ou aceitável, para que possa reputar-se existente e válido o contrato preliminar[99], surge um novo ponto de divergência: o que se deve

preliminar no Código Civil brasileiro, cit., p. 32). Esta é também a conclusão a que chegou a *common law* norte-americana, que não reconhece a possibilidade de tal divisão (CHOI, Albert H.; TRIANTIS, George. Designing and enforcing preliminary agreements, cit., p. 445).

[96] COMPARATO, Fábio Konder. Reflexões sobre as promessas de cessão de controle acionário, cit., p. 13.

[97] *Verbis*: "Art. 462. O contrato preliminar, exceto quanto à forma, deve conter todos os *requisitos essenciais* ao contrato a ser celebrado" (destaque nosso).

[98] TOMASETTI JR., Alcides. *Execução do contrato preliminar*, cit., p. 7. Nesse sentido, o interesse consubstanciado no contrato preliminar pode ser havido como a reserva de determinado objeto de maneira provisória, para que as partes possam chegar a um consenso a respeito do todo, por meio do contrato definitivo (*vide* BIANCA, C. Massimo. *Diritto civile*. 2. ed. Milano: Giuffrè, 2000. t. III: Il contratto. p. 182).

[99] Acerca do conteúdo mínimo do contrato preliminar, Luciano de Camargo Penteado bem observa que "Se houver, em negócios preliminares, amplíssima margem que possibilite a modificação de determinados elementos, como o objeto ou o contratante, ou o modo de

entender por *requisitos essenciais* a que o artigo 462 do Código Civil faz referência.

A respeito do conteúdo mínimo necessário do contrato preliminar, há quem admita que apenas os requisitos acidentais do contrato definitivo podem ser objeto da reserva de complementação[100]. Há quem, por outro lado, identifique imprecisão técnica no texto legal, uma vez que o mais correto seria falar em *elementos essenciais*[101], ou, ainda, em *elementos de existência*[102], no lugar de *requisitos essenciais*.

De fato, conforme Junqueira[103], todos os negócios jurídicos têm *elementos* de existência, *requisitos* de validade e *fatores* de eficácia. Adiante, assinala ainda a clássica divisão dos elementos no negócio jurídico entre essenciais, naturais e acidentais[104]. Junqueira[105], ademais, entende por classificar os elementos dos negócios jurídicos em *gerais, categoriais* e *particulares*.

cumprimento, desde o momento de celebração do contrato preliminar até o de sua execução, com a celebração do contrato definitivo, nenhum jogador racional, seja ele pessoa jurídica ou natural, firmará o contrato, de outro lado, se tudo estiver definido, não há o que escolher para modificar, integrar, completar, sendo o negócio definitivo, portanto. Entre um e outro extremo é que se situam as diferentes hipóteses e possibilidades de preliminares" (PENTEADO, Luciano de Camargo. *Integração de contratos incompletos,* cit., p. 186).

100 *Vide* TEIXEIRA, Tarcísio. Contrato preliminar empresarial, cit., p. 715; ALEM, Fabio P. *Contrato preliminar*: níveis de eficácia. São Paulo: Almedina, 2018. p. 62.

101 *Vide* FERNANDES, Wanderley; OLIVEIRA, Jonathan Mendes. Contrato preliminar, cit., p. 291; BIANCHINI, Luiza Lourenço. *Contrato preliminar*: conteúdo mínimo e execução. Porto Alegre: Arquipélago Editorial, 2017. p. 142; Custódio da Piedade Ubaldino Miranda, *Comentários ao Código Civil,* obra no prelo, *apud* ZANETTI, Cristiano de Sousa. *Responsabilidade pela ruptura das negociações,* cit., p. 27. Custódio vai além, ao afirmar que, para que fosse totalmente preciso, o Código Civil deveria ter tratado tanto dos *requisitos* quanto dos *elementos.* No contexto espanhol, a terminologia *elementos essenciais* é empregada também por Díez-Picazo e Gullón (*vide* DÍEZ-PICAZO, Luis María; GULLÓN, Antonio. *Sistema de derecho civil,* cit., p. 74) e por Castro y Bravo (CASTRO Y BRAVO, Federico. La promesa de contrato, algunas notas para su estudio. *Anuario de Derecho Civil,* v. 3, n. 4, p. 1133-1188, 1950. Disponível em: https://dialnet.unirioja.es/servlet/articulo?codigo=2776226. Acesso em: 3 maio 2020. p. 1145).

102 PENTEADO, Luciano de Camargo. *Integração de contratos incompletos,* cit., p. 185.

103 AZEVEDO, Antonio Junqueira de. *Negócio jurídico*: existência, validade e eficácia, cit., p. 25.

104 AZEVEDO, Antonio Junqueira de. *Negócio jurídico*: existência, validade e eficácia, cit., p. 26.

105 AZEVEDO, Antonio Junqueira de. *Negócio jurídico*: existência, validade e eficácia, cit., p. 32.

Os elementos gerais são aqueles comuns a todos os negócios jurídicos, categoriais são aqueles que podem ser observados em todos os negócios de um mesmo *tipo*, e particulares os elementos introduzidos pelos agentes neste ou naquele negócio, sem coincidência entre os demais.

Levando em consideração a classificação dos elementos proposta por Junqueira, parece que, de plano, pode-se afastar os elementos particulares como integrantes do conteúdo mínimo do contrato preliminar na medida em que, por definição, tais elementos são fixados pela declaração de vontade das partes, não havendo óbice para que tal fixação ocorra em sede de acordos residuais ulteriores.

Passemos à etapa seguinte, envolvendo os elementos gerais e os categoriais. Os elementos gerais podem ser classificados em intrínsecos (ou constitutivos), aqui inseridos a *forma*, o *objeto* e as *circunstâncias negociais*; e extrínsecos (ou pressupostos), compreendendo partes, lugar e tempo[106], e a falta de qualquer um deles implica a inexistência do negócio jurídico assim considerado[107]. O contrato preliminar não deve observar a forma do contrato definitivo[108]. Igualmente, o contrato preliminar não necessariamente é celebrado pelas mesmas partes que figurarão como agentes do definitivo[109]. Também não parece correto afirmar que o contrato preliminar deva, de antemão, identificar o tempo e o local da conclusão do contrato definitivo.

Restam, portanto, os chamados *elementos categoriais*, assim entendidos aqueles necessários ao enquadramento de um negócio jurídico na moldura consistente na *estrutura normativa* de determinado tipo de negócio jurídico[110]. Elementos categoriais estes que podem ser *essenciais ou inderrogáveis*, na medida em que sirvam de parâmetro efetivo para identificação

106 AZEVEDO, Antonio Junqueira de. *Negócio jurídico*: existência, validade e eficácia, cit., p. 34.

107 AZEVEDO, Antonio Junqueira de. *Negócio jurídico*: existência, validade e eficácia, cit., p. 35.

108 TEPEDINO, Gustavo; KONDER, Carlos Nelson. Qualificação e disciplina do contrato preliminar no Código Civil brasileiro, cit., p. 31.

109 A título de exemplo, o regime do contrato com pessoa a declarar, que será tratado no item 2.7, adiante, entre outras figuras admitidas em direito, como a cessão de posição contratual.

110 AZEVEDO, Antonio Junqueira de. *Negócio jurídico*: existência, validade e eficácia, cit., p. 35. A esse respeito, a importante afirmação de Junqueira de que "os elementos categoriais não resultam da vontade das partes mas, sim, da ordem jurídica".

de um negócio como determinado tipo jurídico, ou *naturais ou derrogáveis*, assim entendidos aqueles que representam decorrência natural do enquadramento de um negócio em determinado tipo, sem prejuízo da faculdade de os agentes disporem sobre o modo de sua incidência, ou mesmo afastá-los[111].

Tratemos exemplificativamente da situação mais recorrente na prática, que é a compra e venda. Naturalmente, para que exista, a compra e venda deverá conter todos os elementos gerais intrínsecos e extrínsecos anteriormente mencionados. Ademais, para que um negócio jurídico (e, no caso, contrato) seja entendido como uma compra e venda, deverá indicar o objeto e o preço. Se não tiver preço, poderia ser doação, mas compra e venda não será. Se não indicar o objeto, outra coisa poderia ser que não a compra e venda.

Superados esses pontos, é natural que, na compra e venda, seja o comprador imitido na posse da coisa vendida no momento da transmissão da propriedade. Sem prejuízo, podem as partes acordar, por exemplo, que a posse será transmitida ao comprador de forma antecipada, no momento da celebração do compromisso, ou, ao contrário, que permanecerá com o vendedor, por meio do instituto do *constitutum possessorium*[112].

Do exemplo acima extrai-se que o contrato preliminar não necessita, e muitas vezes sequer pode, dispor acerca dos elementos gerais do contrato definitivo. Ademais, no que se refere aos elementos naturais, poderiam as partes antecipar-se e prever no contrato preliminar efeitos distintos daqueles naturalmente atribuídos a um ou outro elemento, mas, na ausência de convenção, aplicar-se-ia o que naturalmente se espera. Por exclusão, restam os elementos categoriais inderrogáveis.

Adotando a classificação proposta por Junqueira, parece fazer sentido a afirmação de que mais correto seria se o Código Civil tivesse feito referência a *elementos* em vez de *requisitos*. Ainda, considerando os conceitos há pouco analisados, pode-se afirmar que, como conteúdo mínimo, o contrato preliminar deverá conter critérios suficientes para determinação dos elementos categoriais inderrogáveis – ou essenciais – do contrato

111 AZEVEDO, Antonio Junqueira de. *Negócio jurídico*: existência, validade e eficácia, cit., p. 35.

112 TRABUCCHI, Alberto. *Istituzioni di diritto civile*. Padova: Cedam, 2012. p. 589.

definitivo[113], caso não seja possível apontá-los de forma concreta ou definitiva[114].

Nesse sentido parece ser também a interpretação do direito argentino. O artigo 994 do Código Civil e Comercial da República Argentina determina que os contratos preliminares devem conter os "elementos essenciais particulares que identifiquem o contrato futuro definitivo"[115]. No contexto ibérico, Díez-Picazo e Gullón também falam em elementos essenciais[116].

Aqui, vale pontuar, como uma nota lateral, que, na visão do autor, a ausência de qualquer de tais elementos não implica, sempre e necessariamente, a inexistência ou invalidade de determinado negócio jurídico. Implica apenas que tal negócio não possa ser qualificado como contrato preliminar, merecedor daquela tutela que lhe é atribuída no Código Civil – notadamente a possibilidade de execução específica. A depender das circunstâncias concretas, o negócio jurídico em comento pode vir a ser qualificado como uma daquelas figuras afins de que se tratará mais adiante[117]. Outrossim, a simples obrigação de negociar também não é

[113] Muito antes da entrada em vigor do Código Civil, quando ainda pendia divergência até mesmo sobre a possibilidade jurídica da obrigação de contratar, Alcides Tomasetti Jr. já indicava que, para que exista e seja válido como tanto, o contrato preliminar deve apontar, no mínimo, para os elementos categoriais inderrogáveis do contrato definitivo (TOMASETTI JR., Alcides. *Execução do contrato preliminar*, cit., p. 20). No mesmo sentido, parece ser este o entendimento de Rodrigo Octávio Broglia Mendes (*vide* MENDES, Rodrigo Octávio Broglia. Os efeitos jurídicos do memorando de entendimentos, os achados da *due diligence* e a responsabilidade pela ruptura das negociações. *In*: YARSHELL, Flávio Luiz; PEREIRA, Guilherme Setoguti J. (coord.). *Processo societário*. São Paulo: Quartier Latin, 2018. v. III. p. 683). Sem embargo, como será visto mais adiante, a ausência dos elementos acidentais poderia limitar os recursos de que o credor disporia em caso de inadimplemento.

[114] A esse respeito, segundo Abel Pereira Delgado, afirmar que, no contrato preliminar, o conteúdo de tais elementos essenciais precisaria ser determinado, e não determinável, seria esvaziar quase que inteiramente a utilização prática da figura do preliminar. Assim, esclarece o autor que, no preliminar, serem tais elementos determináveis já seria suficiente para o preenchimento de seu conteúdo mínimo (*vide* DELGADO, Abel Pereira. *Do contrato-promessa*, cit., p. 72).

[115] "Artículo 994. Disposiciones generales. Los contratos preliminares deben contener el acuerdo sobre los elementos esenciales particulares que identifiquen el contrato futuro definitivo." Em tradução livre: *Artigo 994. Disposições gerais. Os contratos preliminares devem conter o acordo sobre os elementos essenciais particulares que identifiquem o futuro contrato definitivo.*

[116] DÍEZ-PICAZO, Luis María; GULLÓN, Antonio. *Sistema de derecho civil*, cit., p. 73.

[117] *Vide* item 2.4, adiante.

absolutamente desprovida de valor jurídico, na medida em que seus efeitos serão preenchidos pelos ditames da boa-fé objetiva, especialmente no que se refere ao dever de cooperação que dela emana[118].

Em suma, pode-se afirmar que, além de encerrar obrigação de celebrar um segundo contrato – o definitivo –, o contrato preliminar deverá indicar os elementos categoriais inderrogáveis (também chamados elementos essenciais) do contrato definitivo ou, ao menos, fornecer critérios suficientes para sua oportuna determinação. À luz de tal conteúdo mínimo, será possível ao intérprete enquadrar o contrato definitivo pretendido quando da celebração do contrato preliminar em determinada categoria jurídica, dotada de regime normativo próprio, aspecto este que será de grande importância no momento do adimplemento do preliminar e da eventual execução específica em caso de inadimplemento, como será visto mais adiante.

2.3. O contrato preliminar como negócio jurídico – projeção nos planos da existência, validade e eficácia

Como se viu anteriormente, o contrato preliminar é contrato. O contrato, por sua vez, é espécie do gênero negócio jurídico em suas modalidades bilateral (ou plurilateral, conforme o caso) e patrimonial[119]. O negócio jurídico é tipo de ato jurídico, estando os últimos inseridos no grupo dos chamados fatos jurídicos[120].

O negócio jurídico, compreendido como *ato humano*, criação social para a regulamentação de interesses, pode ser verificado na sociedade humana desde os primórdios[121]. Contudo, foi na pandectística que se passou a perceber o fenômeno com maior clareza e procurar enquadrá-lo no ordenamento[122].

[118] *Vide*, a esse respeito, as considerações feitas no item 3.2.3, abaixo.

[119] BESSONE, Darcy. *Do contrato*, cit., p. 6.

[120] TEPEDINO, Gustavo *et al. Código Civil interpretado conforme a Constituição da República*. 2. ed. Rio de Janeiro: Renovar, 2007. p. 211-214. Em função do âmbito de atenção deste ensaio, adentrar-se-á nas teorias do ato jurídico e do fato jurídico apenas na medida necessária ao desenvolvimento das ideias que se pretende explanar, sem qualquer pretensão à exaustão ou profundidade.

[121] AZEVEDO, Antonio Junqueira de. *Negócio jurídico e declaração negocial*, cit., p. 6.

[122] AZEVEDO, Antonio Junqueira de. *Negócio jurídico e declaração negocial*, cit., p. 3. Nota-se, aqui, que, como informa Wieacker, a escola pandectística recebeu, nesse aspecto, influência

A primeira teoria em torno do negócio jurídico, inicialmente proposta por autores pandectistas do século XIX, é aquela que busca caracterizá-lo com base em sua origem, partindo do chamado "dogma da vontade", e assim classificando o negócio como "manifestação de vontade destinada a produzir efeitos jurídicos"[123]. Segundo seus partidários, seria a vontade dos efeitos que caracterizaria o negócio jurídico[124]. Por tal motivo, a teoria em questão é usualmente denominada *voluntarista*. Todavia, a teoria voluntarista foi (e continua sendo) alvo de severas críticas por parte da doutrina[125]. Tais críticas se encontram fundadas, sobretudo, no fato de que a vontade, ao ver de tais autores, não seria um elemento de existência do negócio jurídico, mas antes um aspecto psicológico dos agentes, portanto desprovido de repercussão jurídica[126].

Uma segunda teoria que buscou conceituar o negócio jurídico, dita preceptiva, analisou-o sob uma perspectiva funcional, ou objetiva, em contraposição à visão subjetiva trazida pela teoria voluntarista, entendendo o negócio jurídico como fonte de norma jurídica consensual, criadora de deveres e direitos juridicamente tutelados[127]. Assim, a partir da noção do ordenamento jurídico enquanto estrutura hierárquica piramidal, que teve sua maior repercussão por meio da Teoria Pura do Direito de Kelsen, seus defensores caracterizaram o negócio jurídico como norma jurídica fonte de deveres, autorizada pelas demais normas de hierarquia superior à sua

dos precursores do jusracionalismo, especialmente Grócio (WIEACKER, Franz. *História do direito privado moderno*. 2. ed. Lisboa: Fundação Calouste Gulbenkian, 2004. p. 330).

[123] BETTI, Emilio. *Teoria geral do negócio jurídico*, cit., p. 91.

[124] AZEVEDO, Antonio Junqueira de. *Negócio jurídico*: existência, validade e eficácia, cit., p. 7. Junqueira ensina, ademais, que a teoria voluntarista parece encontrar repercussão na doutrina e, especialmente, nos textos legislativos brasileiros, o que o autor reputa ser um equívoco pelos motivos adiante descritos.

[125] *Vide*, por exemplo, AZEVEDO, Antonio Junqueira de. *Negócio jurídico*: existência, validade e eficácia, cit., p. 4-10; BETTI, Emilio. *Teoria geral do negócio jurídico*, cit., p. 88-116.

[126] Daí, por exemplo, por que Betti afirma que "a 'vontade', como fato psicológico meramente interno, é qualquer coisa em si mesma incompreensível e incontrolável, e pertence, unicamente, ao foro íntimo da consciência individual. Só na medida em que se torna reconhecível no ambiente social, quer por declarações, quer por comportamentos, ela passa a ser um fato social, suscetível de interpretação e valoração" (BETTI, Emilio. *Teoria geral do negócio jurídico*, cit., p. 89).

[127] AZEVEDO, Antonio Junqueira de. *Negócio jurídico*: existência, validade e eficácia, cit., p. 10.

própria e que, quando e na medida em que combinada com estas, faz com que seu descumprimento comine a imposição de sanções[128]. O negócio jurídico seria, então, preceito normativo, diferenciando-se das demais normas jurídicas apenas no fato de emanar não do poder estatal, mas antes da autonomia privada – daí o nome dado à teoria em comento.

A teoria preceptiva, ou funcional, também não se viu livre de críticas. Com efeito, a caracterização do negócio jurídico como norma jurídica individual autorizada pelo ordenamento não seria suficiente para capturar o fenômeno em sua integralidade, eis que repleto de nuances. O negócio jurídico, enquanto expressão da autonomia privada – esta sim, investida na qualidade de norma jurídica –, não seria preceito de norma jurídica, tampouco norma em si mesmo, mas sim fonte e expressão de uma *relação* jurídica[129]. Ademais, pontua-se que a admissão da concepção do negócio jurídico como preceito normativo autorizado pelo sistema implica a recusa de existência aos negócios jurídicos que estejam em desconformidade com

[128] KELSEN, Hans. *Teoria pura do direito*. Tradução João Baptista Machado. 6. ed. São Paulo: Martins Fontes, 1998. p. 179. É importante destacar, todavia, que a corrente preceptiva não é absolutamente uniforme. Exemplo disso é a proposição de Betti, que, muito embora não enxergue a vontade como elemento caracterizador do negócio jurídico, ao oferecer contraponto à teoria voluntarista busca segmentar a declaração em si da vontade das partes. Assim, ao proferir a declaração (que, intencionalmente, na obra a respeito do tema é descolada de sua usual complementação com a locução "de vontade"), seu autor se descola da vontade, de modo que o que subsiste, para o futuro e para sempre, é o conteúdo da declaração, e não mais a vontade propriamente dita. Isso, contudo, não é suficiente, na visão de Betti, para que o negócio jurídico configure norma jurídica. O negócio jurídico é, sim, a manifestação da autonomia privada, *legitimada pelo reconhecimento jurídico*. Assim, a principal função e definição do negócio jurídico seria a de fazer nascer *relação jurídica* (e não norma jurídica) (BETTI, Emilio. *Teoria geral do negócio jurídico*, cit., p. 90; 112-113; 116). Em sentido semelhante, também, Larenz: "as declarações jurídico-negociais não são só situações de facto a cuja presença a lei ligue determinadas consequências jurídicas, mas indicam, segundo seu próprio conteúdo, que deve ter lugar esta ou aquela consequência jurídica. [...] A declaração de vontade jurídico-negocial não contém somente a manifestação de uma determinada opinião ou intenção; é [...] um acto que tem como objectivo pôr em vigor determinada consequência jurídica" (LARENZ, Karl. *Metodologia da ciência do direito*. Tradução José Lamego. Lisboa: Fundação Calouste Gulbenkian, Serviço de Educação e Bolsas, 2009. p. 419).

[129] AZEVEDO, Antonio Junqueira de. *Negócio jurídico*: existência, validade e eficácia, cit., p. 13.

a ordem vigente enquanto, para alguns, a desconformidade deveria estar reservada ao plano da validade[130].

Uma terceira via é aquela que sugere – de forma acertada, na visão do autor – uma definição do negócio jurídico sob uma perspectiva estrutural. Entre nós, tal vertente foi defendida com grande repercussão por Junqueira de Azevedo, para quem o negócio jurídico seria "toda declaração de vontade vista socialmente como destinada a produzir efeitos jurídicos"[131]. Da definição ora trazida pode-se extrair os principais postulados do negócio jurídico propostos por Junqueira.

Em primeiro lugar, o negócio jurídico consiste em uma declaração de vontade (que o autor por vezes também denomina *declaração negocial*). Significa dizer, portanto, que o negócio não se confunde com a vontade interna dos agentes; antes configura um fato da vida que pode ser – e, via de regra, é – motivado pela vontade dos agentes, mas que forma uma declaração única[132].

Outro relevante aspecto consiste na possibilidade de reconhecimento social da declaração como destinada à produção de efeitos jurídicos para que esta possa configurar declaração de vontade passível de qualificação enquanto negócio jurídico. Significa dizer que, de acordo com os modelos culturais de atitude aplicáveis a determinado contexto social, certas condutas do mundo fático podem – e devem ser – entendidas como destinadas à produção de efeitos jurídicos[133]. Neste momento, a manifestação de vontade é qualificada pelas circunstâncias negociais, classificando-se como declaração de vontade, ou declaração negocial. Só aí se verifica a ocorrência do negócio jurídico.

A título exemplificativo, entre nós, é amplamente aceito que a aposição de assinatura ao fim de instrumentos particulares que contenham a documentação do programa contratual avençado é ato cultural e socialmente visto como destinado à produção de efeitos jurídicos. Ainda que não se

130 AZEVEDO, Antonio Junqueira de. *Negócio jurídico*: existência, validade e eficácia, cit., p. 14.

131 AZEVEDO, Antonio Junqueira de. *Negócio jurídico e declaração negocial*, cit., p. 25.

132 AZEVEDO, Antonio Junqueira de. *Negócio jurídico*: existência, validade e eficácia, cit., p. 16; AZEVEDO, Antonio Junqueira de. *Negócio jurídico e declaração negocial*, cit., p. 22.

133 AZEVEDO, Antonio Junqueira de. *Negócio jurídico*: existência, validade e eficácia, cit., p. 17.

trate de presunção absoluta[134], a prática desse ato é amplamente vista nas civilizações ocidentais como destinada à produção de efeitos jurídicos. Isso não ocorre, por exemplo, com os atos praticados em sala de aula feitos com o intuito de ilustrar determinado conceito, ou em representação teatral, onde se simula a celebração de um contrato no contexto da peça encenada. Outrossim, também não se imputa às populações americanas nativas e não integradas que reconheçam a prática de tal ato como destinada à produção de efeitos jurídicos[135], porquanto ele não faz parte do modelo cultural de atitude desses povos.

Neste ponto, relevante o ensinamento de Pontes de Miranda no sentido de que não deve o negócio jurídico ser confundido com aquilo que o autor denomina seu *suporte fático*. No entendimento do autor, a manifestação de vontade é o acontecimento no mundo fático, enquanto o negócio jurídico consiste na *juridicização do suporte fático*[136]. O negócio jurídico é fato jurídico criador de relação jurídica que constitui, modifica ou extingue direito[137]. Assim, a assinatura do instrumento particular, a aceitação formal da proposta, a declaração última de vontade perante as testemunhas e observadas as demais formalidades impostas pela lei ou, até mesmo, conforme o caso, o silêncio, na medida em que presentes as circunstâncias negociais[138] a demonstrar que se pretendia estabelecer negócio jurídico, não são em si mesmos o negócio jurídico, mas antes consistem no suporte

134 GRECCO, Renato. *O momento da formação do contrato*, cit., p. 204-205.

135 AZEVEDO, Antonio Junqueira de. *Negócio jurídico*: existência, validade e eficácia, cit., p. 123.

136 PONTES DE MIRANDA, Francisco Cavalcanti. *Tratado de direito privado*. São Paulo: Revista dos Tribunais, 2012. t. III. p. 55-56. Junqueira de Azevedo faz a mesma distinção ao discorrer sobre a declaração de vontade como *categoria*, isto é, como hipótese fática que, revestida das circunstâncias negociais, é socialmente compreendida como produtora de efeitos jurídicos e como fato jurídico abstrato, ou seja, o fato jurídico que configura declaração de vontade e que é evidenciado pelo suporte fático (ou, nas palavras do autor, pela categoria) (AZEVEDO, Antonio Junqueira de. *Negócio jurídico*: existência, validade e eficácia, cit., p. 16).

137 PONTES DE MIRANDA, Francisco Cavalcanti. *Tratado de direito privado*, cit., t. III, p. 61.

138 É importante ressaltar que Pontes de Miranda não utiliza, em sua obra, a terminologia *circunstâncias negociais*, mas, ao dizer que "o que importa, para se saber se a declaração de vontade ou o ato volitivo adeclarativo pode ser suporte fático de negócio jurídico é precisar se a vontade, que ali se declara, ou que aqui se manifesta, contém a de estabelecer o negócio jurídico ou o suporte fático de negócio jurídico" (PONTES DE MIRANDA, Francisco Cavalcanti. *Tratado de direito privado*, cit., t. III, p. 58), parece que esteja querendo dizer

fático, o fato da vida que, subsumido à norma jurídica, é passível de criar relação jurídica e produzir efeitos jurídicos.

Talvez o mais aclamado dos contributos de Pontes de Miranda para a teoria do negócio jurídico no Brasil tenha sido a proposição conhecida como "escada ponteana", oportunamente sistematizada por Junqueira de Azevedo. Esta consiste no teste do negócio jurídico em três planos distintos para que produza plenamente todos os seus efeitos no mundo jurídico – a saber, os planos da existência, validade e eficácia. Passemos, então, ao exame do contrato preliminar enquanto negócio jurídico sob as perspectivas da existência, validade e eficácia.

2.3.1. Plano da existência

Sob a perspectiva da existência, cumpre analisar se determinado fato da vida preenche todos os aspectos para que possa ser considerado um negócio jurídico. É importante, aqui, a noção de que, para que se possa examinar um fato concreto sob o prisma do negócio jurídico, é necessário deslocar a perspectiva de análise ao mais elevado nível de abstração[139].

Os aspectos que determinam a existência (ou cuja ausência implica a inexistência) do negócio jurídico são denominados elementos[140]. Então, para que possa existir, do ponto de vista jurídico, certa declaração negocial precisa apresentar determinados elementos. Os elementos do negócio jurídico dividem-se em gerais, categoriais e particulares, podendo os gerais ser extrínsecos e intrínsecos, enquanto os categoriais são derrogáveis ou inderrogáveis[141].

essencialmente o mesmo que se entende pela necessidade de circunstâncias negociais para qualificação da declaração de vontade.

139 Conforme a lição de Junqueira, algo que em concreto consiste na compra e venda de determinada coisa, concreta portanto, é, ainda, uma compra e venda em abstrato, também um contrato e, por fim, um negócio jurídico (AZEVEDO, Antonio Junqueira de. *Negócio jurídico*: existência, validade e eficácia, cit., p. 31).

140 Ainda conforme Junqueira, "Elemento do negócio jurídico é tudo aquilo que compõe sua existência no campo do direito" (AZEVEDO, Antonio Junqueira de. *Negócio jurídico*: existência, validade e eficácia, cit., p. 31).

141 A classificação dos elementos ora mencionada é aquela proposta por Antonio Junqueira de Azevedo em sua obra acerca do negócio jurídico. Não se pode olvidar, contudo, a classificação tradicional cuja origem remonta à tradição pandectista, segundo a qual os elementos do negócio jurídico se subdividem em essenciais (*essentialia negotii*), naturais (*naturalia negotii*) e acidentais (*accidentalia negotii*); e os elementos gerais se dividem em gerais e particulares

Os elementos gerais do negócio jurídico são aqueles comuns a todos os fatos que assim possam ser qualificados, independentemente de suas características particulares. Dentre estes, são elementos intrínsecos a forma, assim entendido o modo como se reveste a declaração (escrita, verbal, solene etc.), o objeto, consistente em seu conteúdo (v.g., as cláusulas pactuadas em um contrato ou as disposições de um testamento), e as circunstâncias negociais[142]. As circunstâncias negociais consistem no todo de atos e fatos da vida que, em conjunto, são socialmente interpretáveis como destinados à produção de efeitos jurídicos[143]. Ainda, são elementos extrínsecos do negócio jurídico a presença de agente (ou agentes), bem como a sua ocorrência em determinados tempo e local[144].

Já os elementos categoriais do negócio jurídico são aqueles que permitem a sua qualificação dentro de um certo tipo[145]. Os elementos categoriais podem ser inderrogáveis, quando imprescindíveis para a determinação

(por todos, DEL NERO, João Alberto Schützer. *Conversão substancial do negócio jurídico.* Rio de Janeiro: Renovar, 2001. p. 67-72). Nessa seara, todavia, não há uma classificação estanque que possa ser identificada e aplicada indistintamente. O próprio Del Nero, após vasto elenco de citações, identifica *falta de uniformidade* na doutrina no que se refere à classificação dos elementos do negócio jurídico (p. 73). Outrossim, Junqueira, apoiando-se em Biondi, justifica a fuga à classificação tradicional e a adoção da forma sugerida (AZEVEDO, Antonio Junqueira de. *Negócio jurídico*: existência, validade e eficácia, cit., p. 37-39). Neste trabalho, optou-se por utilizar a classificação proposta por Junqueira, a qual passará agora a ser destrinchada.

142 AZEVEDO, Antonio Junqueira de. *Negócio jurídico*: existência, validade e eficácia, cit., p. 32.

143 AZEVEDO, Antonio Junqueira de. *Negócio jurídico*: existência, validade e eficácia, cit., p. 32. As circunstâncias negociais, para além da prática de atos corriqueiramente reconhecidos pela sociedade como destinados à formação de negócios jurídicos, podem também se dar por meio de comportamentos (inclusive o silêncio, conforme o caso) cuja ocorrência deverá ser avaliada à luz da legislação e também dos usos e costumes de determinado contexto social para definir se consistem em verdadeiras circunstâncias caracterizadoras da declaração de vontade (é o que Betti demonstra, ainda que em outras palavras, ao explorar o fenômeno do comportamento concludente como conduta capaz de originar negócios jurídicos – BETTI, Emilio. *Teoria geral do negócio jurídico*, cit., p. 205-220).

144 Nesse sentido, por exemplo, Junqueira elucida que, na escritura na qual se atesta a presença de pessoa já falecida no momento da prática do ato, tem-se o negócio por inexistente, pois de duas uma: ou o ato não ocorreu naquela hora e local, ou o agente não se fez presente (AZEVEDO, Antonio Junqueira de. *Negócio jurídico e declaração negocial*, cit., p. 96-97).

145 AZEVEDO, Antonio Junqueira de. *Negócio jurídico*: existência, validade e eficácia, cit., p. 35.

da natureza jurídica de certo negócio (como, por exemplo, entrega da coisa e obrigação de restituir, no contrato de mútuo). Podem também ser derrogáveis, quando, embora naturalmente decorram daquele tipo negocial, possam ter seus efeitos modulados por convenção das partes – estes chamados elementos naturais –, ou, ainda, quando sua inserção na declaração negocial está totalmente sujeita ao alvedrio dos agentes – denominados elementos particulares ou acidentais. Aqui, contudo, como outrora se discorreu sobre os elementos categoriais do negócio jurídico[146], seu exame não será estendido.

O que importa para este estudo, na realidade, é verificar se, e como, a presença ou a ausência de determinados elementos afeta o negócio jurídico e, mais especificamente, entender qual sua repercussão no contrato preliminar enquanto negócio jurídico. Como visto anteriormente, tem-se que os elementos categoriais inderrogáveis do contrato preliminar consistem no acordo das partes em torno de uma contratação futura e no acordo também em relação aos elementos categoriais inderrogáveis do negócio jurídico que se originará do adimplemento do preliminar em exame.

A ausência de elementos gerais implica a inexistência do negócio jurídico[147]. Sem que se verifique presente qualquer deles, determinado fato não pode ser assim considerado e, por conseguinte, os efeitos jurídicos, se pretendidos, não serão atingidos. Do ponto de vista abstrato, parece evidente que o contrato preliminar, para que exista, deva apresentar todos os elementos gerais aplicáveis ao negócio jurídico.

Prosseguindo com o exame, passa-se a analisar o contrato preliminar no plano da existência sob a ótica dos elementos categoriais inderrogáveis. Parece correto afirmar, como dito outrora, que, se não contiver quaisquer dos elementos categoriais que delimitam o contrato preliminar, determinado negócio jurídico pode seguir existindo como outro tipo negocial, mas não como o preliminar.

Veja-se, por exemplo, um instrumento em que as partes convencionam a compra e venda de determinado bem, estipulando especificamente seu objeto, preço e forma de pagamento, sem, contudo, prever a obrigação de um contratar futuro. De duas, uma: se o negócio contiver o consenso das

[146] *Vide* item 2.2, acima.

[147] AZEVEDO, Antonio Junqueira de. *Negócio jurídico*: existência, validade e eficácia, cit., p. 34.

partes com relação à compra e venda, compra e venda será, configurando, assim, contrato definitivo. Por outro lado, se contiver uma ressalva de que a conclusão do negócio está condicionada à devida negociação do definitivo, mas não indicar uma obrigação de efetivamente contratar, referido negócio pode valer como uma das figuras atípicas a serem tratadas mais adiante, como o memorando de entendimentos ou a carta de intenção, mas não será contrato preliminar propriamente dito.

Ainda, caso determinado negócio, embora preveja a obrigação de um contratar futuro, não contenha o acordo das partes em torno dos elementos categoriais inderrogáveis do negócio jurídico, não poderá valer como contrato preliminar, porquanto a vontade integral das partes visando à formação desse negócio jurídico em especial não poderá ser tida como efetivamente formada. Assim, se presentes todos os requisitos de validade e fatores de eficácia, conforme adiante descritos, poderá valer como negócio impositor de obrigação de negociar, sujeita a dever de cooperação, mas não a obrigação de contratar.

Por fim, a presença ou ausência de regramento específico em torno dos elementos naturais e acidentais não repercute na existência do negócio jurídico do ponto de vista abstrato. No plano concreto, os elementos naturais, caso não expressamente derrogados, existirão, de forma implícita ou explícita, conforme naturalmente ocorre. Já no que se refere aos elementos acidentais, se não apostos na declaração negocial, simplesmente não farão parte daquele negócio em especial.

2.3.2. Plano da validade

Feita a projeção do contrato preliminar no plano da existência, cumpre, agora, analisá-lo sob o prisma da validade. A validade é o que dá fundamento ao negócio jurídico; é o que lhe permite produzir efeitos no plano jurídico[148]. A validade de um negócio jurídico é verificada por meio do exame da presença de determinados requisitos. Nesse sentido, diz-se que a validade qualifica o negócio jurídico existente e, por conseguinte, os requisitos qualificam os elementos de existência do negócio jurídico[149].

[148] AZEVEDO, Antonio Junqueira de. *Negócio jurídico*: existência, validade e eficácia, cit., p. 41.

[149] AZEVEDO, Antonio Junqueira de. *Negócio jurídico*: existência, validade e eficácia, cit., p. 42.

Como visto anteriormente, no plano da existência, para que seja considerado existente, um negócio jurídico deve apresentar determinados elementos, intrínsecos e extrínsecos, gerais e particulares. Referidos elementos, ademais, precisam ser qualificados pelos requisitos de validade para que o negócio jurídico possa ingressar plenamente no ordenamento jurídico. Do contrário, o negócio será considerado inválido e, consequentemente, não merecedor de tutela no âmbito jurídico[150].

Com relação aos elementos gerais extrínsecos, o contrato preliminar, assim como qualquer negócio jurídico, deve ser celebrado por agentes capazes e devidamente legitimados à prática do ato, sendo permitida a representação na forma da lei[151]. Ainda, deve o negócio ser celebrado com base no tempo útil e no local apropriado[152].

No que se refere aos elementos gerais intrínsecos, diz-se que o negócio jurídico deve conter objeto lícito, possível e determinado (ou determinável)[153]. No que se refere à forma, deverá observar o que prescreve a lei com relação a certo tipo de negócio jurídico ou, em não havendo, será livre[154]. Com relação às circunstâncias negociais, estas não possuem requisitos próprios, porquanto consistem em *elemento caracterizador da própria essência do negócio jurídico*[155].

150 SOUZA, Eduardo Nunes de. *Teoria geral das invalidades do negócio jurídico*: nulidade e anulabilidade no direito civil contemporâneo. São Paulo: Almedina, 2017. p. 51. Neste ponto, é interessante pontuar que, como já visto, dizer que um negócio é inválido significa dizer que é desconforme aos preceitos legalmente previstos (independentemente das consequências que o ordenamento impute a tal desconformidade, que podem ser, por exemplo, de nulidade ou anulabilidade). As causas de invalidade do negócio jurídico, amplamente consideradas, não representam uma decisão arbitrária do legislador, mas sim uma análise valorativa de modo a determinar a quais situações o ordenamento negará acolhimento (por exemplo, a invalidade do negócio celebrado por pessoa incapaz ou tendo objeto ilícito ou, ainda, aquele celebrado em erro, coação ou estado de perigo) (SOUZA, Eduardo Nunes de. *Teoria geral das invalidades do negócio jurídico*, cit., p. 52).

151 DINIZ, Maria Helena. *Curso de direito civil brasileiro*. 27. ed. São Paulo: Saraiva, 2010. v. 1. Teoria geral do direito civil. p. 460-461.

152 AZEVEDO, Antonio Junqueira de. *Negócio jurídico*: existência, validade e eficácia, cit., p. 43.

153 DINIZ, Maria Helena. *Curso de direito civil brasileiro*, cit., v. 1, p. 464-465.

154 TEPEDINO, Gustavo *et al. Código Civil interpretado conforme a Constituição da República*, cit., p. 220.

155 AZEVEDO, Antonio Junqueira de. *Negócio jurídico*: existência, validade e eficácia, cit., p. 43.

No contrato preliminar, para além da presença do objeto imediato, qual seja a prestação de fato consubstanciada na obrigação de contratar, há de se indicar, de maneira determinada ou determinável, o objeto do negócio pretendido, na medida suficiente para o preenchimento de seus elementos essenciais. Ademais, no que se refere à forma, reputa-se digno de nota o fato de o Código Civil, em seu artigo 462, excluir expressamente a necessidade de que o contrato preliminar acompanhe a forma do definitivo, ao contrário do que acontece, por exemplo, na Itália[156] e em Portugal[157]. Assim, em linha com o artigo 107 do Código Civil[158], o contrato preliminar goza de liberdade de forma, não havendo imposições legais específicas nesse sentido que lhe afetem a existência ou validade (ainda que, a depender do caso, possa haver impactos na sua eficácia).

[156] ALABISO, Aldo. *Il contratto preliminare*, cit., p. 74.

[157] DELGADO, Abel Pereira. *Do contrato-promessa*, cit., p. 149-150. A questão da forma do contrato preliminar em Portugal e Itália nos traz a uma interessantíssima discussão. Em ambos os sistemas, exige-se que a forma do contrato preliminar observe a forma do definitivo. Todavia, questionam-se os efeitos do preliminar que deixe de observar tais requisitos. Alabiso coloca o problema no plano da eficácia, atribuindo ao preliminar que deixe de observar a forma do definitivo apenas a impossibilidade de execução específica (ALABISO, Aldo. *Il contratto preliminare*, cit., p. 75). Já em Portugal, Delgado e Morais, também colocando o problema no plano da eficácia, negam ao contrato preliminar com defeito de forma tão somente a existência como promessa com efeitos reais, relegando o instrumento para o plano obrigacional (DELGADO, Abel Pereira. *Do contrato-promessa*, cit., p. 153; MORAIS, Fernando de Gravato. *Contrato-promessa em geral, contratos-promessa em especial*. Coimbra: Almedina, 2009. p. 59). Ainda que, em primeira análise, possam parecer duvidosas as soluções propostas, verdade é que no princípio da conservação do negócio jurídico encontram justificativa robusta (*vide*, a propósito, DEL NERO, João Alberto Schützer. *Conversão substancial do negócio jurídico*, cit., p. 44-51; MARINO, Francisco Paulo de Crescenzo. *Interpretação do negócio jurídico*. São Paulo: Saraiva, 2011. p. 307-319). É amplamente aceito que pelo referido princípio, por exemplo, a compra e venda de bem imóvel feita por instrumento particular deva ser interpretada como sendo um compromisso de compra e venda. Do mesmo modo, o contrato preliminar que não se reveste da forma prescrita em lei, desde que presentes os demais elementos gerais e essenciais aplicáveis, deve ser, na medida do possível, preservado e conservado. Daí por que, nos sistemas em que se exige a coincidência de forma entre preliminar e definitivo, não há que se opinar pela inexistência do negócio jurídico de per si, mas sim que conservá-lo em seus máximos efeitos na medida em que alinhados com a orientação geral do sistema. É essa, inclusive, a posição de Alabiso (ALABISO, Aldo. *Il contratto preliminare*, cit., p. 75-76).

[158] *Verbis*, "Art. 107. A validade da declaração de vontade não dependerá de forma especial, senão quando a lei expressamente a exigir".

No que se refere aos elementos categoriais intrínsecos, cumpre destacar, em primeiro lugar, que aqueles ditos inderrogáveis devem, além de presentes, conter todos os requisitos de validade necessários à configuração da validade do negócio jurídico como aquele determinado tipo[159]. Assim, por exemplo, um preliminar de compra e venda deve, além de conter declaração de vontade livremente formada em torno da obrigação de contratar, conter o acordo das partes em torno do objeto e do preço da futura compra e venda, os quais deverão ser lícitos, possíveis e determinados (ou determináveis). Caso, por exemplo, o preliminar tenha por objeto futura compra e venda de entorpecentes ilícitos, ou estipule que o comprador pagará por um automóvel "quanto lhe soar conveniente", o contrato não poderá ser considerado válido, porquanto seus elementos categoriais inderrogáveis não serão qualificados pelos requisitos de validade aplicáveis.

Por fim, vale apenas consignar que, conforme ensina Junqueira, os elementos categoriais derrogáveis (ou elementos naturais) não possuem requisitos, porquanto seus caracteres são determinados pela própria ordem jurídica[160]. Ademais, os elementos acidentais, se apostos no negócio jurídico por determinação das partes, deverão observar requisitos próprios. Contudo, por fugir ao escopo do presente estudo, não serão aprofundados aqui os requisitos dos elementos essenciais[161].

2.3.3. Plano da eficácia

Feitas as considerações de há pouco acerca da projeção do contrato preliminar nos planos da existência e da validade, cumpre agora examinar a figura contratual sob o terceiro plano a que o negócio jurídico está sujeito para que possa integrar de forma plena o ordenamento jurídico e produzir todos os seus efeitos queridos – o plano da eficácia.

Viu-se anteriormente que o negócio jurídico deve estar revestido de elementos de existência e requisitos de validade. Ademais, deve ainda

[159] AZEVEDO, Antonio Junqueira de. *Negócio jurídico*: existência, validade e eficácia, cit., p. 43-44.

[160] AZEVEDO, Antonio Junqueira de. *Negócio jurídico*: existência, validade e eficácia, cit., p. 43.

[161] Não obstante, determinados requisitos da condição, como a vedação à condição puramente potestativa, encontram-se descritos no item 2.4.5 deste trabalho.

o negócio jurídico apresentar determinados *fatores* de eficácia. É de se destacar, aqui, que, quando se trata da eficácia do negócio jurídico, não se está falando de outra eficácia senão a jurídica[162] – é desta que se cuidará no presente ensaio.

A eficácia (ou ineficácia) do negócio jurídico pode ser analisada sob duas principais perspectivas: aquela dita simples e a denominada relativa. A ineficácia simples ocorre quando falta ao negócio jurídico algum fator que lhe dê eficácia plena[163], quer dizer, em relação à totalidade de seus efeitos. Exemplo disso é o negócio jurídico sob condição suspensiva, que tem sua eficácia condicionada ao implemento do evento ao qual as partes atribuíram o caráter condicional[164]. A conclusão lógica a que se chega é a de que o negócio jurídico dotado de eficácia simples é aquele que contém os fatores para que possa produzir seus efeitos entre as partes.

Para além disso, tem-se que a ineficácia relativa é aquela que faz com que o negócio jurídico tenha eficácia somente perante as partes contratantes, não produzindo efeitos perante terceiros[165]. Daí por que um negócio jurídico que produz efeitos perante terceiros não é eivado de ineficácia relativa, sendo plenamente eficaz.

Com base em tais considerações, Junqueira de Azevedo, em sua obra sobre os três planos de exame do negócio jurídico, classifica os fatores de eficácia do negócio jurídico em três grandes grupos. O primeiro, a que denomina *fatores de atribuição de eficácia em geral*, é aquele que encampa os fatores cuja ausência implica a ineficácia do negócio jurídico como um todo[166]. É o exemplo da condição suspensiva que impede a produção dos efeitos até que o evento eleito se implemente. O segundo grupo é aquele dos *fatores de atribuição da eficácia diretamente visada*. Trata-se dos fatores

[162] AZEVEDO, Antonio Junqueira de. *Negócio jurídico*: existência, validade e eficácia, cit., p. 49. Ou seja, não importa analisar se a parte deu cumprimento voluntário a negócio jurídico ineficaz, mas sim se este, no plano jurídico, era eficaz e, destarte, se poderia exigir a plena produção de seus efeitos.

[163] AZEVEDO, Antonio Junqueira de. *Negócio jurídico*: existência, validade e eficácia, cit., p. 53.

[164] Sobre a condição suspensiva, ver item 2.4.5 deste trabalho.

[165] AZEVEDO, Antonio Junqueira de. *Negócio jurídico*: existência, validade e eficácia, cit., p. 53.

[166] AZEVEDO, Antonio Junqueira de. *Negócio jurídico*: existência, validade e eficácia, cit., p. 57.

sem os quais o negócio produz efeitos, porém não aqueles diretamente pretendidos pelas partes[167]. Um exemplo seria o negócio praticado por procurador sem poderes específicos, que depende da ratificação do representado para que produza plenamente os efeitos pretendidos. Por fim, tem-se um terceiro grupo, composto pelos *fatores de atribuição de eficácia mais extensa*, ou seja, aqueles fatores necessários para que um negócio que já produz integralmente os efeitos pretendidos pelas partes, de forma normal, possa expandir seu campo de incidência em face de terceiros[168].

No que se refere ao contrato preliminar, naturalmente os fatores de atribuição de eficácia em geral e os fatores de atribuição diretamente visada devem estar presentes, assim como nos negócios jurídicos em geral. Contudo, especificamente no caso dessa modalidade contratual específica, os fatores de atribuição de eficácia mais extensa têm peculiar relevância. Será analisada a seguir, de forma mais detida, a eficácia do contrato preliminar, especialmente sob o prisma dos fatores de atribuição de eficácia mais extensa.

2.3.4. Eficácia do contrato preliminar

Como já mencionado em outros excertos deste trabalho, a disciplina legal específica do contrato preliminar foi inserida no ordenamento jurídico brasileiro somente com a promulgação do Código Civil de 2002. Desde então, busca-se analisar e interpretar os ditames aplicáveis, a fim de extrair dali o regramento aplicável ao preliminar.

Nessa esteira, foi objeto de discussão o conteúdo do parágrafo único do artigo 463 do Código, que dispõe sobre a necessidade de registro do preliminar junto aos registros públicos competentes. Em primeira análise, a redação escolhida pelo legislador[169] não é totalmente clara sobre se a exigência de registro se referiria a requisito de validade ou fator de eficácia

[167] AZEVEDO, Antonio Junqueira de. *Negócio jurídico*: existência, validade e eficácia, cit., p. 57.

[168] AZEVEDO, Antonio Junqueira de. *Negócio jurídico*: existência, validade e eficácia, cit., p. 57.

[169] *In verbis*: "Art. 463. [...] Parágrafo único. O contrato preliminar deverá ser levado ao registro competente".

e, no segundo caso, se seria um fato de eficácia *inter partes* ou em face de terceiros[170].

De fato, analisando o texto do referido parágrafo único isoladamente, o intérprete poderia ser levado a crer que o registro seria um requisito de validade do contrato preliminar, porquanto o dispositivo em comento estipula que o contrato preliminar *deverá* ser levado ao registro competente. Todavia, a interpretação da norma jurídica não deve se dar de forma isolada ou literal.

No Código Civil português, por exemplo, a questão é menos controvertida, porquanto o artigo 413º diz expressamente que da inscrição no registro público competente depende a *eficácia real* do contrato-promessa. O entendimento é endossado pela doutrina[171].

Já na Itália, o exame da construção histórica demonstra que o sentido da possibilidade/exigência de registro não pode ser outro senão o da eficácia perante terceiros. Até a promulgação da Lei nº 30/1997, que incluiu o novo artigo 2645-*bis* no *Codice*, não era possível a inscrição do *preliminare* no registro[172]. Tal cenário permitia a ocorrência de situações absolutamente indesejáveis, por exemplo, a possibilidade de um terceiro adquirir o bem prometido a despeito do contrato preliminar anteriormente celebrado[173]. Assim, a possibilidade de registro do contrato preliminar foi introduzida justamente com o fito de proteger os interesses do promissário em face de terceiros estranhos à relação contratual[174].

Na mesma esteira parece ser o racional adotado para fins do nosso Código. As experiências italiana e portuguesa, que admitem o registro do preliminar já há algum tempo, parecem demonstrar que, sob uma

[170] A dificuldade interpretativa não passou desapercebida pela doutrina – *vide* FERNANDES, Wanderley; OLIVEIRA, Jonathan Mendes. Contrato preliminar: segurança de contratar. *In*: *Contratos empresariais*: fundamentos e princípios dos contratos empresariais. São Paulo: Saraiva: FGV, 2009. p. 302-303; ROSENVALD, Nelson. *Código Civil comentado*, cit., p. 494.

[171] PRATA, Ana. *O contrato-promessa e seu regime civil*, cit., p. 605-606; MORAIS, Fernando de Gravato. *Contrato-promessa em geral, contratos-promessa em especial*, cit., p. 60; DELGADO, Abel Pereira. *Do contrato-promessa*, cit., p. 31-32.

[172] ROPPO, Vincenzo. *Il contratto*, cit., p. 671; COSCO, Giusy. *Il contratto preliminare ad esecuzione anticipata*, cit., p. 50.

[173] ROPPO, Vincenzo. *Il contratto*, cit., p. 672.

[174] COSCO, Giusy. *Il contratto preliminare ad esecuzione anticipata*, cit., p. 50.

perspectiva ampla, o registro do instrumento tem por finalidade precípua conferir-lhe eficácia em face de terceiros.

Outrossim, cumpre destacar que o *caput* do artigo 463 trata da possibilidade de se exigir o cumprimento do preliminar em caso de descumprimento por uma das partes, não havendo qualquer sujeição de tal possibilidade a quaisquer elementos além da inexistência de cláusula de arrependimento. Logo, analisando de forma sistemática a construção do artigo 463 amplamente considerado, a melhor interpretação parece ser a de que o registro do preliminar é tão somente fator de eficácia perante terceiros, não afetando sua validade ou sua eficácia entre as partes contratantes[175]. Parece ser esse o entendimento predominante na doutrina nacional[176]. A posição é reforçada, ainda, pelo enunciado nº 30 da I Jornada de Direito Civil do Conselho da Justiça Federal[177] que, embora não dotado de caráter legal ou vinculante, auxilia na interpretação legislativa.

Nesse sentido, de fato, o registro do preliminar – ou sua ausência – não macula a validade do preliminar ou sua eficácia em geral, atuando somente como fator de atribuição de eficácia mais extensa.

2.4. Contrato preliminar e figuras afins – uma distinção necessária

Como se viu anteriormente, em que pese a tradicional construção da formação do contrato, dividida em duas etapas claramente delimitadas, a proposta e a aceitação, sabe-se[178] que, na prática, muitas vezes a conclusão do contrato pode ser precedida de extensas tratativas, sobretudo

[175] TEPEDINO, Gustavo; KONDER, Carlos Nelson. Qualificação e disciplina do contrato preliminar no Código Civil brasileiro, cit., p. 34; ROSENVALD, Nelson. *Código Civil comentado,* cit., p. 494-495.

[176] FERNANDES, Wanderley; OLIVEIRA, Jonathan Mendes. Contrato preliminar, cit., p. 302-303; ROSENVALD, Nelson. *Código Civil comentado,* cit., p. 494; TEIXEIRA, Tarcísio. Contrato preliminar empresarial, cit., p. 718-719.

[177] "A disposição do parágrafo único do art. 463 do novo Código Civil deve ser interpretada como fator de eficácia perante terceiros."

[178] GOMES, Orlando. *Contratos,* cit., p. 68; ALMEIDA COSTA, Mario Julio de. *Direito das obrigações.* 7. ed. Coimbra: Almedina, 1999. p. 300-301; TRABUCCHI, Alberto. *Istituzioni di diritto civile,* cit., p. 179; DINIZ, Maria Helena. *Curso de direito civil brasileiro.* 30. ed. São Paulo: Saraiva, 2014. v. 3: Teoria das obrigações contratuais e extracontratuais. p. 60. Renato Grecco alerta que a formação dos contratos, sobretudo aqueles de natureza complexa, como a aquisição de participação societária ou de imóvel, não pode ser encarada como *negociações de bazar* (GRECCO, Renato. *O momento da formação do contrato,* cit., p. 59).

em negócios mais complexos, nos quais, antes de vincular-se, as partes precisam se informar mutuamente visando construir um entendimento suficiente sobre o objeto e o programa contratual intentado.

Nos sistemas italiano e português há expressa cisão entre os momentos das tratativas e da efetiva formação do contrato[179]. Ainda que o ordenamento brasileiro não traga tal expressa distinção, não se pode ignorar que a formação do contrato é corriqueiramente precedida por um momento de tratativas, tampouco afirmar que tal momento é desprovido de qualquer repercussão jurídica[180].

É comum que as partes recorram a diversas figuras visando formalizar as variadas etapas da formação progressiva da vontade declarada[181]. Por exemplo, podem as partes assinar uma carta de intenções para registrar os principais aspectos da negociação que pretendem engendrar, trocar minutas – ou punctações – indicando os aspectos com relação aos quais há consenso e aqueles que eventualmente permanecem em aberto, ou mesmo celebrar documentos intermediários assentando eventuais pontos de consenso entre as partes e outros ainda pendentes de negociação[182].

[179] Conforme o artigo 1337 do *Codice, verbis*: "Le parti, nello svolgimento delle trattative e nella formazione del contratto, devono comportarsi secondo buona fede". Em tradução livre: *As partes, nas tratativas e na formação do contrato, devem comportar-se conforme a boa-fé*; e, ainda, artigo 227º, I, do Código português, a saber: "Quem negoceia com outrem para conclusão de um contrato deve, tanto nos preliminares como na formação dele, proceder segundo as regras da boa fé, sob pena de responder pelos danos que culposamente causar à outra parte". Em ambos os casos, ao tratar da incidência do princípio da boa-fé na fase pré-contratual, há clara distinção entre as tratativas (*trattative*), ou os *preliminares*, e a *formazione*, formação, do contrato.

[180] Por aqui, o ordenamento dispõe expressamente apenas sobre a conclusão dos contratos, razão pela qual uma análise menos detida poderia levar o leitor a inferir que não haveria um tratamento específico dado à fase das tratativas. Nessa esteira, a lição de Orlando Gomes no sentido de que, "[s]eja qual for, porém, a forma que assumam, as negociações preliminares constituem atividade que, embora não seja propriamente contratual, possui, em certas circunstâncias, indiscutível relevância jurídica" (GOMES, Orlando. *Contratos*, cit., p. 72).

[181] FONTAINE, Marcel; DE LY, Filip. *Drafting international contracts*: an analysis of contract clauses. Ardsley: Transnational Publishers, 2006. p. 37; TEPEDINO, Gustavo; KONDER, Carlos Nelson. Qualificação e disciplina do contrato preliminar no Código Civil brasileiro, cit., p. 39.

[182] MARTINS-COSTA, Judith. As cartas de intenção no processo formativo da contratação internacional, cit., p. 42.

Uma das premissas centrais deste trabalho é a de que a formação e a posterior execução do vínculo contratual são progressivas, conferindo diferentes graus de intensidade à relação jurídica existente entre as partes, de forma escalonada, a depender do momento desse processo que se observa. Em assim sendo, ao longo do desenvolvimento das tratativas em direção ao consenso que originará o vínculo contratual último, os agentes podem lançar mão de inúmeras ferramentas, com diversas finalidades e características que, cada qual ao seu modo, servem como verdadeiros degraus que os conduzem ao vínculo contratual.

O contrato preliminar é apenas uma das muitas figuras utilizadas nesse processo negocial. Diversos outros arranjos são constantemente verificados na prática negocial, seja na forma de negócios jurídicos propriamente ditos ou sob outras classificações jurídicas[183].

Nesse sentido a esclarecedora solução proposta por Pignataro[184], dividindo tais acordos cuja aplicação se verifica na fase de formação do contrato, denominados de maneira abrangente no sistema francês *avant contracts*, entre acordos preparatórios, temporários e parciais. Contratos preparatórios são aqueles que de algum modo auxiliam a formação do contrato principal. Contratos temporários são aqueles que fixam avenças de natureza transitória até que seja concluído o contrato, como é o caso da confidencialidade e da exclusividade. Contratos parciais, por fim, são os que fixam alguma porção do programa daquele futuro contrato pretendido. Nenhuma de tais figuras, todavia, necessariamente se confunde com o contrato preliminar[185].

[183] MARTINS-COSTA, Judith. *A boa-fé no direito privado*: critérios para a sua aplicação. São Paulo: Marcial Pons, 2015. p. 390. Tais documentos são referidos pela autora, em sentido amplo, como *pactos preliminares* (p. 390). Ainda, GOMES, Orlando. *Contratos*, cit., p. 71.

[184] PIGNATARO, Gisella. *Buona fede oggettiva e rapporto giuridico precontrattuale*: gli ordinamenti italiano e francese. Napoli: Edizioni Scientifiche Italiane, 1997. p. 97. A classificação foi adotada por autores brasileiros, dentre os quais se destaca, exemplificativamente, Cristiano de Sousa Zanetti (*vide* ZANETTI, Cristiano de Sousa. *Responsabilidade pela ruptura das negociações*, cit., p. 18-19).

[185] GOMES, Orlando. *Contratos*, cit., p. 71; ROPPO, Enzo. *O contrato*, cit., p. 102. Importante destacar, especialmente no que se refere aos contratos temporários, mas também aos preparatórios, que estes nada tem a ver com a *preliminariedade* de que é dotado o contrato preliminar. Tratam-se de promessas definitivas, inseridas no contexto de um mesmo documento contratual, com finalidade instrumental à consecução do dever de negociar e/ou contratar que pode ou não configurar contrato preliminar.

A devida diferenciação do contrato preliminar em relação às demais figuras que a ele se assemelham, sem com este confundir-se, é de suma importância para esta pesquisa, sob pena de atribuir-se a estas ou àquele classificações e, por consequência, efeitos equivocados. É o que será visto adiante.

2.4.1. Proposta e aceitação

A formação do contrato é comumente descrita em torno das figuras da proposta e da aceitação. Superada a necessária diferenciação entre a proposta e as negociações preliminares ou tratativas[186], cumpre realizar algumas notas sobre referidas figuras.

A proposta pode ser entendida como ato jurídico unilateral[187], destinado à outra parte – chamada oblato –, na qual o proponente (ou policitante) manifesta expressamente sua intenção de vincular-se nos termos ali contidos, mediante a aceitação por parte do destinatário[188].

A proposta dirigida a outrem é revestida de caráter vinculante, de modo que sua aceitação implica a formação do vínculo contratual[189], exceto nas hipóteses de que trata a lei[190]. Portanto, para que possa ser classificado como proposta, o ato dirigido ao terceiro deverá conter todos os elementos do contrato pretendido, ou ao menos ser suficiente para que da sua aceitação surja um contrato sem que haja necessidade de quaisquer acordos ulteriores[191].

A aceitação, por sua vez, é o ato emitido pelo oblato, motivado pelo recebimento de uma proposta, que encerra a sequência de eventos direcionados à formação do contrato[192]. Tal aceitação pode ocorrer de

[186] GOMES, Orlando. *Contratos*, cit., p. 73; DINIZ, Maria Helena. *Curso de direito civil brasileiro*, cit., v. 3, p. 68.

[187] DINIZ, Maria Helena. *Curso de direito civil brasileiro*, cit., v. 3, p. 68.

[188] Orlando Gomes fala em "firme declaração receptícia de vontade dirigida à pessoa com a qual pretende alguém celebrar um contrato" (GOMES, Orlando. *Contratos*, cit., p. 73).

[189] GOMES, Orlando. *Contratos*, cit., p. 68. Washington de Barros Monteiro é categórico ao afirmar que "[a] obrigatoriedade da proposta constitui postulado universalmente proclamado por todas as legislações" (MONTEIRO, Washington de Barros. *Curso de direito civil*: direito das obrigações – 1ª parte. 37. ed. São Paulo: Saraiva, 2010. v. 4. p. 33).

[190] *Vide* artigo 428 do Código Civil.

[191] GOMES, Orlando. *Contratos*, cit., p. 73.

[192] DINIZ, Maria Helena. *Curso de direito civil brasileiro*, cit., v. 3, p. 76.

maneira expressa ou tácita[193] ou, ainda, de maneira silente em se tratando de contratos cuja formação usualmente não exige aceitação expressa[194].

Feitas essas breves considerações sobre as figuras da proposta e da aceitação, confrontemo-las com o contrato preliminar, objeto principal de estudo deste trabalho. Como já se viu[195], o contrato preliminar é contrato na acepção. Assim sendo, ele próprio consiste em acordo de vontade das partes, em torno de uma proposta e uma aceitação[196]. Ademais, o contrato preliminar, na medida em que dá origem a um novo contrato, também acaba, em maior ou menor grau, por originar um novo binômio proposta--aceitação – além de uma nova etapa de tratativas, a depender de seu grau de programação[197].

De plano, pode-se afirmar que a oferta e a aceitação podem preceder o contrato preliminar, ensejando a formação deste, ou sucedê-lo, na medida em que de seu adimplemento forma-se o contrato definitivo, mas com ele não se confundem. Outrossim, como se viu anteriormente, a proposta, para que possa assim ser classificada, deve conter elementos suficientes para que de sua aceitação nasça o contrato. Se forem necessários – isto é, indispensáveis – tratativas e acordos ulteriores, pode esse ato ser diversas outras coisas, mas não uma proposta no sentido jurídico da palavra[198]. Já o contrato preliminar, na medida em que enseja a formação de um novo

[193] DINIZ, Maria Helena. *Curso de direito civil brasileiro*, cit., v. 3, p. 76; GOMES, Orlando. *Contratos*, cit., p. 76. Cumpre destacar que a aceitação tácita, que pode se dar, por exemplo, pela prática de atos de execução do contrato, não se confunde com o silêncio, que só é admitido como aceitação em situações específicas.

[194] *Vide* artigo 432 do Código Civil.

[195] *Vide* item 2.1, acima.

[196] VON TUHR, Andreas. *Tratado de las obligaciones*. Tradução Tito Ravà. Madrid: Reus, 1934. p. 192-193.

[197] *Vide* item 2.6, adiante. Em todo caso, há que se ressaltar que o contrato preliminar não se confunde com as tratativas. Nestas, as partes têm a liberdade de buscar outros negócios – ressalvadas as hipóteses em que se observa responsabilidade pré-contratual. Já na fase do contrato preliminar, como há contrato de fato, as partes não dispõem mais de tal liberdade (BIANCHINI, Luiza Lourenço. *Contrato preliminar*, cit., p. 49). A Súmula n. 239 do STJ, ao sedimentar a irretratabilidade do compromisso de compra e venda, conferindo ao promissário comprador, inclusive, direito à adjudicação compulsória do bem, reforça a natureza contratual dos acordos preliminares.

[198] Nesse sentido, inclusive, a distinção proposta por Orlando Gomes entre oferta e proposta, esta como ato destinado à formação do contrato, e aquela como manifestação de uma das

contrato, ainda que possa permitir a dispensa de maiores tratativas entre os agentes, como ocorre no caso dos contratos preliminares de programação máxima, no mínimo faz necessária uma nova declaração de vontades, e muitas vezes pode envolver negociações ulteriores.

2.4.2. Cartas de intenções e memorandos de entendimentos

Os termos "carta de intenções" e "memorando de entendimentos", em que pese ampla utilização prática, têm pouca precisão em termos de sentido jurídico[199]. Fontaine e De Ly bem pontuam que, para que fosse possível uma análise teórica acerca de tais figuras, seria necessário que se apresentassem como uma categoria uniforme propriamente dita, o que não parece ser o caso[200]. Na verdade, em estudo empírico realizado em diversos países, envolvendo mais de cem casos práticos, os autores constataram aquilo que denominaram verdadeira *anarquia terminológica* em relação à denominação que se dá aos instrumentos pré-contratuais[201]. Com efeito, terminologias dessa natureza foram utilizadas para denominar desde os documentos de que se pretende tratar nesta seção até contratos propriamente ditos, sujeitos a disposições específicas como condição suspensiva ou resolutiva.

Embora não haja uma definição clara – e muito menos um tipo contratual próprio – que defina, de forma objetiva, as cartas de intenções[202-203], aqui se pretende examinar um tipo específico de documento negocial que é amplamente adotado no dia a dia da prática contratual. Trata-se do instrumento trocado entre os agentes no qual são fixados alguns aspectos do programa contratual pretendido. No mais das vezes, as cartas de intenções são utilizadas após rodadas iniciais de tratativas, e visam, naquele momento, cristalizar o entendimento das partes sobre tais tópicos, para

partes com relação a determinados aspectos do negócio, sujeita à complementação da outra parte (GOMES, Orlando. *Contratos*, cit., p. 73).

199 FONTAINE, Marcel; DE LY, Filip. *Drafting international contracts*, cit., p. 3.

200 FONTAINE, Marcel; DE LY, Filip. *Drafting international contracts*, cit., p. 30.

201 FONTAINE, Marcel; DE LY, Filip. *Drafting international contracts*, cit., p. 30.

202 Engrácia Antunes fala em tipicidade social das cartas de intenções (*vide* ANTUNES, José Engrácia. *Direito dos contratos comerciais*, cit., p. 97).

203 Pelo fato de, conforme apontado, não haver qualquer tipo de consenso quanto à denominação que se dá a tais documentos, aqui serão denominados, de maneira genérica, cartas de intenções.

que se possa avançar às próximas etapas da formação da derradeira declaração de vontade.

Na ordem lógica que geralmente se verifica na prática negocial, as cartas de intenções são entregues pelas partes como uma etapa prévia à confecção da primeira versão da minuta contratual. É importante frisar que, por não conter uma definição ou previsão legal específica, tal documento pode ser revestido de diversas formas e conter em seu bojo uma série infindável de tópicos abordados.

Via de regra, tais documentos contêm uma cláusula expressa estatuindo seu caráter em geral como "não vinculante". Não obstante, não é raro encontrar nesses documentos exceções específicas a tais cláusulas de não vinculação, normalmente relacionadas às obrigações de confidencialidade e exclusividade.

Dito isso, como devem ser enxergadas, à luz do ordenamento jurídico, tais cartas de intenções? Emprestando a classificação proposta por Pignataro[204], parece correto afirmar que se trata de verdadeiro documento preparatório, na medida em que auxilia e impulsiona o desenrolar das negociações. Além disso, podem conter em seu escopo os chamados acordos temporários, cujos exemplos mais recorrentes são a exclusividade e a confidencialidade. Estes, vale dizer, configuram deveres definitivos, contratos propriamente ditos, aderindo de forma acessória à obrigação de contratar contida no contrato preliminar. Por fim, na medida em que contenham acordo com relação a partes do contrato que dali se originará, podem as cartas de intenções ser classificadas como acordos parciais.

De tudo que se verificou, parece possível afirmar que, seja pelo aspecto funcional, seja pelo conteúdo das obrigações ali entabuladas, via de regra as cartas de intenções não são, ou ao menos não pretendem ser, contratos preliminares, mas sim *acordos não contratuais*[205]. Isso porque, no mais das vezes, esses instrumentos são empregados em sede embrionária das tratativas, antes de possuírem as partes a intenção de vincular-se uma perante a outra com relação à futura contratação, mas sim a simples vontade de prosseguir, *continuar* com as negociações[206].

204 PIGNATARO, Gisella. *Buona fede oggettiva e rapporto giuridico precontrattuale,* cit., p. 97.

205 ANTUNES, José Engrácia. *Direito dos contratos comerciais,* cit., p. 97.

206 MENDES, Rodrigo Octávio Broglia. Os efeitos jurídicos do memorando de entendimentos, os achados da *due diligence* e a responsabilidade pela ruptura das negociações, cit., p. 677.

Delimita-se em tais instrumentos apenas aquilo que Engrácia Antunes denomina *acordos de princípio*, assim entendidos os documentos por meio dos quais as partes manifestam sua intenção de prosseguir com as negociações de boa-fé[207], e *acordos de base*, também chamados "*heads of agreement*", compreendendo instrumentos utilizados em processos complexos de contratação para fixar o acordo parcial em relação a determinados aspectos da contratação, comprometendo-se a prosseguir nas tratativas visando ao objetivo final[208].

Em parecer em que foi instado a posicionar-se expressamente sobre a qualificação ou não de determinado memorando de entendimentos como contrato preliminar, nos termos do artigo 462 do Código Civil, Broglia Mendes entendeu por repelir tal possibilidade, basicamente sobre os argumentos de que (a) o documento em apreço possuía expressamente natureza "não vinculante"; e (b) as partes não haviam chegado a um acordo com relação aos elementos essenciais do contrato pretendido[209]. Na realidade, o autor reconheceu que a operação ali consubstanciada envolvia uma série de contratos coligados, de modo que o instrumento em exame passava ao largo de preencher os elementos necessários à configuração do preliminar.

É verdade, ao menos aparentemente, que o instrumento analisado no parecer antes mencionado parece se aproximar daquela maioria que se pode, correndo o risco de ser impreciso neste ponto, chamar de carta de intenção propriamente dita[210]: um documento trocado entre as partes contendo acordos genéricos e iniciais sobre a operação econômica pretendida, de caráter não vinculante, com o escopo principal de dar continuidade às negociações.

Contudo, por não se tratar de categoria claramente delimitada, também é verdade que as cartas de intenções podem acabar por conter todos

[207] ANTUNES, José Engrácia. *Direito dos contratos comerciais,* cit., p. 99.

[208] ANTUNES, José Engrácia. *Direito dos contratos comerciais,* cit., p. 99.

[209] MENDES, Rodrigo Octávio Broglia. Os efeitos jurídicos do memorando de entendimentos, os achados da *due diligence* e a responsabilidade pela ruptura das negociações, cit., p. 686.

[210] Aqui, cumpre destacar que Fontaine e De Ly, em que pese acusarem a completa falta de precisão terminológica em que se encontra a categoria das *letters of intent*, em dado momento também acreditam ser possível arrebanhar, dentre os inúmeros exemplos, aqueles que mais se aproximariam das *true letters of intent* (FONTAINE, Marcel; DE LY, Filip. *Drafting international contracts*, cit., p. 5).

os elementos essenciais do contrato preliminar, a saber, a obrigação de celebrar um futuro contrato, e o acordo das partes com relação aos elementos categoriais inderrogáveis do contrato pretendido (ou definitivo). Nesse caso, a carta de intenções poderá vir a ser qualificada como contrato preliminar[211]. É importante destacar que, mais do que o título que se dê ao documento, será importante perquirir qual foi a vontade intentada pelas partes ao implementá-lo.

Se restar confirmado que as partes efetivamente vincularam-se à celebração futura de determinado contrato, e caso acabem elas por proferir declaração de vontade suficiente para preencher os requisitos do artigo 462 do Código Civil, a chamada carta de intenções pode vir a ser qualificada como contrato preliminar, carregando consigo todas as consequências inerentes a essa figura, em que pese não ser essa a regra quando nos referimos a tal espécie de documento preparatório.

Portanto, ainda que a carta de intenções amplamente considerada não encerre em si uma obrigação de contratar, caso o faça, obrigará os agentes, na medida em que, a despeito da nomenclatura adotada pelos contratantes, poderá ser qualificada como contrato preliminar. Seu descumprimento ensejará, por exemplo, execução específica ou resolução, além de perdas e danos.

É de se destacar, por fim, que as cartas de intenções, mesmo quando não possam ser qualificadas como contratos preliminares, não são absolutamente desprovidas de repercussão jurídica. É bem dizer, referidos instrumentos entabulam um dever das partes de prosseguir com as negociações, em boa-fé, visando à contratação pretendida. Tal situação fático-jurídica gera nas partes um estado de confiança recíproca, inclusive a ensejar dispêndios visando à celebração do negócio jurídico, que não pode ser ignorada pelo direito[212].

[211] ANTUNES, José Engrácia. *Direito dos contratos comerciais,* cit., p. 100. Ver também MARTINS-COSTA, Judith. As cartas de intenção no processo formativo da contratação internacional, cit., p. 43.

[212] ANTUNES, José Engrácia. *Direito dos contratos comerciais,* cit., p. 101. Ao tratar do tema, Engrácia Antunes afirma, categoricamente, que as cartas de intenções sujeitar-se-iam ao regime da *culpa in contrahendo.* Não obstante as cartas de intenções não serem, de forma alguma, desprovidas de efeitos e consequências jurídicas, não se adentrará na natureza da responsabilidade por eventual descumprimento daquelas, por se tratar de tema nebuloso e não sedimentado, que foge ao escopo deste trabalho.

2.4.3. Opção

Outra figura amplamente observada na prática comercial e que guarda semelhanças com o contrato preliminar é a do contrato de opção. Esta pode ser definida como o contrato por meio do qual uma das partes confere à outra o direito potestativo de formar, junto àquela, um determinado contrato[213].

A opção se assemelha ao contrato preliminar porquanto se insere no contexto maior da formação de um negócio jurídico como verdadeiro negócio preparatório[214], dela derivando o surgimento de um novo negócio jurídico. Contudo, há suficientes razões para concluir que a opção não se confunde com a figura do contrato preliminar.

Na realidade, ao analisar a doutrina brasileira e estrangeira, verifica-se uma tendência a, sem desconhecer as semelhanças entre opção e contrato preliminar, concluir por sua maior proximidade com a proposta. No direito italiano, por exemplo, há expressa disposição legal atribuindo ao pacto de opção os efeitos da proposta irrevogável[215]. Há ainda quem enxergue em declaração unilateral destinada a terceiro visando à formação de determinado contrato uma espécie de opção[216].

Todavia, em linha com parte da doutrina, pode-se afirmar que a oferta e a opção não se confundem, consistindo a primeira em ato unilateral

[213] Há quem veja, na potestatividade de que se reveste o direito do opcionário origem de invalidade do pacto. Há, contudo, quem não veja em tal faculdade azo para sua incompatibilidade para com o ordenamento (por todos, ANDRADE, Darcy Bessone de Oliveira. *Da compra e venda*: promessa, reserva de domínio & alienação em garantia. São Paulo: Saraiva, 1997. p. 175). Não se aprofundará o tema por fugir ao escopo de análise, mas não se reputas, via de regra, estar a opção eivada de invalidade, observadas as orientações gerais do sistema quanto à inadmissibilidade de cláusulas puramente potestativas.

[214] ROPPO, Vincenzo. *Il contratto*, cit., p. 99. Von Tuhr, outrossim, insere a opção em uma categoria mais ampla, dos negócios jurídico dos quais deriva direito potestativo à formação de um contrato (VON TUHR, Andreas. *Tratado de las obligaciones*. Tradução José Luis Monereo Pérez. Granada: Comares, 2007. p. 153).

[215] Nesse sentido, o artigo 1331 do *Codice*, que assim dispõe: "Quando le parti convengono che una di esse rimanga vincolata alla propria dichiarazione e l'altra abbia facoltà di accettarla o meno, la dichiarazione della prima si considera quale proposta irrevocabile per gli effetti previsti dall'art. 1329". Em tradução livre: *Quando as partes concordarem que uma delas permanece vinculada à própria declaração e a outra tem a faculdade de aceitá-la ou não, a declaração da primeira é tida como proposta irrevogável para os fins do art. 1329.*

[216] ANDRADE, Darcy Bessone de Oliveira. *Da compra e venda*, cit., p. 176.

inserido no contexto da formação do contrato e a segunda em ato jurídico bilateral, configurando verdadeiro contrato, do qual, mediante o exercício por uma das partes (o titular da opção, que, na analogia traçada, aproximar-se-ia do oblato), nasce um novo negócio jurídico[217]. Assim, ainda que, para seu exercício, ambas pressuponham um ato unilateral receptício (o exercício da opção e a aceitação da proposta), há diferença estrutural fundamental que não permite que as figuras sejam absolutamente equiparadas.

É interessante notar que, dentre aqueles que examinam a opção em contraposição ao contrato preliminar, é bastante comum que se diferenciem as figuras contratuais pela sua consequência: enquanto o contrato preliminar dependeria do encontro de duas declarações de vontade para que ocorra seu integral aperfeiçoamento (ou, em outras palavras, deve haver o acordo de ambas as partes em torno do conteúdo do contrato definitivo para que este se forme), na opção bastaria o ato de exercício para que se forme o contrato pretendido[218]. Assim, para alguns, a opção estaria inserida na formação do negócio jurídico (tal qual a proposta e a aceitação)[219].

Há ainda quem afirme, talvez como conclusão lógica daquilo que acima se descreveu, que a opção pressupõe a completude[220], bastando a aderência do destinatário para que se forme o negócio jurídico. Neste ponto, há que se asseverar que, em sua essência, o contrato de opção muito se aproxima do contrato preliminar unilateral de programação máxima[221].

Por outro lado, tendo em vista seus caracteres, especialmente a imediata formação do novo contrato, não há espaço para reserva de complementação mediante acordos residuais ulteriores no contexto dos pactos de opção. Os casos em que as partes não possuem subsídios ou interesse em entabular a totalidade das avenças que se observarão no negócio jurídico a

[217] *Vide*, por exemplo, ROPPO, Vincenzo. *Il contratto*, cit., p. 161.

[218] Nesse sentido, MORAIS, Fernando de Gravato. *Contrato-promessa em geral, contratos-promessa em especial*, cit., p. 71; DELGADO, Abel Pereira. *Do contrato-promessa*, cit., p. 25; VON TUHR, *Tratado de las obligaciones*, cit., 2007, p. 153.

[219] ANTUNES VARELA, João de Matos. *Das obrigações em geral*, cit., v. 1, p. 378. Roppo, nesse sentido, afirma que a opção, ainda que configure contrato em si, é instrumental à formação do outro contrato (ROPPO, Vincenzo. *Il contratto*, cit., p. 161).

[220] ROPPO, Vincenzo. *Il contratto*, cit., p. 163.

[221] *Vide*, a esse respeito, o item 2.6.1 deste trabalho.

concluir parecem então reservados aos contratos preliminares unilaterais. Nesses casos, mediante a manifestação da parte destinatária quanto à intenção de prosseguir à celebração do negócio jurídico visado, haverá sua conversão em bilateral[222], aplicando-se a partir daí o regime examinado neste trabalho.

2.4.4. Acordos de preferência

Os acordos (ou pactos) de preferência podem ser definidos como aqueles mediante os quais, decidindo pela celebração de um contrato, os agentes estejam obrigados a escolher (ou preferir) determinada pessoa como sua contraparte, em igualdade de condições com terceiros[223]. Em termos práticos, significa dizer que, caso alguém decida realizar determinada operação econômica – venda, locação etc. – deverá, antes de contratar com terceiro, oferecer ao destinatário da preferência a faculdade de, se assim desejar, e desde que em igualdade de condições com terceiros, ser a contraparte preferida na operação[224].

As semelhanças entre os acordos de preferência e o contrato preliminar, embora existentes, são poucas. Ambas as figuras se aproximam no sentido de que, em alguma medida, limitam a liberdade de contratar das partes. Ainda, na hipótese de o destinatário efetivamente exercer a preferência, pode-se dizer que surge, de lado a lado, uma obrigação de concluir o negócio jurídico pretendido, conforme condições ofertadas.

[222] ANDRADE, Darcy Bessone de Oliveira. *Da compra e venda*, cit., p. 176.

[223] ANTUNES VARELA, João de Matos. *Das obrigações em geral*, cit., v. 1, p. 376.

[224] É importante destacar que a preferência pressupõe a existência de uma proposta de terceiro para a realização daquele negócio jurídico. Caso contrário, não haverá condições a serem igualadas. Nesse caso, o que se terá é aquilo que, na prática contratual, denomina-se direito de primeira oferta – o direito de realizar proposta para a realização de determinada operação antes que o agente vá ao mercado em busca de outros interessados. O direito de primeira oferta não exclui a preferência. Por exemplo: A oferece a B o direito de primeira oferta para aquisição de determinada participação societária; B oferece o valor X, que A julga inferior ao valor de mercado; A sai em busca de novos interessados e recebe de C proposta para aquisição daquela mesma participação por 2X; poder-se-á convencionar, entre A e B, que nesse caso B terá o direito de preferência para, em igualdade de condições (ou seja, por 2X e observadas as condições de pagamento oferecidas por C), adquirir a participação ofertada no lugar de C. Esse tipo de combinação de direitos e obrigações é comumente verificado no âmbito de acordos de acionistas.

Contudo, ao passo que o contrato preliminar obriga suas partes a uma contratação futura, a preferência tão somente determina que, desejando contratar, uma das partes prefira a outra a terceiros[225]. Há quem enxergue, ainda, nos pactos de preferência o surgimento de uma obrigação de não fazer, qual seja, a de não contratar com terceiros sem observar o direito do destinatário[226] (primeiro o direito de optar por celebrar o contrato nas condições ofertadas e, caso exercida tal faculdade, o direito de efetivamente celebrar o negócio).

Há quem afirme que a preferência não comporta execução específica[227]. Em geral, de fato, o pacto de preferência não tem eficácia em face de terceiros, incidindo apenas no interior da relação obrigacional que o originou. Nesse sentido, a proteção ao terceiro de boa-fé determina que o negócio jurídico praticado em detrimento do direito do titular de preferência não pode, em regra, ser desfeito, restando apenas a tutela ressarcitória. Em nosso sistema, embora a afirmação reflita a orientação geral, há que se alertar que não traduz verdade absoluta.

Há que se observar, por exemplo, o artigo 33 da Lei nº 8.245/1991 (Lei de Locações Urbanas), que confere ao locatário com contrato averbado no registro de imóveis a faculdade de adjudicação compulsória do imóvel mediante depósito judicial do preço, e o § 1º do artigo 118 da Lei nº 6.404/1976 (Lei das Sociedades por Ações), que, ao estabelecer a oponibilidade do acordo de acionistas perante terceiros, faz concluir pela possibilidade de exercício compulsório do direito de preferência pelo seu titular lesado.

2.4.5. Condição suspensiva

Outra figura comumente associada ao contrato preliminar é a condição suspensiva. Isso porque ambos os institutos protraem no tempo determinados efeitos jurídicos desde já pretendidos. Mas as semelhanças entre o contrato preliminar e a condição suspensiva esgotam-se por aí. Como se verá, não há, do ponto de vista funcional ou estrutural, justaposição ou confusão entre tais figuras.

[225] MORAIS, Fernando de Gravato. *Contrato-promessa em geral, contratos-promessa em especial*, cit., p. 71; ANTUNES VARELA, João de Matos. *Das obrigações em geral*, cit., v. 1, p. 377.

[226] ANTUNES VARELA, João de Matos. *Das obrigações em geral*, cit., v. 1, p. 377.

[227] MORAIS, Fernando de Gravato. *Contrato-promessa em geral, contratos-promessa em especial*, cit., p. 71.

A utilidade da cisão existente entre as declarações de vontade externalizadas quando da celebração do contrato preliminar e, posteriormente, do definitivo foi bastante questionada por setores da doutrina[228]. Para parte daqueles que sustentam a superfluidade – ou mesmo inexistência – de tal cisão, a execução do contrato preliminar se daria simplesmente conferindo-se a este os efeitos pretendidos com o definitivo[229]. Tomando como verdadeiras tais proposições, seria possível afirmar que a contratação preliminar poderia, sem perda de efeitos ou de eficiência, ser substituída pela condição suspensiva. Mais ainda, poder-se-ia supor que, no fim das contas, o binômio preliminar-definitivo nada mais é que outra forma de encarar o negócio jurídico sob condição suspensiva.

Todavia, uma análise detida da condição suspensiva e do contrato preliminar, sob as óticas funcional e estrutural, permite perceber a inexistência de coincidência entre ambas as figuras. Ainda, o estudo destas permite concluir pela possibilidade de coexistência entre ambos os institutos, servindo como ferramentas para o atendimento de distintas funções, no contexto de determinado negócio jurídico.

A condição pode ser definida como um evento, futuro e incerto, ao qual está condicionada a eficácia de determinado negócio jurídico[230]. As condições, então, consistem em elementos acidentais do negócio jurídico, porquanto se trata de elementos que, se não previstos na declaração de vontade, não afetariam sua existência ou validade, mas que, na medida em que eleitos pelas partes como dignos de tratamento em determinada operação contratual, operam em seus efeitos[231].

228 CASTRO Y BRAVO, Federico. La promesa de contrato, algunas notas para su estudio, cit., p. 1138.

229 CASTRO Y BRAVO, Federico. La promesa de contrato, algunas notas para su estudio, cit., p. 1137. Este é, também, o posicionamento da *common law* norte-americana (CHOI, Albert H.; TRIANTIS, George. Designing and enforcing preliminary agreements, cit., p. 445).

230 AMARAL NETO, Francisco dos Santos. *Da irretroatividade da condição suspensiva no direito civil brasileiro*. Rio de Janeiro: Forense, 1984. p. 77. Há ainda, em outros sistemas, quem trate da possibilidade de aposição de condição atinente a apenas parte dos efeitos de determinado negócio jurídico (*vide* PETRELLI, Gaetano. *La condizione elemento essenziale del negozio giuridico*: teoria generale e profili applicativi. Milano: Giuffrè, 2000. p. 259). Não se adentrará o assunto por escapar ao foco de análise, mas, no estágio atual do nosso ordenamento, não se vislumbra essa possibilidade.

231 AMARAL NETO, Francisco dos Santos. *Da irretroatividade da condição suspensiva no direito civil brasileiro*, cit., p. 79. Francisco Amaral ensina que "os 'accidentalia negotii', cuja presença

É importante salientar que a aposição de condição suspensiva não implica a bifurcação da manifestação da vontade. Com efeito, uma vez que as partes decidiram pactuar condição suspensiva em determinado negócio jurídico, surge o negócio condicional, fruto de uma declaração una e indivisível e sujeito, portanto, aos efeitos daquela[232]. Daí decorre que a condição suspensiva não implica limitação da vontade das partes, mas antes dos efeitos daquela vontade desde já declarada, pronta e acabada[233].

Do ponto de vista funcional, a condição suspensiva visa deslocar, temporalmente, a produção dos efeitos de determinado negócio jurídico – ou, em outras palavras, a *exigibilidade* de todos ou parte de tais efeitos – sem, contudo, alterar a substância desses efeitos, que são produzidos pelo elemento central do negócio jurídico (a saber, os efeitos do tipo contratual ali consubstanciado)[234].

Ademais, sob uma perspectiva estrutural, são três os elementos caracterizadores da condição suspensiva: a incerteza, a futuridade e a voluntariedade[235].

Da incerteza decorre que a condição não pode se referir a evento cuja ocorrência seja certa. Do contrário, tratar-se-ia de termo, e não de

se dispensa para a existência do ato, são úteis para se limitarem ou modificarem os efeitos da declaração de vontade" (p. 75). Outrossim, a autonomia privada permite que as partes pactuem um sem-número de elementos acidentais nos negócios jurídicos, em linha com seus interesses relevantes em determinada operação econômica. Tal liberdade pode ser amplamente exercida, desde que não viole as normas cogentes, os bons costumes e os elementos essenciais do próprio negócio jurídico (TEPEDINO, Gustavo *et al. Código Civil interpretado conforme a Constituição da República*, cit., p. 246). Por serem os elementos acidentais mais comumente utilizados pelos contratantes, o direito expressamente disciplinou a condição, o termo e o encargo sem, contudo, que isso represente rol taxativo (AMARAL NETO, Francisco dos Santos. *Da irretroatividade da condição suspensiva no direito civil brasileiro*, cit., p. 79).

[232] MARTINS-COSTA, Fernanda Mynarski. *Condição suspensiva*: função, estrutura e regime jurídico. São Paulo: Almedina, 2017. p. 27; AMARAL NETO, Francisco dos Santos. *Da irretroatividade da condição suspensiva no direito civil brasileiro*, cit., p. 81.

[233] MARTINS-COSTA, Fernanda Mynarski. *Condição suspensiva*, cit., p. 27; AMARAL NETO, Francisco dos Santos. *Da irretroatividade da condição suspensiva no direito civil brasileiro*, cit., p. 82.

[234] MARTINS-COSTA, Fernanda Mynarski. *Condição suspensiva*, cit., p. 38.

[235] DUARTE, Nestor. *Código Civil comentado*: doutrina e jurisprudência. 10. ed. Barueri: Manole, 2016. p. 91; TEPEDINO, Gustavo *et al. Código Civil interpretado conforme a Constituição da República*, cit., p. 121; MALUF, Carlos Alberto Dabus. *As condições no direito civil*: doutrina e jurisprudência. Rio de Janeiro: Forense, 1983. p. 24; DINIZ, Maria Helena. *Curso de direito civil brasileiro*, cit., v. 1, p. 543.

condição. Há que se ressaltar, ademais, que a incerteza do evento deve ser aferida de forma objetiva[236]. A respeito da incerteza da condição, é interessante o resultado do julgamento, pela 3ª Turma do STJ, do Recurso Especial nº 182.174/SP[237]. Trata-se de disputa em torno de compromisso de compra e venda de imóvel, no qual se convencionou que seria lavrada a escritura definitiva tão logo o vendedor obtivesse determinada certidão do imóvel. O Superior Tribunal, ao analisar o caso, entendeu tratar-se a referida obrigação de termo, e não de condição, porquanto a cláusula em exame não dizia que a escritura seria passada *se* a certidão fosse obtida, mas *quando* isso ocorresse. Então, no entendimento da corte, ao assumir a obrigação de promover tal regularização, as partes eliminaram o elemento de incerteza do evento em comento[238].

Ademais, tem-se que a condição deve versar sobre evento futuro. Assim, a eficácia do negócio jurídico não pode ser sujeitada a evento já verificado, ainda que as partes desconheçam tal fato[239]. Daí decorre que, se resultar em fato já ocorrido a pretensa condição, tratar-se-á, na realidade, de negócio puro e simples[240].

[236] PEREIRA, Caio Mário da Silva. *Instituições de direito civil*. 30. ed. Rio de Janeiro: Forense, 2017. v. I: Introdução ao direito civil; teoria geral do direito civil. p. 449-450. A esse respeito, Caio Mário explana que, *a priori*, podem ser condição, por preencherem o requisito da incerteza, somente aqueles eventos com relação aos quais não se sabe se, nem quando, ocorrerão (*incertus an incertus quando*) ou aqueles que não se sabe se ocorrerão, porém a ocorrência deve se dar dentro de um prazo (*incertus an certus quando*). Ademais, há eventos que, ainda que de certa ocorrência, podem se tornar condição na medida em que se estipule um limite temporal para sua verificação. É o exemplo da morte, que, em que pese inevitável, quando limitada a determinado lapso temporal (faço A se fulano morrer até o dia X), pode preencher o requisito da incerteza (p. 450).

[237] Rel. Ministro Waldemar Zveiter, 3ª Turma, julgado em 21.09.2000, *DJ* 27.11.2000. p. 156.

[238] Posicionamentos tanto no sentido da acolhida quanto no da refutação do posicionamento constante do acórdão noticiado encontram-se presentes na doutrina (*vide*, a favor, TEPEDINO, Gustavo *et al. Código Civil interpretado conforme a Constituição da República*, cit., p. 247-248; e, contra, MARTINS-COSTA, Fernanda Mynarski. *Condição suspensiva*, cit., p. 58). A forma como a cláusula em comento fora pactuada, de fato, implica a supressão do elemento de incerteza. Com efeito, para a parte compradora, a aquisição do imóvel não é mais uma questão de *se*, mas de *quando*, uma vez que o *se* não está em debate. Talvez, contudo, mais do que classificar a avença como termo, faça sentido que esta seja vista como um dever contratual da parte vendedora.

[239] MALUF, Carlos Alberto Dabus. *As condições no direito civil*, cit., p. 25.

[240] DINIZ, Maria Helena. *Curso de direito civil brasileiro*, cit., v. 1, p. 543.

Por fim, o elemento da voluntariedade traduz-se na regra segundo a qual, se os efeitos do negócio jurídico ficarem obstados em virtude de lei, não se estará diante de condição suspensiva. Isso é verdade ainda que as partes tenham reproduzido o conteúdo da disposição normativa na declaração de vontade. Então, por exemplo, a sujeição dos efeitos da compra e venda de imóvel à lavratura da escritura definitiva não é condição, porquanto se trata de mera reprodução do ditame do artigo 108 do Código Civil.

O contrato preliminar, por sua vez, em nada – ou muito pouco – se confunde com a condição suspensiva. É verdade que também no contrato preliminar, assim como ocorre com a condição suspensiva, há diferimento temporal da implementação integral dos efeitos pretendidos, assim considerados aqueles que se espera obter com base na operação econômica subjacente. Mas, como mencionado anteriormente, as semelhanças encerram-se por aí.

Com efeito, a função do contrato preliminar é a garantia do contrato definitivo; a segurança de contratar[241]. Tem-se, portanto, que, enquanto a função da condição suspensiva é tão somente postergar os efeitos de determinado negócio jurídico, o preliminar reveste-se, com muito mais proeminência, de um caráter de segurança, ou *garantia*[242]. Em sendo assim, o contrato preliminar por definição seria incompatível com o elemento de incerteza que é peculiar à condição.

Do ponto de vista prático, são dois os principais motivos que levam as partes a optar pela contratação preliminar em detrimento de partir logo para a contratação definitiva. O primeiro, que se denomina impossibilidade formal, diz respeito à necessidade da superação de determinado obstáculo formal para que seja possível a celebração do respectivo contrato definitivo.

[241] PRATA, Ana. *O contrato-promessa e seu regime civil*, cit., p. 88; FERNANDES, Wanderley; OLIVEIRA, Jonathan Mendes. Contrato preliminar, cit., p. 293.

[242] A título de esclarecimento, utiliza-se aqui o vocábulo *garantia* de forma mais ampla, em sentido de segurança, expectativa (garantir como assegurar), e não em relação ao *sentido jurídico próprio* das garantias como negócios jurídicos ou direitos reais com finalidade de assegurar o adimplemento das obrigações (SILVA, Fábio Rocha Pinto e. *Garantias das obrigações*: uma análise sistemática do direito das garantias e uma proposta abrangente para a sua reforma. São Paulo: Editora Iasp, 2017. p. 32-33).

Tomemos por exemplo certo compromisso de compra e venda de imóvel no qual a parte vendedora não possua certidão de regularidade fiscal, ficando impossibilitada a lavratura da escritura definitiva. Nessa hipótese exemplificativa, as partes estão de pleno acordo com relação ao conteúdo do negócio jurídico a ser entre elas entabulado. Contudo, as formalidades que se impõem àquele determinado tipo contratual – a compra e venda de imóvel – impedem que seja feita a lavratura da escritura definitiva, ainda que sujeita a condição. Neste caso, o contrato preliminar pode ser instrumental, conferindo às partes a segurança da futura contratação e permitindo a superação do obstáculo formal.

É importante salientar, neste ponto, que a condição suspensiva integra a declaração negocial, não podendo ser desta dissociada. Significa dizer que, na medida em que a referida certidão fiscal é empecilho à lavratura da escritura definitiva, a mera aposição de condição não permitiria ao tabelião proceder com o ato. Às partes, então, restam duas alternativas: aguardar, sem qualquer garantia de que a operação será concretizada no futuro, a obtenção da referida certidão para proceder à contratação definitiva ou, por meio do compromisso de compra e venda (que, como será visto mais adiante, pode ser classificado como espécie de contrato preliminar), vincular-se à futura contratação.

Outrossim, as partes podem optar pela contratação preliminar em lugar do negócio condicional – ou mesmo do negócio puro e simples – por motivos denominados materiais. Superada a premissa de que as partes decidiram vincular-se à realização de determinada operação econômica, podem estas querer, voluntária e conscientemente, vincular-se umas às outras e à consecução de referida operação sem, contudo, ainda terem chegado a um acordo com relação à totalidade do programa contratual que instrumentalizará a transação pretendida.

Nesses casos, as partes podem valer-se dos contratos preliminares ditos de programação (ou preliminariedade) média ou mínima[243] para, preenchendo integralmente a função precípua do contrato preliminar – qual seja, de garantir a necessária segurança de que o contrato definitivo será oportunamente concluído – reservar espaço para ulterior complementação do conteúdo contatual, mediante a negociação e celebração do contrato definitivo.

[243] *Vide*, a esse respeito, o item 2.6, abaixo.

Tome-se por exemplo a circunstância em que o proprietário de bem-sucedida rede de varejo decide colocar à venda seu empreendimento e, para tanto, inicia processo competitivo, para o qual comparecem diversos interessados. Determinada empresa interessada, importante multinacional do mesmo segmento, oferece o valor mais alto e se predispõe a assumir a maior parte das contingências relacionadas à sociedade a ser adquirida, sujeito à confirmação de determinadas premissas negociais.

Nesse exato momento, as partes teriam uma miríade de alternativas que poderiam ser adotadas. Uma delas seria, desde logo, valer-se de uma carta de intenções ou memorando de entendimentos, que, como visto anteriormente, também não se confundem com o preliminar, para permitir a continuidade das negociações. Ainda, uma opção que se apresenta seria a integral negociação e conclusão de um contrato definitivo de compra e venda de participação acionária, contendo o acordo das partes com relação a todos os aspectos da transação, e condicionando sua efetiva celebração à realização de auditoria legal e financeira visando à confirmação das premissas negociais.

Veja-se que, embora ambas as alternativas acima propostas sejam, *prima facie*, capazes de conferir às partes o resultado último pretendido, nos dois casos carece o elemento central proporcionado pelo contrato preliminar: a segurança de um contratar futuro. Caso as partes entabulassem mero documento preparatório, qualquer delas poderia, observados os limites impostos pela boa-fé objetiva, encerrar as tratativas negociais.

Por outro lado, caso as partes optassem por seguir adiante com a negociação integral do contrato para, no ato da celebração, sujeitarem-no à condição suspensiva, também haveria riscos envolvidos. Em primeiro lugar, também aqui, até que o contrato tenha se formado, qualquer parte poderia desistir do negócio, desde que tal desistência não implicasse frustração da legítima expectativa do *alter*. Além disso, aguardar que as partes tenham chegado ao acordo integral em torno do conteúdo da disposição contratual para posteriormente confirmar as premissas envolvidas pode implicar dispêndio excessivo, que eleva de forma desnecessária os custos de transação. Novamente, aqui, estaria justificada a utilização do contrato preliminar.

Se do ponto de vista funcional o contrato preliminar não pode ser confundido ou equiparado à condição suspensiva, do ponto de vista estrutural a conclusão não há de ser diferente. Como visto anteriormente, estruturalmente, a condição suspensiva consiste na sujeição dos efeitos de determinado efeito jurídico, por iniciativa das partes, a evento futuro e incerto.

O contrato preliminar em nada se confunde com a condição. Na realidade, o contrato preliminar consiste em contrato propriamente dito, fonte de obrigações, sendo a principal delas a obrigação de fazer consistente na celebração do contrato definitivo. Para que não haja atribuição equivocada de efeitos e consequências, é mister a devida qualificação dos fenômenos.

Com efeito, aponta-se para a substancial diferença que há entre as condições e os deveres. Muitas vezes os efeitos de um contrato podem estar sujeitos à ocorrência prévia de determinado evento sem, contudo, que isso configure verdadeira condição[244]. E essa diferenciação é fundamental, pois as condições implementam-se, e os deveres, ou obrigações, são adimplidos[245]. Significa dizer que da não implementação da condição (ou da sua implementação, em se tratando de condição resolutiva) resulta que o contrato jamais produzirá seus efeitos. Já no que concerne aos deveres, seu descumprimento sujeita as partes ao regime da mora e do inadimplemento, podendo resultar na resolução contratual ou na execução específica da prestação, em qualquer caso imputando-se perdas e danos pelo descumprimento.

O contrato preliminar puro e simples é fonte de obrigações e, por conseguinte, impõe aos contratantes uma série de deveres, principais, secundários e acessórios. Não há qualquer confusão ou justaposição entre este e a figura da condição. Ademais, a condição é elemento acidental genérico, que pode ser aplicado a uma gama infindável de negócios jurídicos, inclusive aqueles de natureza atípica[246].

Significa dizer que nada impede – na realidade, é comum que ocorra – as partes de convencionar que os efeitos do contrato preliminar, os de obrigarem-nas à celebração de um contrato definitivo, estejam sujeitos a condição suspensiva. Um exemplo disso seria a situação de um marinheiro que, ao deparar-se com uma oportunidade de aquisição de nova embarcação, celebra um contrato preliminar com o vendedor no qual fica estipulado que, se e quando o marinheiro conseguir vender sua atual

[244] MARTINS-COSTA, Judith. *A boa-fé no direito privado*, cit., p. 395.

[245] MARTINS-COSTA, Judith. *A boa-fé no direito privado*, cit., p. 396.

[246] DUARTE, Nestor. *Código Civil comentado*, cit., p. 91.

embarcação, as partes hão de celebrar o contrato definitivo de compra e venda do novo barco, no qual pactuarão os demais termos e condições da venda – por exemplo, a alocação dos riscos relativos aos vícios da coisa e ao modo de entrega do bem.

Conclui-se, então, que o contrato preliminar e a condição precedente não apenas não se confundem como podem coexistir, com o arrimo da autonomia privada, para permitir às partes integral instrumentalização das avenças da melhor forma que lhes convier.

2.5. Classificação da obrigação consubstanciada no contrato preliminar

Como visto, o contrato preliminar é o contrato que obriga as partes à celebração de um segundo contrato, dito definitivo. Logo, a prestação principal contida no contrato preliminar é a celebração do contrato definitivo. Ademais, na relação jurídica contratual decorrente da conclusão de um contrato preliminar incidem outros deveres, secundários e laterais, dos quais se cuidará mais adiante. Aqui cumpre analisar qual seria a classificação da referida prestação, à luz das noções clássicas do direito das obrigações.

O conceito moderno de obrigação deriva da figura da *obligatio* do direito romano. O substantivo *obligatio* remonta a Cícero[247]. No sentido literal da expressão, o vocábulo "*lig*" significa um vínculo (*bond*)[248]. Então a *obligatio* implicaria um vínculo entre os agentes. Justiniano, outrossim, classificou a *obligatio* como um *vínculo jurídico*; que *obriga*, ou que *impõe a necessidade* de uma *prestação*; *conforme prescrito pela lei*[249].

Nos dias atuais, ao vocábulo "obrigação" são atribuídos diversos significados, por exemplo, dever jurídico[250], estado de sujeição[251], ônus

[247] ZIMMERMANN, Reinhard. *The law of obligations*, cit., p. 1.

[248] ZIMMERMANN, Reinhard. *The law of obligations*, cit., p. 1.

[249] TRABUCCHI, Alberto. *Istituzioni di diritto civile*, cit., p. 646-647. Segundo o autor, a definição de Justiniano para a obrigação seria a seguinte: "Obligatio est iuris vinculum, quo necessitate adstringimur alicuius solvendae rei secundum nostrae civitatis iura". Em tradução livre: *Uma obrigação é um vínculo de direito, pelo qual somos obrigados por necessidade a resolver a questão de acordo com os direitos de nosso Estado.*

[250] ANTUNES VARELA, João de Matos. *Das obrigações em geral*, cit., v. 1, p. 52.

[251] ANTUNES VARELA, João de Matos. *Das obrigações em geral*, cit., v. 1, p. 55.

jurídico[252] ou direito-dever[253]. Em sentido técnico, contudo, a obrigação conceitua-se como "a relação jurídica por virtude da qual uma (ou mais) pessoa pode exigir de outra (ou outras) a realização de uma prestação"[254] ou, ainda, um vínculo entre duas ou mais partes tendo por objeto a satisfação, pelo devedor, de determinada prestação, podendo esta ser exigida pelo credor[255].

Diante da vasta gama de relações jurídicas entre particulares previstas em nosso ordenamento, tem-se que o ponto nodal da definição da obrigação consiste em o objeto da obrigação ser sempre uma prestação[256]. Nesse sentido, aquilo que deve ser prestado, o conteúdo da prestação, consiste no objeto *mediato* da obrigação[257]. A prestação, por sua vez, pode ser definida como o comportamento destinado à satisfação do interesse do credor[258].

No que se refere às fontes das obrigações, sua delimitação e classificação não são uníssonas na doutrina[259], mas, independentemente da posição que se adote, tem-se que, desde Roma, o contrato é fonte de obrigações[260].

À luz do princípio consensualista, que impera nos sistemas de tradição romano-germânica[261], o contrato preliminar é contrato, que se forma por meio do consenso das partes em torno da declaração de vontade[262].

[252] ANTUNES VARELA, João de Matos. *Das obrigações em geral*, cit., v. 1, p. 57.

[253] ANTUNES VARELA, João de Matos. *Das obrigações em geral*, cit., v. 1, p. 61.

[254] ANTUNES VARELA, João de Matos. *Das obrigações em geral*, cit., v. 1, p. 62.

[255] GOMES, Orlando. *Obrigações*. 17. ed. Rio de Janeiro: Forense, 2008. p. 17.

[256] ANTUNES VARELA, João de Matos. *Das obrigações em geral*, cit., v. 1, p. 62.

[257] ALMEIDA COSTA, Mario Julio de. *Direito das obrigações*, cit., p. 603.

[258] ANTUNES VARELA, João de Matos. *Das obrigações em geral*, cit., v. 1, p. 78; ALMEIDA COSTA, Mario Julio de. *Direito das obrigações*, cit., p. 603; TRABUCCHI, Alberto. *Istituzioni di diritto civile*, cit., p. 648.

[259] PEREIRA, Caio Mário da Silva. *Instituições de direito civil*, cit., v. I, p. 48.

[260] VON TUHR, *Tratado de las obligaciones*, cit., 2007, p. 25.

[261] VICENTE, Dário Moura. *Direito comparado*, cit., v. 2, p. 38.

[262] Nos sistemas da *common law*, por exemplo, há o requisito adicional da *consideration* – para que o contrato se forme, ambas as partes devem entregar, ou ao menos prometer entregar, umas às outras, determinadas prestações (GRECCO, Renato. *O momento da formação do contrato*, cit., p. 239-240). É importante salientar, nesta seara, que a celebração de contrato preliminar na forma em que este é verificado em nossa prática não implicaria violação ao requisito da *consideration*, desde que haja promessas feitas por ambas as partes. Eis que nos Estados Unidos da América admite-se a existência de contrato preliminar, embora com contornos ligeiramente distintos (CHOI, Albert H.; TRIANTIS, George. Designing and enforcing preliminary agreements, cit., *passim*).

Inequívoco, portanto, que o contrato preliminar, desde que presentes seus pressupostos de validade e preenchido seu conteúdo mínimo, é fonte suficiente de obrigações na acepção técnica da palavra[263].

Cumpre, então, verificar qual seria a natureza da prestação contida na obrigação originada do contrato preliminar, a saber, a obrigação de celebrar o contrato definitivo – a qual se enquadra no grupo das obrigações de emitir declaração de vontade.

O direito brasileiro classifica as prestações em três grandes grupos: de dar, de fazer e de não fazer[264]. As obrigações podem também ser aglutinadas em apenas duas categorias – prestações positivas e negativas –, sendo que na primeira se incluem as prestações de dar e de fazer e na segunda as prestações de abster-se de praticar ou de tolerar algum comportamento[265]. A despeito de ser mais comumente encontrada na doutrina estrangeira, a classificação ora referida não foi de todo ignorada pela doutrina brasileira[266]. Contudo, ao contrário do que ocorre em outros sistemas jurídicos, esta não foi expressamente acolhida pelo nosso Código Civil, no qual se optou pela outrora mencionada tripartição.

As obrigações de dar são aquelas que consistem na entrega de determinada coisa, que pode ser certa ou incerta[267]. É o que se verifica, por exemplo, na locação de certo imóvel e na venda futura de uma safra cujos

[263] ALABISO, Aldo. *Il contratto preliminare*, cit., p. 40.

[264] PEREIRA, Caio Mário da Silva. *Instituições de direito civil*, cit., v. I, p. 63; GOMES, Orlando. *Obrigações*, cit., p. 47.

[265] ANTUNES VARELA, João de Matos. *Das obrigações em geral*, cit., v. 1, p. 79; VON TUHR, *Tratado de las obligaciones*, cit., 2007, p. 27; TRABUCCHI, Alberto. *Istituzioni di diritto civile*, cit., p. 655. Há quem divida as prestações entre pessoais e reais, sendo aquelas as que implicam a prática ou abstenção da prática de um ato e estas as que implicam a transmissão de propriedade sobre bens (VON TUHR, *Tratado de las obligaciones*, cit., 2007, p. 27-28). Neste trabalho não se utilizará a referida classificação para evitar imprecisões terminológicas, porquanto, no direito brasileiro, a divisão entre obrigações pessoais e reais tem conotação distinta.

[266] *Vide*, por exemplo, PEREIRA, Caio Mário da Silva. *Instituições de direito civil*, cit., v. I, p. 62; PODESTÁ, Fábio Henrique. *Direito das obrigações*: teoria geral e responsabilidade civil. 7. ed. São Paulo: Almedina, 2018. p. 155. Pontes de Miranda, outrossim, classifica as obrigações de fazer entre positivas, que são as obrigações de fazer que conhecemos, e negativas, que consistem naquelas que nosso Código denomina obrigações de não fazer (*vide* PONTES DE MIRANDA, Francisco Cavalcanti. *Tratado de direito privado*. São Paulo: Revista dos Tribunais, 2012. t. XXII. p. 143).

[267] GOMES, Orlando. *Obrigações*, cit.

frutos eram então desconhecidos, respectivamente. As obrigações de fazer, por sua vez, têm como objeto a prática de determinado ato, que pode ser a realização de um trabalho, um comportamento físico ou intelectual (como escrever um livro ou realizar uma *performance* acrobática) ou, ainda, a prática de certos atos jurídicos[268]. Já a obrigação de não fazer pode ter por objeto uma abstenção, permissão ou omissão, em relação a aspectos materiais ou formais[269]. Então, por exemplo, pela prestação de não fazer o devedor pode ter que se abster de abrir um estabelecimento concorrente daquele que alienou ou permitir que sejam feitas obras em seu terreno mas, também, não ofertar lance em determinado leilão.

A doutrina é praticamente uníssona no sentido de que o contrato preliminar encerra obrigação de fazer[270], porquanto veicula um comportamento a ser adotado pelas partes de modo a satisfazer adequadamente os interesses reciprocamente considerados. O autor também se filia a tal entendimento. Com efeito, ao entabular certo contrato preliminar, as partes não podem ou não pretendem – não ainda – obter os efeitos que resultarão do contrato definitivo, que pode ser prestação de qualquer natureza. Na realidade, a obrigação ali contida é efetivamente a celebração do contrato definitivo, a emissão das declarações de vontade recíprocas e o encontro destas originando novo negócio jurídico. Tem-se, portanto, que se trata de obrigação de fazer.

As prestações podem, ainda, ser classificadas entre fungíveis e infungíveis. Fungíveis são aquelas que podem ser prestadas por qualquer um de modo satisfatório ao interesse objetivamente considerado do credor; as infungíveis, por sua vez, são aquelas de caráter personalíssimo, que não podem ser prestadas por outrem sem prejuízo ao interesse do credor[271].

268 TEPEDINO, Gustavo *et al. Código Civil interpretado conforme a Constituição da República*, cit., p. 515.

269 ANTUNES VARELA, João de Matos. *Das obrigações em geral*, cit., v. 1, p. 81.

270 MESSINEO, Francesco. *Dottrina generale del contratto*, cit., p. 172; MORAIS, Fernando de Gravato. *Contrato-promessa em geral, contratos-promessa em especial*, cit., p. 31; TEIXEIRA, Tarcísio. Contrato preliminar empresarial, cit., p. 721; ANTUNES VARELA, João de Matos. *Das obrigações em geral*, cit., v. 1, p. 335; DELGADO, Abel Pereira. *Do contrato-promessa*, cit., p. 14; TEPEDINO, Gustavo *et al. Código Civil interpretado conforme a Constituição da República*, cit., p. 515; PRATA, Ana. *O contrato-promessa e seu regime civil*, cit., p. 21.

271 GOMES, Orlando. *Obrigações*, cit., p. 50; PODESTÁ, Fábio Henrique. *Direito das obrigações*, cit., p. 180.

Admitida a obrigação consubstanciada no contrato preliminar como obrigação de fazer, torna-se de extrema relevância examinar se a prestação contida é de natureza fungível ou infungível. Tal delimitação é essencial, porquanto afeta sobremaneira a extensão do poder do credor no contexto da relação obrigacional[272]. Com efeito, é corolário do direito das obrigações que o devedor não pode ser coagido a praticar prestações infungíveis, de natureza *intuitu personae*, porquanto tal medida influiria de forma inadmissível em sua esfera de liberdade[273].

É bastante difundida na doutrina a noção de que as prestações de fazer, via de regra, podem ser cumpridas por outrem em caso de descumprimento por parte do devedor. É nesse sentido, inclusive, o artigo 249 do Código Civil, que essencialmente replica a inteligência do artigo 880 do antigo Código de 1916. Não obstante, dentro do vasto grupo de obrigações de fazer encontram-se aquelas que somente podem ser realizadas pela pessoa do devedor, por terem sido assim contratadas em razão de características peculiares a este[274]. Nesses casos, não se admite a substituição do devedor. A essas últimas se convencionou chamar obrigações *personalíssimas*.

A distinção entre as obrigações ditas personalíssimas e as que não se revestem de tal denominação, então, pode ser realizada com base na fungibilidade da prestação de fazer[275]. Prestações infungíveis são aquelas que não podem ser prestadas por outra pessoa ou por outros meios. Nesse ponto, vale destacar que, para verificação da fungibilidade ou não da

[272] GOMES, Orlando. *Obrigações*, cit., p. 48-49. A doutrina aponta para outros aspectos relevantes em tal distinção, por exemplo, a possibilidade de cumprimento por terceiros e os efeitos na sucessão hereditária. Tendo em vista as peculiaridades que circundam o contrato preliminar, por aqui, a análise se aterá apenas àquela alhures mencionada.

[273] GOMES, Orlando. *Obrigações*, cit., p. 48.

[274] BEVILAQUA, Clovis. *Direito das obrigações*. Recife: Livraria Magalhães, 1896. p. 71; MENDONÇA, Manoel Ignacio Carvalho de. *Doutrina e prática das obrigações ou tratado geral dos direitos de crédito*. Curitiba: Imprensa Paranaense, 1908. p. 90-91.

[275] GOMES, Orlando. *Obrigações*, cit., p. 50. Neste ponto, é importante destacar que as obrigações de dar podem ter por objeto *coisa* infungível (como uma obra de arte ou um anel de pedra preciosa), mas a prestação em si, o dever de entregar o bem, não é infungível, porquanto pode ser cumprida por qualquer um que se encontre na disposição da coisa. Tal diferenciação é relevante, pois influi diretamente nos poderes de que o credor dispõe em relação àquela prestação. Já na obrigação de dar coisa certa e infungível, o credor pode exigir a entrega da coisa judicialmente, inclusive valendo-se dos meios coercitivos para tanto; no que se refere às obrigações de fazer de natureza personalíssima, via de regra, não se admite execução forçada.

prestação, deve ser levado em consideração o resultado pretendido, e não o elemento subjetivo, o *animus* do credor. Ou seja, se a mesma obrigação – por exemplo, a construção de um muro ou a instalação de um equipamento – pode ser realizada por outrem, sem que com isso seja reduzido o efeito, o resultado prático, de tal prestação, esta não é considerada infungível[276].

Ademais, é importante ponderar que a fungibilidade da prestação, no atual regramento brasileiro, deve ser aferida com base nas circunstâncias do negócio, levando em consideração o caso prático. Tal noção foi cristalizada em nosso ordenamento após a promulgação do Código Civil de 2002, no qual foi excluída disposição constante do antigo diploma, segundo a qual a infungibilidade da obrigação derivaria de disposição das partes[277].

Durante anos, predominou o entendimento de que, descumprida a obrigação de fazer, assistiria ao credor tão somente o direito de pleitear as perdas e danos oriundas do inadimplemento, com base no princípio da incoercibilidade da prestação de fato (*nemo ad factum precise cogi potest ad factum*)[278]. Contudo, conforme o direito evoluiu, passou-se a buscar, acima de tudo, a maior eficiência da relação obrigacional e a efetiva tutela dos interesses nela consubstanciados. Daí por que se passou a admitir a execução específica da obrigação de fazer, desde que desprovida de caráter personalíssimo, o que poderia dar-se, inclusive, por meio da realização da prestação por outrem, à custa do devedor, ou mesmo da execução pelo equivalente[279].

Viu-se que a obrigação consubstanciada no contrato preliminar é do tipo de fazer. Obrigação de fazer consistente na emissão de declaração de vontade, a qual, por seu turno, consubstancia o contrato definitivo. Sabe-se que a declaração de vontade deve ser emitida pela parte, e que os

[276] TEPEDINO, Gustavo *et al. Código Civil interpretado conforme a Constituição da República*, cit., p. 516.

[277] TEPEDINO, Gustavo *et al. Código Civil interpretado conforme a Constituição da República*, cit., p. 516.

[278] TEPEDINO, Gustavo *et al. Código Civil interpretado conforme a Constituição da República*, cit., p. 516.

[279] TERRA, Aline de Miranda Valverde. Execução pelo equivalente como alternativa à resolução: repercussões sobre a responsabilidade civil. *Revista Brasileira de Direito Civil*, v. 18, p. 49, 2018.

agentes da prática contratual não podem ser coagidos a prestar declaração de vontade sob pena de interferência inadmissível em sua esfera de liberdade, o que atentaria contra o princípio da autonomia privada[280].

Tomando por base somente as premissas acima consideradas, alguém poderia, de forma precipitada, concluir pela infungibilidade da obrigação de prestar declaração de vontade. Foi o que sucedeu por muitos anos, inclusive[281].

Contudo, no caso do contrato preliminar – ou, de forma mais ampla, de qualquer negócio jurídico válido, existente e eficaz que encerre obrigação de emitir declaração de vontade –, a imposição de tal dever não implica violação à liberdade individual do contratante devedor, porquanto tal obrigação deriva justamente de declaração de vontade anterior (assumindo, evidentemente, que tal declaração se encontrasse livre de vícios), emanada pelo próprio agente, respeitado, portanto, o dogma da vontade.

Ademais, como visto anteriormente, a questão da fungibilidade ou infungibilidade da prestação de fazer passa pela análise do resultado pretendido da obrigação e pela possibilidade de que este seja atingido por meio da atuação de um terceiro. Assim, evidentemente, ninguém exceto Michelangelo Buonarroti poderia ter pintado os afrescos que decoram a abóbada da Capela Sistina. Mas, de outra forma, na ausência do pintor para uma demão de tinta na fachada externa de um prédio, não há que se cogitar da infungibilidade da prestação, uma vez que qualquer outro pintor de perícia média poderia realizar serviço da mesma qualidade.

No caso da obrigação de prestar declaração de vontade, em que pese a declaração em si ser ato que somente pode ser praticado pelo devedor, seus efeitos podem ser atingidos de outra forma, sem que isso implique ataque inadmissível à liberdade do devedor, tampouco impacto adverso no resultado prático pretendido. Tendo em vista que os efeitos jurídicos produzidos com o adimplemento do contrato preliminar são puramente jurídicos, atualmente se admite com alguma normalidade que o juiz possa,

[280] MARTINS, Ricardo Marcondes. *Abuso de direito e a constitucionalização do direito privado*. São Paulo: Malheiros, 2010. p. 70-72.

[281] PRATA, Ana. *O contrato-promessa e seu regime civil*, cit., p. 49-50; SANCHES, Sydney. *Execução específica*: das obrigações de contratar e prestar declaração de vontade. São Paulo: Revista dos Tribunais, 1978. p. 3-12.

por meio de sentença, emitir os mesmos efeitos que da declaração devida emanariam[282].

A conclusão, então, é de que a prestação contida no contrato preliminar não é absolutamente impossível de ser prestada por outrem, como se exige para que se configure obrigação infungível. Na realidade, a obrigação de prestar declaração de vontade pode ser tida por fungível, sob a premissa de que os mesmos efeitos podem ser obtidos por meio de decisão judicial[283]. Tem-se, portanto, que a obrigação consubstanciada no contrato preliminar é obrigação de fazer do tipo fungível. Tal concepção será essencial quando se analisar a execução específica do contrato preliminar, mais adiante neste trabalho.

2.6. Graus de programação do contrato preliminar

Questão relevantíssima para o estudo do contrato preliminar é a da gradação do conteúdo ali contido em relação ao futuro contrato definitivo, bem como a repercussão que essa característica provoca na eficácia do negócio jurídico em análise. A questão foi pioneiramente abordada, de forma sistematizada, no trabalho de Tomasetti, diversas vezes citado ao longo deste trabalho[284].

[282] NERY JUNIOR, Nelson. Execução específica: emissão de declaração de vontade de um dos contratantes – CPC 466-B e 466-C. *In*: *Soluções práticas de direito*. São Paulo: Revista dos Tribunais, 2014. v. IX. p. 9.

[283] PONTES DE MIRANDA, Francisco Cavalcanti. *Tratado de direito privado*, cit., t. XXII, p. 146; BDINE JR., Hamid Charaf. *Código Civil comentado*: doutrina e jurisprudência. 10. ed. Barueri: Manole, 2016. p. 161. Nesse sentido, Ana Prata ensina, ainda, que "só haveria infungibilidade se algum irremovível obstáculo material ou jurídico se opusesse a que o credor obtivesse o resultado útil do exercício do seu direito através de uma actividade de terceiro" (PRATA, Ana. *O contrato-promessa e seu regime civil*, cit., p. 65). Há que se ponderar que, embora obtendo-se os mesmos efeitos, a decisão que supre a declaração de vontade não consiste na exata mesma prestação que seria obtida caso o contrato tivesse sido regularmente cumprido. Daí poderia se argumentar que não se trata de prestação fungível na acepção. Todavia, tal distinção não implica consequências práticas relevantes, razão pela qual optaremos, aqui, por nos filiar à majoritária doutrina e assumir a fungibilidade da prestação.

[284] A pesquisa realizada não identificou autores estrangeiros que tratem, da forma sistemática e estruturada como Tomasetti o fez, da gradação do conteúdo do contrato preliminar. Do mesmo modo, não se verifica na doutrina brasileira anterior à elaboração do trabalho semelhante abordagem. Por tudo isso, coloca-se como pioneira a classificação proposta por Alcides Tomasetti Junior quanto à gradação de conteúdo do contrato preliminar, salvo melhor juízo.

Em seu estudo a respeito do tema, o autor propõe uma divisão tri-faseada do conteúdo programático contido no contrato preliminar, classificação esta que ficou conhecida como a dos "graus de preliminaridade do contrato preliminar", e que será mais bem explorada adiante.

Antes de adentrar o exame da gradação de conteúdo da relação entre continente e conteúdo consubstanciada no binômio preliminar-definitivo, cumpre uma breve nota dirigida a delimitar o que se entende por objeto e conteúdo dos contratos. O objeto do contrato consiste na prestação ali contida[285]. Há que se distinguir, portanto, o objeto do contrato do regulamento contratual. O regulamento é o conjunto de disposições contidas em determinado negócio jurídico, que pode ou não vir consubstanciado em texto, e reflete o objeto (qual seja, a prestação contratual)[286].

Esclarece-se, ainda, que o regulamento contratual possui um conteúdo explícito, composto pelos elementos categoriais inderrogáveis do tipo contratual, pelos elementos particulares, se e quando introduzidos no programa contratual pelos agentes, e, ainda, os elementos naturais, ou categoriais derrogáveis, se e na medida em que modulados pela manifestação de vontade[287]. O conteúdo implícito, por sua vez, é composto pelos elementos naturais que não tenham sido explicitamente derrogados e pelos elementos que integram o negócio jurídico *per relationem*[288].

Feitas essas considerações, esclarece-se que a análise dos graus de programação do contrato preliminar se concentrará não em seu objeto – que consiste na celebração do contrato definitivo –, mas sim em seu conteúdo, no regulamento, ou programa, introduzido pelas partes na declaração

[285] ROPPO, Vincenzo. *Il contratto*, cit., p. 330.

[286] ROPPO, Vincenzo. *Il contratto*, cit., p. 331-332.

[287] AZEVEDO, Antonio Junqueira de. *Negócio jurídico*: existência, validade e eficácia, cit., p. 136.

[288] AZEVEDO, Antonio Junqueira de. *Negócio jurídico*: existência, validade e eficácia, cit., p. 137. Aqui, cabe uma nota à interessante proposição de Junqueira de Azevedo a respeito dos elementos que integram o negócio jurídico por referência (ou *per relacionem*), que podem derivar de avença já existente ou que virá a ser celebrada pelas partes. A esses elementos, o autor denomina "conteúdo incompletamente expresso", ou seja, aquilo que integra a declaração negocial mas que, para sua plena interpretação, demanda a análise de outros negócios jurídicos correlatos. Esse fenômeno é comumente verificado quando ocorre a coligação contratual.

negocial. Daí por que será empregado o termo "programação" no exame da gradação de conteúdo do preliminar[289].

2.6.1. Programação máxima

No seu estágio mais avançado de completude, a que aqui se chamará programação máxima, o contrato preliminar já contém a definição acerca da totalidade do conteúdo do contrato definitivo. Por esse motivo, Tomasetti adverte que a celebração do contrato definitivo consiste mais em *ato devido*, assim referido o adimplemento puro e simples, do que em efetiva entabulação de nova relação contratual[290].

O exemplo clássico do contrato preliminar de programação máxima é o do compromisso de compra e venda de imóvel que sujeita a lavratura da escritura definitiva a termo, contendo ainda, como um anexo, o texto integral da escritura a ser lavrada. Nessa hipótese, após o termo, caberá às partes tão somente comparecer perante o notário munidas dos documentos aplicáveis para que a escritura de compra e venda como contrato definitivo se forme.

Tome-se, ainda, a seguinte situação hipotética como exemplo para ilustrar o contrato preliminar de programação máxima: duas partes altamente sofisticadas chegam a um acordo com relação à totalidade do clausulado por meio do qual se operará a compra e venda de determinados ativos florestais aos quais se atribuiu a característica de bens móveis por antecipação, cuja transmissão se dará mediante cláusula de tradição inserida na declaração de vontade[291], de forma dissociada da transmissão

[289] A terminologia é utilizada, por exemplo, por Roppo, ao tratar das funções do contrato preliminar (ROPPO, Vincenzo. *Il contratto*, cit., p. 652), e por Tomasetti, ao descrever os graus de preliminariedade (TOMASETTI JR., Alcides. *Execução do contrato preliminar*, cit., p. 22-24). Vale pontuar, ademais, que, conforme esclarece Nelson Nery Jr., a expressão "pré-liminar" remonta justamente à ideia de anterioridade. Nesse sentido, o autor ensina que o *limine* consistia na divisa entre as casas, e o "pré-limine" em tudo aquilo que se situava antes de tal divisa (*vide* NERY JUNIOR, Nelson. Contrato preliminar de doação e previsão de atribuições gratuitas futuras. *In*: *Soluções práticas de direito*. São Paulo: Revista dos Tribunais, 2014. v. VII: Contratos e obrigações, direitos reais e direito das sucessões). Nesse sentido, a ideia de "preliminariedade máxima" conduziria à ideia de maior distância do *limine*, assim entendido o momento da formação do contrato definitivo, quando na realidade é exatamente o oposto. Por esse motivo, aqui se utilizará a terminologia proposta.

[290] TOMASETTI JR., Alcides. *Execução do contrato preliminar*, cit., p. 23-24.

[291] DINIZ, Maria Helena. *Curso de direito civil brasileiro*, cit., v. 1, p. 344.

da propriedade da terra nua. Digamos, ainda, que, por conta das normas concorrenciais aplicáveis, as partes devam submeter a operação acima descrita à prévia análise do Conselho Administrativo de Defesa Econômica (CADE), o que impede a imediata celebração do contrato pretendido. Assim, os atores da relação econômica optam por celebrar instrumento nos termos do qual, mediante a obtenção da autorização governamental, celebrarão o contrato de compra e venda de madeira para corte na forma de minuta anexa. Aqui, também, trata-se de preliminar de programação máxima.

Em ambos os casos acima descritos, faz-se cristalina a grande vantagem do contrato preliminar de programação máxima – em caso de inadimplemento, a parte adimplente poderá valer-se de execução específica para fazer ingressar no ordenamento jurídico o contrato definitivo sem grandes empecilhos[292].

2.6.2. Programação média

Em um estágio intermediário de regramento em relação ao conteúdo do contrato definitivo encontra-se o contrato preliminar de programação média. Trata-se de situação na qual as partes chegaram a um acordo em relação a quais serão os elementos que integrarão o contrato definitivo sem, contudo, pactuar em detalhes o programa contratual que consubstanciará essas avenças. Nesse caso, o conteúdo do contrato preliminar está *menos cheio* em relação ao definitivo, de modo que as partes precisam verdadeiramente negociar e pactuar um novo negócio jurídico para adimpli-lo de forma satisfatória[293].

Trata-se de situação na qual as partes descrevem, no preliminar, os elementos que deverão constar do contrato definitivo, deixando a concretização de seu programa, ou regulamento, para um segundo momento.

Digamos, por exemplo, que duas partes entabulem contrato preliminar no qual acordam que, mediante a aquisição de determinado imóvel por uma delas – o futuro locador –, a outra – futura locatária – se comprometerá

[292] A esse respeito, *vide* item 3.4 deste trabalho. Impende destacar que, em alguns casos, não se faz possível a celebração de documento definitivo sujeito a condição suspensiva em virtude de empecilhos formais ou regulatórios. Nesses casos, o preliminar de programação máxima apresenta-se como importante solução.

[293] TOMASETTI JR., Alcides. *Execução do contrato preliminar*, cit., p. 24.

a alugar o imóvel por aluguel e prazo preestabelecidos, ficando acordado também que o futuro locador concederá ao futuro locatário uma carência no pagamento do valor do aluguel, condicionada à realização de melhorias no imóvel, conforme croquis anexos ao preliminar.

No exemplo acima descrito se encontram presentes os elementos categoriais inderrogáveis da locação – objeto e preço –, bem como parâmetros suficientes para determinação do conteúdo do futuro contrato definitivo. Por outro lado, resta preservada a reserva de complementação, cujo preenchimento, mediante negociações ulteriores entre as partes, faz-se necessário para o devido adimplemento do preliminar.

Ao ver do autor – e parece ser esse também o entendimento implícito de Tomasetti –, o enquadramento de determinado contrato preliminar como de programação média não se dá com base quantitativa, mas sim objetiva. Ou seja, para a classificação do programa contratual como médio não se deve analisar *quanto* as partes entenderam por pactuar de antemão no preliminar, mas *como* ou *em qual medida* o fizeram.

Como visto anteriormente, o contrato preliminar, para que exista como tal, deve conter a obrigação de um futuro contratar, bem como o acordo das partes em relação aos elementos categoriais inderrogáveis do contrato definitivo. E isso basta. Assim, por exemplo, um preliminar que determine que as partes, dentro de trinta dias, celebrarão contrato por meio do qual A venderá a B a totalidade das ações de sua companhia, pelo preço N, a ser pago à vista, não contendo qualquer disposição adicional, não será eivado de qualquer vicissitude no que se refere à sua existência, validade ou eficácia. Isso porque se encontram presentes os elementos categoriais inderrogáveis da compra e venda. A consequência é a de que, em caso de inadimplemento, a parte adimplente poderá buscar a satisfação do seu interesse por meio da execução específica do contato[294].

Não se ignora que em transações dessa natureza as partes usualmente pactuam em detalhes aspectos como declarações do vendedor em relação a determinadas características das ações ou quotas alienadas, ou procedimentos esmiuçados que regem eventuais pleitos indenizatórios formulados pelo comprador em face do vendedor. Tais aspectos, contudo, consubstanciam elementos acidentais do negócio jurídico em questão. Assim, caso as partes deixem de conferir relevância a tais elementos no

[294] Ver, a esse respeito, o item 3.3, abaixo.

contrato preliminar, estes serão absolutamente irrelevantes para verificação do adimplemento do contrato preliminar.

Neste ponto, é importante destacar que a possibilidade – ou o cabimento – da execução específica do contrato preliminar, mediante decisão judicial que substitui a vontade não declarada, não necessariamente está relacionada ao grau de programação do contrato preliminar. Na realidade, tudo depende do grau de concretude das avenças introduzidas no instrumento.

Na medida em que as partes, por meio da declaração de vontade consubstanciada no contrato preliminar, confiram relevância a determinados aspectos no contexto daquela operação econômica concreta, sem, contudo, conferir ao intérprete substrato suficiente para a determinação de tais elementos, isso pode por consequência afetar a eficácia do preliminar, ainda que tais elementos não possam ser classificados como categoriais inderrogáveis[295].

2.6.3. Programação mínima

Por fim, tratemos do contrato preliminar de programação mínima, assim entendido aquele no qual as partes introduzem os aspectos básicos do regramento contratual pretendido, remanescendo pontos em aberto que demandam complementação por meio de *acordos residuais ulteriores*, que se apresentam em contraposição aos aspectos previamente estabelecidos no contrato preliminar[296].

Em termos práticos, significa dizer que, no contrato preliminar de programação mínima, as partes introduzem referência a determinados elementos, conferindo-lhes relevância no contexto daquela operação econômica em questão, sem, contudo, conferir todos os elementos necessários para que seu conteúdo possa ser de antemão determinado. Fica impossibilitada a integração do negócio jurídico por um terceiro, inviabilizando-se assim sua execução específica[297].

[295] Nesse sentido parece ser também o entendimento de Tepedino e Konder (*vide* TEPEDINO, Gustavo; KONDER, Carlos Nelson. Qualificação e disciplina do contrato preliminar no Código Civil brasileiro, cit., p. 36).

[296] TOMASETTI JR., Alcides. *Execução do contrato preliminar*, cit., p. 24.

[297] AZEVEDO, Antonio Junqueira de. *Novos estudos e pareceres de direito privado*, cit., p. 256; ALEM, Fabio P. *Contrato preliminar*, cit., p. 144-145. Pontua-se aqui, com efeito, que, como se verá melhor adiante (item 3.3), o que impede a execução específica do preliminar não

É importante reiterar, em qualquer caso, que, na configuração atual do ordenamento, em que o contrato preliminar é modalidade contratual típica expressamente prevista no Código Civil, com seus contornos e requisitos ali delimitados, a indeterminação contratual a demandar acordos residuais ulteriores não pode atingir os elementos categoriais inderrogáveis – ou elementos essenciais – do contrato definitivo, sob pena de descaracterização do preliminar.

Retomando o exemplo do contrato de locação com carência para realização de benfeitorias, caso as partes simplesmente mencionem que a locatária deverá realizar benfeitorias no imóvel, sem descrever em maiores detalhes suas características e contornos, não será possível a determinação de tal elemento – e, por conseguinte, a execução forçada do contrato – se as partes não engendrarem as necessárias negociações para complementação do conteúdo contratual.

De todo modo, se do arranjo contratual em comento for possível extrair, com grau de determinação suficiente, os elementos essenciais da locação, haverá contrato preliminar que, a despeito da eventual impossibilidade de execução específica, de forma alguma ficará desprovido de tutela jurídica: as demais soluções oferecidas pelo ordenamento, inclusive a aplicação de multa moratória (se pactuada) e a possibilidade de resolução contratual com indenização de perdas e danos, ficarão resguardadas[298].

2.7. Contrato preliminar com pessoa a declarar

O contrato preliminar que tenha por objeto futuro contrato de compra e venda gera, em favor do promissário, direito aquisitivo em relação à coisa cuja alienação consiste no objeto último do contrato pretendido. No caso do compromisso de compra e venda de imóvel registrado, tal direito aquisitivo é alçado ao *status* de direito real[299]. Tal característica faz com que o contrato preliminar, enquanto obrigação de contratar, contenha em si valor econômico, sendo que o aproveitamento de tal valor depende da

é a simples existência de elementos não dispostos expressamente pelas partes, mas sim a impossibilidade de preenchimento de tais elementos por meio da interpretação integrativa ou da integração, o que deverá ser verificado pelo intérprete à luz da situação concreta.

[298] ALEM, Fabio P. *Contrato preliminar*, cit., p. 143-144.

[299] PENTEADO, Luciano de Camargo. *Direito das coisas*. 3. ed. São Paulo: Revista dos Tribunais, 2014. p. 534; ASCENSÃO, José de Oliveira. *Direito civil*: reais. Coimbra, Portugal: Coimbra Editora, 2012. p. 567.

possibilidade da sua transferência a terceiros[300]. Nesse sentido, a circulação das obrigações é apontada pela doutrina como forma de circulação da riqueza e bom funcionamento do tráfego comercial[301].

É corolário do princípio da relatividade dos efeitos do contrato que a cessão de posição contratual por um dos agentes não se opera à revelia da parte cedida, não bastando, assim, a simples concordância entre cedente e cessionário[302]. Não se pode obrigar que aquele que contratou com A tenha que se sujeitar a relação contratual indesejada com B. Nesse contexto, a aposição de cláusula com pessoa a declarar – também denominada *amico eligendo* ou *amico electo* – se apresenta instrumental, adquirindo notada relevância na prática do contrato preliminar.

Considera-se contrato com pessoa a declarar aquele mediante o qual uma das partes reserva a si o direito de apontar terceiro que figurará em seu lugar na relação contratual, deixando então de ser parte do referido contrato[303]. A figura foi introduzida em nosso direito positivo nos artigos 467 a 471 do Código Civil de 2002[304]. Antes disso, contudo, já era admitida com fundamento na autonomia privada[305].

300 Não por acaso, o Código Civil português, em seu artigo 412º, tratou expressamente da cessão de posição contratual especificamente no caso de contrato preliminar.

301 GOMES, Orlando. *Contratos*, cit., p. 175; MENDONÇA, Manoel Ignacio Carvalho de. *Doutrina e prática das obrigações ou tratado geral dos direitos de crédito*, cit., p. 602.

302 GOMES, Orlando. *Contratos*, cit., p. 179. Importante destacar que, no Brasil, ao contrário do que ocorre em outros sistemas, como é o caso do português e do italiano, o Código Civil não trata da cessão de posição contratual, tendo o direito brasileiro disciplinado a cessão somente em sede de contratos típicos, a exemplo do que faz o artigo 13 da Lei nº 8.245/1991. Em Portugal, por exemplo, para além do regime geral da cessão de posição contratual, tem-se regime positivado específico para a cessão no âmbito do contrato-promessa (DELGADO, Abel Pereira. *Do contrato-promessa*, cit., p. 39; ANTUNES VARELA, João de Matos. *Sobre o contrato-promessa*, cit., p. 53). Verificando tratar-se de figura fulcral à circulação dos créditos, Carvalho de Mendonça, ainda sob a égide do Código Beviláqua, lamenta a ausência de tratamento específico à cessão de posição contratual no direito pátrio (MENDONÇA, Manoel Ignacio Carvalho de. *Doutrina e prática das obrigações ou tratado geral dos direitos de crédito*, cit., p. 605), cenário que permaneceu inalterado no diploma de 2002.

303 ANTUNES VARELA, João de Matos. *Das obrigações em geral*, cit., v. 1, p. 429.

304 GONÇALVES, Carlos Roberto. *Principais inovações no Código Civil de 2002*: breves comentários. São Paulo: Saraiva, 2002. p. 42. Em outros sistemas, como é o caso de Portugal e Itália, o contrato com pessoa a declarar se encontra presente no ordenamento positivo já há muito mais.

305 GOMES, Orlando. *Contratos*, cit., p. 198.

O contrato com pessoa a declarar gravita em torno da *electio*, o ato por meio do qual o contratante inicial – o estipulante – aponta o terceiro que figurará em seu lugar na relação contratual[306]. A *electio* consiste em ato receptício[307], sendo certo, em qualquer caso, que tal eleição deve ser expressamente aceita pelo destinatário, que deverá ainda ratificar expressamente os termos do contrato em que ingressa como parte. Ainda, é a inteligência do parágrafo único do artigo 468 do Código Civil que a *electio* deve observar, quanto à forma, aquela do contrato transmitido.

Com relação à natureza da cláusula com pessoa a declarar, há quem entenda se tratar de condição – resolutiva em relação ao estipulante e suspensiva em relação ao destinatário[308]. Outros reputam ser contrato celebrado em nome próprio, pelo estipulante, e em representação, por este em relação ao destinatário[309]. Há, ainda, quem verifique tratar-se de contrato sujeito ao regime de autorização[310]. Nenhuma das posições acima parece capturar com exatidão o fenômeno da celebração do contrato com pessoa a declarar.

Na realidade, parece tratar-se de cessão de posição contratual eventual, com a qual a parte que remanesce na relação jurídica consente de antemão. Isso porque, mediante a eleição do destinatário, há substituição de sujeição contratual, com a efetiva exclusão do estipulante[311].

306 ROSENVALD, Nelson. *Código Civil comentado*, cit., p. 498.

307 ROPPO, Vincenzo. *Il contratto*, cit., p. 318.

308 ANTUNES VARELA, João de Matos. *Das obrigações em geral*, cit., v. 1, p. 435; GOMES, Orlando. *Contratos*, cit., p. 199.

309 ALMEIDA COSTA, Mario Julio de. *Direito das obrigações*, cit., p. 303. A posição é expressamente rechaçada por Massimo Bianca sob o argumento de que, na representação, o representante celebra o negócio jurídico em nome do terceiro, não em nome próprio, como ocorre no contrato com pessoa a declarar, com o que o autor deste trabalho concorda integralmente (*vide* BIANCA, C. Massimo. Diritto civile, cit., p. 131).

310 BIANCA, C. Massimo. Diritto civile, cit., p. 132. Ao justificar a solução proposta, o autor assevera tratar-se a mencionada autorização de "autorizzazione che una parte concede all'altra di mutare nel proprio interesse la titolarità del rapporto contrattuale con effetto retroattivo". Em tradução livre: *autorização que uma parte concede à outra para mudar, em interesse próprio, a titularidade da relação contratual, com efeitos retroativos.*

311 Não se olvida da posição daqueles que enxergam uma incompatibilidade com o regime da cessão de posição contratual por não haver, em princípio, na cessão contratual, retroatividade dos efeitos, como ocorre no caso da denominação em sede de contrato com pessoa a declarar – *vide*, por exemplo, BIANCA, C. Massimo. Diritto civile, cit., p. 130.

Há quem entenda o instituto contrato com pessoa a declarar como desvio ou mitigação do princípio da relatividade dos efeitos contratuais[312], havendo, todavia, quem alegue não se verificar qualquer mitigação porquanto, em um primeiro momento, o contrato vale entre as partes iniciais e, a partir da eleição, em relação à parte que remanesce na relação e a parte indicada[313].

A cláusula *amico eligendo* não é compatível com negócios jurídicos que, por sua natureza, não comportem a situação de sujeição e substituição relacional por ela impressa – como é o caso dos negócios jurídicos de direito de família e dos negócios *intuito personae*[314]. Para além disso, pode esta ser combinada com a vasta maioria dos negócios jurídicos.

Vale mencionar, ademais, que no contrato com pessoa a declarar deve haver um prazo máximo para a nomeação do terceiro pelo estipulante – em nosso ordenamento, por força do artigo 468 do Código Civil, o prazo será de cinco dias da conclusão do contrato, caso outro prazo não seja acordado entre as partes –, sob pena de o contrato vincular plena e definitivamente o estipulante[315].

Voltemos ao contrato preliminar. Em primeiro lugar, não se vislumbra qualquer incompatibilidade entre este e a cláusula de pessoa a declarar – na prática, o que se observa é a ampla utilização dos dois institutos combinados, especialmente em se tratando de compromissos de compra e venda de imóvel, em que a possibilidade de cessão representa importante economia de tributos e emolumentos[316].

Verifica-se, então, a cláusula com pessoa a declarar como importante instrumento para maximização da utilidade prática do contrato preliminar, permitindo o pleno cumprimento de sua finalidade econômico-social.

[312] ALMEIDA COSTA, Mario Julio de. *Direito das obrigações*, cit., p. 296; ROSENVALD, Nelson. *Código Civil comentado*, cit., p. 498.

[313] ANTUNES VARELA, João de Matos. *Das obrigações em geral*, cit., v. 1, p. 429.

[314] ALMEIDA COSTA, Mario Julio de. *Direito das obrigações*, cit., p. 302.

[315] GOMES, Orlando. *Contratos*, cit., p. 199.

[316] Neste ponto, faz-se novamente referência ao importante precedente do pleno do Supremo Tribunal Federal, exarado em sede do julgamento do tema 1.124 em repercussão geral, e que ensejou a seguinte tese: "O fato gerador do imposto sobre transmissão *inter vivos* de bens imóveis (ITBI) somente ocorre com a efetiva transferência da propriedade imobiliária, que se dá mediante o registro", eliminando assim qualquer dúvida sobre a incidência do ITBI na cessão do compromisso de compra e venda, registrado ou não.

2.8. Notas sobre o compromisso de compra e venda de imóvel

Dentre as diversas feições que o contrato preliminar pode apresentar, a que mais comumente se verifica na prática é a do compromisso de compra e venda – também chamado promessa de compra e venda de bem imóvel. Não por acaso, tal figura contratual conta com arcabouço legal e jurisprudencial bastante extenso, tendo sido tratada de forma específica no contexto de loteamento, incorporação imobiliária e, ainda, no microssistema das relações de consumo.

Por tal motivo, esta seção discorrerá acerca deste contrato em especial. Destaca-se que o compromisso de compra e venda será aqui abordado de forma tópica, sem a pretensão de exaurir o tema.

2.8.1. Breve histórico

O compromisso de compra e venda foi figura amplamente presente e importante no processo de ocupação do solo brasileiro no final do século XIX e início do século XX. Não obstante, foi expressamente abarcado pelo ordenamento apenas no ano de 1937, com a promulgação do Decreto-lei nº 58/1937, de iniciativa do então deputado Waldemar Ferreira[317]. O decreto em questão foi inspirado pela Lei nº 8.733, de 1931, da República Uruguaia, e tinha por objeto específico a compra e venda de imóveis no contexto de loteamentos[318].

Antes disso, como se depreende dos *consideranda* do referido diploma, tal figura acabava abarcada pelo artigo 1.088 do Código Civil de 1916, que permitia a desistência de qualquer das partes antes de celebrada a respectiva escritura pública. Com a acentuada valorização dos imóveis que então se verificava, a aplicação do mencionado dispositivo aos compromissos passou a trazer consequências indesejáveis, uma vez que se facultava aos especuladores denunciar o contrato anteriormente firmado para celebrar venda mais vantajosa com um novo adquirente[319].

317 AZEVEDO JÚNIOR, José Osório de. *Compromisso de compra e venda*. 6. ed. São Paulo: Malheiros, 2013. p. 13.

318 PEREIRA, Altino Portugal Soares. *A promessa de compra e venda de imóveis no direito brasileiro*. Curitiba: Juruá, 1997. p. 24.

319 PENTEADO, Luciano de Camargo. *Direito das coisas*, cit., p. 10. Nesse sentido, ainda, Darcy Bessone de Oliveira Andrade assevera que "[o] art. 1.088 do Código Civil [...] constituía a mola mestra de um sistema unilateral e iníquo, pois que, na imensa maioria dos casos e sobretudo em face da incessante valorização dos imóveis, o arrependimento somente interessaria ao

O Decreto-lei nº 58/1937, que prevê, em seu artigo 15, o direito de o compromissário comprador exigir a outorga da escritura definitiva, bem como, no artigo 16, a possibilidade de adjudicação compulsória em caso de recusa injustificada do promitente vendedor, acabou por eliminar a incômoda insegurança que lhe era conferida pelo antes mencionado artigo 1.088[320]. Ampliou-se também a segurança conferida ao adquirente na medida em que foi permitida a averbação do compromisso de compra e venda para fins de oponibilidade perante terceiros[321]. Com isso, pretendeu-se mitigar a alienação de lotes em duplicidade[322], prática corriqueira na realidade de então e que ainda persiste nos dias correntes.

A entrada em vigor do Decreto-lei nº 58/1937, contudo, ainda não se tratava de solução perfeita ou definitiva, na medida em que, ao criar uma bipartição entre os compromissos tendo por objeto imóveis no contexto de loteamentos e os demais[323], deixou de conferir igual proteção àquelas promessas enquadradas nessa categoria residual.

Tal situação foi superada com a entrada em vigor da Lei nº 649, de 1949, posteriormente alterada pela Lei nº 6.014, de 1973, que, ao incluir o novo artigo 22 no Decreto-lei nº 58, estendeu os efeitos deste, conferindo também a possibilidade de execução específica e de oponibilidade *erga omnes* aos compromissos tendo por objeto imóveis não loteados[324].

A figura da promessa de compra e venda foi também tratada pela Lei nº 6.766, de 1979, que dispõe sobre o parcelamento do solo urbano[325].

promitente-vendedor" (*vide* ANDRADE, Darcy Bessone de Oliveira. *Da compra e venda*, cit., p. 80).

320 AZEVEDO JÚNIOR, José Osório de. *Compromisso de compra e venda*, cit., p. 294.

321 PEREIRA, Altino Portugal Soares. *A promessa de compra e venda de imóveis no direito brasileiro*, cit., p. 24.

322 PENTEADO, Luciano de Camargo. *Direito das coisas*, cit., p. 530.

323 PEREIRA, Altino Portugal Soares. *A promessa de compra e venda de imóveis no direito brasileiro*, cit., p. 23.

324 ANDRADE, Darcy Bessone de Oliveira. *Da compra e venda*, cit., p. 79.

325 Discussão importante no campo do loteamento de imóveis urbanos é a ocorrência ou não de derrogação tácita do Decreto-lei nº 58 pela Lei nº 6.766, porquanto esta não tenha expressamente revogado as disposições daquela. Embora se entenda que não há absoluta antinomia entre ambos os diplomas, pode-se afirmar que, em determinados aspectos, por exemplo, os requisitos mínimos que devem se ver contidos nas promessas de compra e venda, bem como as formalidades a serem observadas em sua eventual denúncia, há derrogação do decreto-lei. Isso resulta da solução da antinomia aparente com base no critério temporal, posto não

Referido diploma, em seu artigo 25, trouxe novamente as figuras da irretratabilidade, autorizando a parte adimplente a buscar em juízo a execução específica, bem como a ocorrência de direito real oponível a terceiros, este condicionado ao registro imobiliário do compromisso.

Na mesma esteira, a Lei nº 4.591, de 1964, que dispõe sobre o condomínio edilício e a incorporação imobiliária, tratou, no § 2º de seu artigo 32, sobre aquela que, talvez, atualmente, seja a mais relevante das modalidades de promessa de compra e venda[326] – aquela envolvendo unidades residenciais em condomínios edilícios verticais.

Tamanha sua relevância no tráfego negocial e, especialmente, no dia a dia do cidadão comum, o compromisso de compra e venda em loteamento ou incorporação imobiliária, na medida em que contenha obrigação de pagamento em prestações, mereceu tratamento específico no artigo 53 do Código de Defesa do Consumidor[327].

No ano de 2002, com a promulgação do Código Civil ora vigente, o compromisso de compra e venda de imóvel recebeu tratamento não somente de forma genérica, ao dispor sobre as regras aplicáveis ao contrato preliminar, mas também no Título II do Código, que dispõe sobre

haver diferença de hierarquia sistêmica ou especialidade entre os diplomas (BETTI, Emilio. *Interpretação da lei e dos atos jurídicos*: teoria geral e dogmática. Tradução Karina Jannini e Giuliano Crifò. São Paulo: Martins Fontes, 2007. p. 37; DINIZ, Maria Helena. *Curso de direito civil brasileiro*, cit., v. 1, p. 87-93).

[326] Destaca-se, aqui, que, em sua gênese, o dispositivo em comento tratava apenas da possibilidade de averbação das promessas à margem da matrícula na qual se houver registrado o memorial de incorporação. Posteriormente, a norma foi alterada para prever expressamente acerca de sua irretratabilidade e oponibilidade perante terceiros mediante registro imobiliário.

[327] *Verbis*: "Art. 53. Nos contratos de compra e venda de móveis ou imóveis mediante pagamento em prestações, bem como nas alienações fiduciárias em garantia, consideram-se nulas de pleno direito as cláusulas que estabeleçam a perda total das prestações pagas em benefício do credor que, em razão do inadimplemento, pleitear a resolução do contrato e a retomada do produto alienado". Embora o dispositivo em questão faça referência a "contrato de compra e venda" no lugar de usar os vocábulos *compromisso* ou *promessa*, reputa-se que, em se tratando de bens imóveis, este tenha abarcado a mencionada figura contratual, porquanto a norma ali contida dispõe sobre a resolução contratual, que não é possível na compra e venda definitiva e já aperfeiçoada. Nesse sentido, os comentários ao referido artigo 53 em MARQUES, Claudia Lima; BENJAMIN, Antonio Herman V.; MIRAGEM, Bruno. *Comentários ao Código de Defesa do Consumidor*. 3. ed. em *e-book*, baseada na 6. ed. impressa. São Paulo: Thomson Reuters Brasil, 2019. *E-book*.

os direitos reais, mais precisamente nos artigos 1.225, inciso VII, 1.417 e 1.418.

Mais recentemente, a Lei nº 13.786, popularmente conhecida como "Lei dos Distratos", infligiu mudanças importantes no regime dos compromissos de compra e venda celebrados no contexto de loteamentos ou incorporações imobiliárias.

As alterações legislativas tendo por objeto a figura da promessa de compra e venda de imóvel são muitas, e constantes. Assim, alongar em demasia a explanação sobre os aspectos atinentes a este ou àquele regime, para além de escapar ao escopo desta análise, exporia este trabalho ao risco de tornar-se rapidamente desatualizado. Assim, aqui o estudo se deterá no exame dos traços comuns verificados em todos aqueles contratos que se enquadram como *compromissos* ou *promessas* de compra e venda de bens imóveis.

2.8.2. Classificação do compromisso de compra e venda de imóvel

O compromisso de compra e venda pode conter em seu bojo diversas nuances que afetam sobremaneira seus efeitos. Aqui, destaca-se sobretudo poder ser o compromisso de compra e venda registrado (ou apto a registro) na matrícula do imóvel, permitir a adjudicação compulsória do bem compromissado e, ainda, possibilitar a antecipação de um ou mais dos efeitos da escritura definitiva (especialmente em relação ao pagamento do preço e à transmissão da posse do imóvel).

Tal diversidade de características e consequências pode tornar difícil a tarefa de classificar o compromisso de compra e venda[328]. Há, na doutrina, essencialmente duas vertentes: aquela que entende ser o compromisso de compra e venda espécie do gênero contrato preliminar[329] e aquela que o compreende como espécie de compra e venda[330].

[328] PEREIRA, Altino Portugal Soares. *A promessa de compra e venda de imóveis no direito brasileiro*, cit., p. 21.

[329] Nesse sentido, por exemplo, PEREIRA, Altino Portugal Soares. *A promessa de compra e venda de imóveis no direito brasileiro*, cit.; LOUREIRO, Francisco Eduardo. *Código Civil comentado*: doutrina e jurisprudência. 10. ed. Barueri: Manole, 2016. Há, ainda, aqueles, como Orlando Gomes (GOMES, Orlando. *Contratos*, cit., p. 292), que, enquadrando-o como contrato preliminar, enxergam o compromisso como *preliminar impróprio*.

[330] O defensor mais notório da posição é José Osório de Azevedo Junior (*vide* AZEVEDO JÚNIOR, José Osório de. *Compromisso de compra e venda*, cit.).

Para os defensores da segunda corrente – a qual é sustentada com maior proeminência por José Osório de Azevedo Júnior –, o compromisso seria espécie de compra e venda, e não de contrato preliminar, porquanto no compromisso assume-se não somente a obrigação de fazer, consistente na outorga da escritura definitiva, mas também – e principalmente – uma obrigação de dar, consistente na entrega do imóvel ao comprador[331]. A preponderância da obrigação de dar em relação à obrigação de fazer decorreria do fato de que, uma vez pago o preço e transmitida a posse, a outorga da escritura definitiva acabaria por tratar-se de *ato devido*[332] e não de um segundo negócio jurídico[333]. Nesse contexto, o autor afirma que a manutenção da propriedade com o promitente vendedor seria um formalismo sem sentido, *palavra vazia*[334].

Por outro lado, para aqueles que enxergam o compromisso como espécie de contrato preliminar, o cerne do referido contrato seria a obrigação de fazer, qual seja, a de celebrar a escritura pública, que por sua vez consiste em novo negócio jurídico[335]. A obrigação da efetiva entrega do imóvel estaria contida na escritura definitiva, por meio de cujo registro se dá a transmissão da propriedade. Os defensores dessa teoria não olvidam que, cada vez mais, a lei e a jurisprudência aproximam os efeitos da promessa de compra e venda – especialmente aquela registrada no fólio real do imóvel respectivo – dos da compra e venda propriamente dita[336]. Também não se ignora, pela sua essência, que analisar a promessa de compra e venda exclusivamente sob a ótica da obrigação de fazer poderia não ser suficiente para captar o fenômeno como um todo[337].

331 AZEVEDO JÚNIOR, José Osório de. *Compromisso de compra e venda*, cit., p. 24.

332 Ato devido pode ser definido como o ato ou fato que consiste o cumprimento de uma obrigação (CARNELUTTI, Francesco. *Teoria general del derecho*. Tradução de Carlos G. Posada. Madrid, Revista de Derecho Privado, 1941. p. 232). Consiste, portanto, no ato jurídico cuja entrega – ou realização – implica o adimplemento.

333 AZEVEDO JÚNIOR, José Osório de. *Compromisso de compra e venda*, cit., p. 23.

334 AZEVEDO JÚNIOR, José Osório de. *Compromisso de compra e venda*, cit., p. 75.

335 PEREIRA, Altino Portugal Soares. *A promessa de compra e venda de imóveis no direito brasileiro*, cit., p. 21.

336 LOUREIRO, Francisco Eduardo. *Código Civil comentado*, cit., p. 1399.

337 PEREIRA, Altino Portugal Soares. *A promessa de compra e venda de imóveis no direito brasileiro*, cit., p. 27.

Na Europa, especialmente nos sistemas português[338] e italiano[339], a configuração da promessa de compra e venda ou de constituição de direito real sobre bem imóvel parece mais naturalmente enquadrada como espécie do gênero contrato preliminar. Em outros contextos, como o germânico e o francês, parece haver menos espaço para a promessa de compra e venda porquanto naquele a compra e venda pressupõe dois atos distintos – um primeiro causal e um segundo formal ou meramente dispositivo, que contempla a transmissão do domínio[340] –, e neste a compra e venda por si só já produz os efeitos do compromisso, permitindo uma equiparação[341].

Entre nós, se um dia houve argumentos para afirmar que o compromisso de compra e venda consubstancia compra e venda propriamente dita, o Código Civil promulgado em 2002 parece ter colocado um fim à discussão. A uma, porque o Código Civil, em seu artigo 108, expressamente impõe a necessidade de escritura pública para a celebração de negócios jurídicos que tenham por objeto a constituição, modificação ou extinção de direitos reais sobre bens imóveis. A duas, porque no direito brasileiro não parece possível falar em negócios jurídicos puramente formais ou absolutamente abstratos[342], como ocorreria com a escritura pública na hipótese de o compromisso equivaler à compra e venda.

Como bem assevera Francisco Loureiro, admitir que a promessa de compra e venda, sem mais, equivalha à compra e venda[343] implica violação do referido artigo 108[344], o que não se pode admitir. Ao analisar conjuntamente o dispositivo em comento e o artigo 462 do Código, que

[338] MORAIS, Fernando de Gravato. *Contrato-promessa em geral, contratos-promessa em especial*, cit., p. 257 e ss.; ANTUNES VARELA, João de Matos. *Sobre o contrato-promessa*, cit.

[339] COSCO, Giusy. *Il contratto preliminare ad esecuzione anticipata*, cit., p. 40; GIUSTI, Alberto; PALADINI, Mauro. *Il contratto preliminare*, cit., p. 62.

[340] AZEVEDO, Antonio Junqueira de. *Negócio jurídico*: existência, validade e eficácia, cit., p. 142, nota 208.

[341] PEREIRA, Altino Portugal Soares. *A promessa de compra e venda de imóveis no direito brasileiro*, cit., p. 36.

[342] AZEVEDO, Antonio Junqueira de. *Negócio jurídico*: existência, validade e eficácia, cit., p. 143. Nessa esteira, o autor assevera, ainda, que no direito brasileiro o registro da compra e venda no fólio real não se equipara à *Einigung* germânica, dotada de total abstração, mas sim à tradição, que possui caráter causal (*vide* nota 208, na p. 142 da obra citada).

[343] A alegação é feita por José Osório de Azevedo Jr. (*vide* AZEVEDO JÚNIOR, José Osório de. *Compromisso de compra e venda*, cit., p. 76).

[344] LOUREIRO, Francisco Eduardo. *Código Civil comentado*, cit., p. 1413.

expressamente dispensa a forma em relação ao contrato preliminar, é possível afirmar que o legislador parece ter reforçado a cisão entre preliminar e definitivo quando se trata de compromisso de compra e venda e posterior escritura definitiva.

As exceções seriam duas: (a) os compromissos de compra e venda de imóveis cujo valor seja inferior a trinta vezes o maior salário mínimo vigente (conforme inteligência do artigo 108), se e quando da vontade das partes depreender-se que pretendiam efetivamente transmitir a propriedade, e (b) nas hipóteses de que trata o § 6º do artigo 26 da Lei nº 6.766, de 1979[345], em que de fato tal equiparação se verifica. Mesmo nesses casos, contudo, a análise cuidadosa do negócio jurídico entabulado é crucial para a sua devida qualificação.

Em se tratando de contrato de compra e venda com valor abaixo daquele necessário a que se exija a forma pública, a conversão do compromisso de compra e venda em compra e venda definitiva parece decorrer do princípio da conservação do negócio jurídico[346], e não de uma possível equiparação entre as figuras. Isso porque, nesses casos, as partes teriam celebrado compromisso de compra e venda quando, na realidade, pretendiam consumar a compra e venda definitiva, havendo margem formal para tanto (i.e., a dispensa da forma pública).

Naturalmente, se da declaração de vontade for possível depreender que não havia o intuito de vender, mas tão somente de prometer à venda, o contrato será compromisso e não compra e venda definitiva, ainda que, futuramente, não haja necessidade da forma pública para a efetivação da compra e venda[347].

De tal sorte, na medida em que a declaração de vontade não contenha caráter de transmissão de domínio, mas de simples compromisso de transmissão futura, a dispensa de um segundo instrumento para perfazer

[345] "§ 6º Os compromissos de compra e venda, as cessões e as promessas de cessão valerão como título para o registro da propriedade do lote adquirido, quando acompanhados da respectiva prova de quitação."

[346] DEL NERO, João Alberto Schützer. *Conversão substancial do negócio jurídico*, cit., p. 44-51; 434-435.

[347] É o que ocorre também, por exemplo, com os contratos de compra e venda, financiamento e alienação fiduciária comumente celebrados para a aquisição de imóveis, que, muito embora tenham a forma pública dispensada por força do artigo 38 da Lei nº 9.514/1991, não se confundem com a promessa de compra e venda que pode ou não lhes preceder.

a transferência não implica de forma alguma a dispensa do cumprimento das obrigações prévias que se impõem a tal transferência – sobretudo o pagamento do preço e a imissão na posse.

Foi justamente nesse sentido a alteração legislativa que incluiu, no ano de 1999, o referido § 6º no artigo 26 da Lei nº 6.766. Nesses casos, o compromisso somente servirá de título hábil à transmissão de propriedade se acompanhado da quitação do preço e registrado na matrícula imobiliária correspondente.

Há situações em que, ao celebrar um compromisso, os contratantes desejam tão somente comprometer-se com a contratação futura, servindo o compromisso como garantia do pagamento do preço, de um lado, e da entrega do imóvel, do outro[348]. Há, ademais, situações em que as partes desejam, desde o dia inicial, transmitir a posse e pagar a totalidade do preço mas, ainda assim, reservar a propriedade em nome do promitente vendedor[349]. A autonomia privada permite que as partes "joguem" com o binômio posse-propriedade sem que isso represente uma confusão entre ambas as figuras.

É por essas razões brevemente expostas que, na visão do autor deste estudo, no sistema brasileiro como atualmente posto, o mais adequado seria qualificar o compromisso de compra e venda como espécie do gênero contrato preliminar[350].

2.8.3. A prestação no compromisso de compra e venda e a questão da antecipação dos efeitos

Todo compromisso de compra e venda de imóvel possui em seu interior uma prestação consubstanciada na outorga da escritura definitiva de

[348] LOUREIRO, Francisco Eduardo. *Código Civil comentado*, cit., p. 1397. Sempre haverá, na contratação preliminar, a intenção de obter-se a contratação final pretendida no preliminar. O que se tenta ilustrar aqui é a situação na qual os efeitos finais são desejados em um segundo momento temporal, ao passo que, na situação que se menciona em seguida, tais efeitos finais são desejados de antemão.

[349] Seria o caso da venda de imóvel rural a estrangeiro, que não poderia ser efetivada até que as aprovações pertinentes tenham sido obtidas, à luz do que dispõe a Lei nº 5.709/1971; ou, ainda, da compra e venda que, ainda que materialmente aperfeiçoada, ainda dependa da entrega de determinado documento para que possa ser formalizada.

[350] Conosco, por exemplo, BDINE JR., Hamid Charaf. Compromisso de compra e venda em face do Código Civil de 2002: contrato preliminar e adjudicação compulsória. *Revista dos Tribunais*, v. 843, n. 95, p. 58-84, 2006. p. 63.

compra e venda. Ainda, como visto, a obrigação contida no contrato preliminar – e, por conseguinte, no compromisso de compra e venda – entabula prestação de fazer.

Não se ignora, adotando a classificação proposta anteriormente, que o contrato preliminar de compra e venda de imóvel, no mais das vezes, consiste em preliminar de nível máximo de programação, no qual a prestação se aproxima do ato devido. Isso não parece significar, *prima facie*, que daí simplesmente se elimine o caráter de fato positivo[351] da prestação de emitir declaração de vontade.

Não obstante, sabe-se que o compromisso de compra e venda de imóvel, por suas características, pode trazer consigo a antecipação de determinados efeitos do contrato definitivo. Antes de celebrada a escritura definitiva de compra e venda, as partes podem convencionar o pagamento do preço e/ou a transferência da posse ao promissário comprador, sem que isso implique a transmissão da titularidade do imóvel.

Na Itália, a jurisprudência relutava em aceitar que fosse aplicado o regime dos vícios da coisa à promessa de compra e venda, ainda que com efeitos antecipados. Por tal motivo, as construtoras passaram a valer-se da figura para esquivar-se da obrigação de indenizar os adquirentes em caso de vícios das unidades entregues, restando a estes, como remédio, somente a resolução contratual[352]. Lá, como ocorreu por aqui, visando coibir abusos e conferir maior proteção aos adquirentes, os efeitos da promessa de compra e venda registrada foram sendo gradualmente alargados, até que se atingiu um grau de aproximação que tornasse quase imperceptíveis as distinções entre ambas as situações jurídicas – a promessa e a compra e venda definitiva.

Por isso houve por lá, como há por aqui, quem equiparasse o compromisso de compra e venda à compra e venda com efeitos diferidos[353]. Nesse caso, a obrigação contida no compromisso de compra e venda seria de dar, e não de fazer.

Essa posição, contudo, não engloba a complexidade do fenômeno como um todo. Decorre da complexidade obrigacional que à prestação principal contida na relação jurídica sejam acrescidos os deveres secundários

[351] ANTUNES VARELA, João de Matos. *Das obrigações em geral*, cit., v. 1, p. 84.

[352] COSCO, Giusy. *Il contratto preliminare ad esecuzione anticipata*, cit., p. 40-41.

[353] Por todos, COSCO, Giusy. *Il contratto preliminare ad esecuzione anticipata*, cit., p. 43.

e laterais[354]. Ademais, como se sabe, os elementos do negócio jurídico podem ser essenciais, naturais ou acidentais[355]. Apenas os essenciais não podem ser alterados pelas partes sem que se desnature a essência de determinado negócio.

A modelagem dos efeitos dos elementos naturais do negócio jurídico – a exemplo da disposição, pelas partes, acerca do pagamento do preço e transmissão da posse em momento distinto da transmissão de propriedade – não altera a essência do compromisso de compra e venda, que, enquanto contrato preliminar, tem como elemento categorial inderrogável próprio a obrigação de celebrar um novo contrato, que, em virtude do quanto disposto no artigo 462 do Código Civil, deverá conter também o acordo das partes em relação ao objeto e preço.

Significa dizer, portanto, que o conteúdo da obrigação principal contida no compromisso de compra e venda de imóvel sempre será prestação de fazer, consubstanciada no contrato preliminar. Admite-se, porém, que as partes disponham sobre a antecipação de determinados efeitos que, naturalmente, só seriam verificados quando da lavratura da escritura definitiva, sem que isso afete a sua natureza[356].

354 MENEZES CORDEIRO, António Manuel da Rocha e. *Da boa-fé no direito civil.* Coimbra: Almedina, 1953. p. 591; ANTUNES VARELA, João de Matos. *Das obrigações em geral*, cit., v. 1, p. 67. Acerca da incidência dos deveres laterais no cumprimento do compromisso de compra e venda, LOUREIRO, Francisco Eduardo. *Código Civil comentado*, cit., p. 1401.

355 AZEVEDO, Antonio Junqueira de. *Negócio jurídico*: existência, validade e eficácia, cit., p. 35.

356 Em sentido diverso é o entendimento de Giusy Cosco, que, ao admitir uma cisão entre aquilo que denomina preliminar próprio e o preliminar impróprio (assim denominado pela autora o contrato preliminar de efeitos antecipados), defende que haveria, nesse segundo caso, dado o esvaziamento do componente de tratativas da contratação definitiva em contraposição à preliminar, uma conversão da escritura definitiva enquanto negócio jurídico em ato jurídico dispositivo, transformando o negócio em tela em mero ato devido – e, portanto, abstrato – e a sua outorga em obrigação de dar (COSCO, Giusy. *Il contratto preliminare ad esecuzione anticipata*, cit., p. 96). Não se verificaram, na doutrina brasileira, ou mesmo na literatura estrangeira, outros autores que sustentem tal posição.

3.
PRESSUPOSTOS DO ADIMPLEMENTO DO CONTRATO PRELIMINAR À LUZ DA BOA-FÉ OBJETIVA

Como visto anteriormente, o contrato preliminar é contrato propriamente dito, configurando verdadeira fonte de obrigações e, como tal, polarizado pelo adimplemento. Pode-se afirmar, assim, que o contrato preliminar tende a, e se extingue com, o adimplemento. Ademais, sabe-se que o contrato preliminar entabula obrigação de fazer, a saber, a obrigação de concluir um novo contrato, a que se chama definitivo. Obrigação essa inserida naquilo que se denomina obrigação de emitir declaração de vontade (ou declaração negocial).

O contrato preliminar pode conter em seu bojo um grau maior ou menor de detalhamento acerca do conteúdo do contrato definitivo. Desde a entrada em vigor do Código Civil, em 2002, o ordenamento passou a prever o mínimo necessário que a declaração de vontade deve conter a fim de que possa ser qualificada como contrato preliminar. Caso o contrato preliminar contenha em si todos os aspectos do definitivo, representando tão somente um diferimento entre o momento das declarações de vontade pré-contratual e contratual propriamente dita, ou cujo aperfeiçoamento esteja condicionado tão somente à superação de entraves formais ou burocráticos, pouco espaço haverá para que as partes complementem o conteúdo da vontade declarada. Por outro lado, as partes podem, intencionalmente ou não, reservar espaço para que a declaração preliminar de vontade seja oportunamente complementada, por ocasião do adimplemento do contrato preliminar.

Sabe-se, ainda, que o grau de incompletude do contrato que contém obrigação de contratar pode fazer com que seu conteúdo seja insuficiente para justificar sua qualificação como contrato preliminar. De todo modo, caso haja efetiva intenção das partes de vincular-se à contratação futura, tal vínculo não pode ser desprovido de tutela jurídica.

Em assim sendo, o presente capítulo buscará um olhar mais detido na fase de adimplemento do contrato preliminar, seus caracteres e efeitos para, ademais, avaliar qual a repercussão e o tratamento dado pelo direito às hipóteses de inadimplemento do contrato preliminar.

3.1. O momento do adimplemento do contrato preliminar como sobreposição dos momentos de formação e execução contratual

O adimplemento, ou, como preferiu nosso Código Civil, o pagamento, é modo extintivo da obrigação[357]. Daí se depreende que, com o adimplemento do contrato preliminar, ocorrido quando da devida celebração do contrato definitivo, extingue-se aquele por adimplemento, sobrevivendo este[358]. De há muito a doutrina aponta para a importância da separação dos planos da formação e do adimplemento das obrigações, ressaltando que o adimplemento não diz respeito à *construção* da obrigação, mas sim ao seu cumprimento[359]. Assim, por exemplo, mediante a lavratura da respectiva

[357] TRABUCCHI, Alberto. *Istituzioni di diritto civile*. Padova: Cedam, 2012. p. 672; TEPEDINO, Gustavo *et al*. *Código Civil interpretado conforme a Constituição da República*. 2. ed. Rio de Janeiro: Renovar, 2007. p. 596.

[358] TOMASETTI JR., Alcides. *Execução do contrato preliminar*. 1982. Tese (Doutoramento) – Faculdade de Direito, Universidade de São Paulo, São Paulo, 1982. p. 37. Há quem entenda que a extinção do contrato preliminar em decorrência da conclusão do definitivo tem natureza de novação (*vide* CORRÊA, Luiz Fabiano. Contratos preliminares ou pré-contratos. *In*: *Contratos*: formação e regime. São Paulo: Revista dos Tribunais, 2011. v. IV. p. 219). Não se defende esse posicionamento sobretudo com base na percepção de que o adimplemento é a forma típica, natural, de extinção da obrigação (nesse sentido, TRABUCCHI, Alberto. *Istituzioni di diritto civile*, cit., p. 672; TEPEDINO, Gustavo *et al*. *Código Civil interpretado conforme a Constituição da República*, cit., p. 596). Isso porque, se a celebração do definitivo corresponde exatamente à prestação contida no preliminar, não haveria razão para atribuir-lhe qualificação distinta, se analisado em relação ao preliminar, qualificação subsidiária quando a central se lhe aplica.

[359] COUTO E SILVA, Clóvis Veríssimo do. *A obrigação como processo*. Rio de Janeiro: Editora FGV, 2007. p. 60.

escritura definitiva, extingue-se o preliminar de compra e venda de imóvel, por adimplemento[360].

Contudo, sabe-se que o adimplemento do contrato preliminar carrega consigo peculiaridades muito próprias, na medida em que seu cumprimento consiste na formação de um novo negócio jurídico. Assim, a noção da entrega da prestação como ato devido, que é o modelo padrão de determinação do adimplemento no plano genérico do direito das obrigações[361], pode no mais das vezes acabar por não capturar todas as nuances existentes nesse processo ora objeto de estudo. Na realidade, no contexto do adimplemento do contrato preliminar forma-se um gradiente composto pelos dois planos – do adimplemento de um contrato e da formação de outro[362].

Tomasetti ensina, nesse sentido, que o enquadramento do contrato definitivo como ato devido tem relação diretamente proporcional ao grau de programação do contrato preliminar[363]. É dizer, portanto, que, quanto mais o contrato preliminar se aproxima do definitivo, ou quanto maior seu grau de programação, gradualmente a conclusão do definitivo se desloca em direção a um ato devido, preponderando o caractere de adimplemento propriamente dito sobre o de tratativas visando à conclusão de um novo negócio[364]. Nesses casos, dos chamados contratos preliminares de

[360] Na prática, por vezes, as partes optam por prever a "sobrevivência" de determinadas previsões contidas no preliminar ao implemento do definitivo. Pode-se citar como exemplo a sobrevivência de cláusula de indenização, à qual as partes não desejam dar publicidade em razão da lavratura e registro da escritura definitiva. Esse tipo de ressalva é acolhido pela autonomia privada. Sem embargo, em não havendo previsões expressas nesse sentido, a extinção do preliminar por adimplemento quando da conclusão do definitivo deve ser a regra.

[361] TRABUCCHI, Alberto. *Istituzioni di diritto civile*, cit., p. 673.

[362] Neste ponto, Tarcisio Teixeira aponta para aquilo que entende ser uma *zona cinzenta* entre os momentos da execução e da formação do contrato (TEIXEIRA, Tarcísio. Contrato preliminar empresarial. *Revista da Faculdade de Direito – Universidade de São Paulo*, v. 101, 2006. p. 727). No mesmo sentido, BIANCHINI, Luiza Lourenço. *Contrato preliminar*: conteúdo mínimo e execução. Porto Alegre: Arquipélago Editorial, 2017. p. 51.

[363] TOMASETTI JR., Alcides. *Execução do contrato preliminar*, cit., p. 23-24.

[364] Ressalta-se, todavia, que em nenhum momento fica, na fase do adimplemento do contrato preliminar, eliminado um ou outro elemento dessa sobreposição de momentos. Com efeito, Tomasetti afirma que, no contrato preliminar de preliminariedade máxima, "essa outorga [da escritura definitiva que consubstancia o contrato definitivo] é *mais* adimplemento do que

programação (ou, como preferiu Tomasetti, preliminariedade) máxima, as noções gerais da teoria das obrigações parecem suficientes para solucionar o problema.

Por outro lado, na medida em que esse conteúdo é introduzido em menor grau no contrato preliminar, resultando no que aqui se chama contrato preliminar de programação média ou mínima, ganha maior relevância o elemento negocial do movimento das partes com vistas à celebração do contrato definitivo em relação ao ato devido, que permanece presente[365].

Neste ponto, é importante destacar que na fase de adimplemento do contrato preliminar não se verificam dois momentos absolutamente distintos, porém concomitantes, mas sim uma interseção sobreposta entre tais situações[366]. O adimplemento do contrato preliminar é um segmento específico que, por estar inserto no contexto maior da formação do definitivo – que tem início com o contato, passa pelo preliminar e desemboca na conclusão daquele –, acaba dotado de tais peculiaridades. Assim, o plano formação e o plano execução, que ali se sobrepõem, são intrínsecos e interligados, não podendo ser dissociados um do outro[367].

Esse aspecto decorre diretamente da dupla causalidade de que, como visto anteriormente, é dotado o contrato preliminar e, por conseguinte, o contrato definitivo quando daquele decorrente. Isso porque, caso se assuma que há total cisão entre os momentos negocial e obrigacional que aqui se verificam, estar-se-ia afirmando que a celebração do contrato preliminar e, ato contínuo, a conclusão do definitivo não guardam relação de causa e consequência. Admitir tal entendimento acabaria por esvaziar o sentido[368] da separação intencionalmente operada pelas partes entre uma manifestação de vontade preliminar e provisória e outra definitiva

conclusão de um novo negócio" (TOMASETTI JR., Alcides. *Execução do contrato preliminar*, cit., p. 23).

365 A esse respeito, Bianca destaca que, por seu caráter obrigatório, o contrato preliminar impõe uma sucessão de deveres às partes, visando à consecução do contrato definitivo (BIANCA, C. Massimo. *Diritto civile*. 2. ed. Milano: Giuffrè, 2000. t. III: Il contratto. p. 185).

366 GIUSTI, Alberto; PALADINI, Mauro. *Il contratto preliminare*. Milano: Giuffrè, 1992. p. 34.

367 TELES, Miguel Galvão. *Obrigação de emitir declaração negocial*. Coimbra: Almedina, 2012. p. 281-282.

368 TELES, Miguel Galvão. *Obrigação de emitir declaração negocial*, cit., p. 248.

e concludente. Pelo contrário, ainda que não se confundam, preliminar e definitivo são contratos funcionalmente conectados[369].

Assim, tem-se que o contrato definitivo é ao mesmo tempo negócio jurídico e ato devido, devendo a fase da sua formação mediante execução do preliminar ser enxergada como uma trama em que suas duas facetas existem de maneira própria, mas interligadas e entrelaçadas.

Sabe-se, ademais, que a percepção estrutural clássica que coloca a relação obrigacional como uma prestação em contraposição a uma pretensão já há muito não é suficiente para abarcar a complexidade das obrigações[370]. Com efeito, em complemento ao binômio crédito-débito, aderem os chamados deveres secundários, instrumentais àqueles principais de prestação. O ordenamento impõe ainda aos contratantes certos deveres, a que a doutrina denomina anexos, laterais ou acessórios[371]. Além disso, a concepção da obrigação como processo, enquanto conjunto interligado e dinâmico de atos sucessivos, leva ao intenso e visceral elemento de cooperação incidente na relação obrigacional[372].

Tem-se, portanto, que, ao examinar o momento da execução do contrato preliminar, para além de observar como a prestação nele contida é introduzida, causando sua extinção, é importante que se analise também esse *iter* formativo do contrato definitivo, mormente naquelas situações em que as partes, ao celebrar um contrato preliminar, mantiveram uma

369 ROSENVALD, Nelson. *Código Civil comentado*: doutrina e jurisprudência. 10. ed. Barueri: Manole, 2016. p. 491.

370 ANTUNES VARELA, João de Matos. *Das obrigações em geral.* 10. ed. Coimbra: Almedina, 2006. v. 1. p. 62-68.

371 Na doutrina é possível encontrar diversas terminologias para referir-se aos deveres de conduta advindos da boa-fé objetiva. Menezes Cordeiro fala em deveres *acessórios* (MENEZES CORDEIRO, António Manuel da Rocha e. *Da boa-fé no direito civil.* Coimbra: Almedina, 1953); Couto e Silva prefere deveres *secundários* (COUTO E SILVA, Clóvis Veríssimo do. *A obrigação como processo,* cit.); Martins-Costa adota uma divisão entre deveres *anexos* e de proteção, dando a estes a denominação de *laterais* (MARTINS-COSTA, Judith. *A boa-fé no direito privado*: critérios para a sua aplicação. São Paulo: Marcial Pons, 2015). Junqueira emprega, em sentido amplo, o termo *anexos* (AZEVEDO, Antonio Junqueira de. Insuficiências, deficiências e desatualização do Projeto de Código Civil na questão da boa-fé objetiva nos contratos. *Revista Trimestral de Direito Civil,* v. 1, n. 1, p. 3-12, 2000). Há, ainda, quem empregue o termo *deveres laterais* (HAICAL, Gustavo. O inadimplemento pelo descumprimento exclusivo de dever lateral advindo da boa-fé objetiva. *Revista dos Tribunais,* v. 900, 2010).

372 COUTO E SILVA, Clóvis Veríssimo do. *A obrigação como processo,* cit., p. 10.

reserva de complementação para os acordos residuais ulteriores, emprestando novamente a terminologia empregada por Tomasetti Jr.[373].

Nesse momento, o comportamento das partes visando à complementação da vontade provisoriamente declarada no contrato preliminar é atravessada por feixes de deveres múltiplos, decorrentes das regras aplicáveis aos momentos tanto da execução quanto da negociação dos contratos, formando uma trama interconexa[374]. Os agentes, no processo de adimplemento do contrato preliminar, deverão observar aquilo que fora previsto no conteúdo da declaração negocial propriamente dita, aquilo que, ainda que não expressamente consignado, dela derive e, ainda, os deveres a que estão sujeitos em função tanto das tratativas que mantêm quanto da relação contratual na qual adentraram.

Tendo em mente essa concepção, o autor discorda, por exemplo, da sugestão de que, ao oferecer-se para cumprir o contrato preliminar, o devedor exime-se da mora[375]. Na realidade, nesse processo de negociação dos elementos do contrato definitivo que não foram sedimentados em definitivo no âmbito do preliminar, não basta às partes que cumpram formalmente a prestação (ou que se ofereçam para tanto em ato meramente formal, sem qualquer real interesse de engendrar verdadeiramente a composição desse programa contratual ulteriormente determinado) para que

[373] A terminologia também é encontrada em obras estrangeiras (*vide* GIUSTI, Alberto; PALADINI, Mauro. *Il contratto preliminare*, cit., p. 39, citando o autor Carlo Alberto Nicoletti).

[374] Ou um *mix*, como prefere Tarcísio Teixeira (*vide* TEIXEIRA, Tarcísio. Contrato preliminar empresarial, cit., p. 720).

[375] O entendimento é sugerido, por exemplo, por Luiz Fabiano Corrêa, ao tratar do contrato preliminar (CORRÊA, Luiz Fabiano. Contratos preliminares ou pré-contratos, cit., p. 219), e reproduzido em outro trabalho sobre o tema (ALEM, Fabio P. *Contrato preliminar*: níveis de eficácia. São Paulo: Almedina, 2018. p. 150). Aqui, novamente, a concepção ora tratada pode ser relativamente satisfatória em uma visão do contexto da execução do preliminar tomando por base apenas o preliminar de programação máxima, mas torna-se insuficiente ao se analisar o fenômeno como um todo. Corrobora o entendimento a lição de Nelson Rosenvald no sentido de que "o melhor entendimento é aquele que concebe o contrato preliminar como um instrumento capaz de preencher variados interesses práticos em uma ordem privada essencialmente dinâmica e plural. Mais do que isso, percebe-se o pré-contrato não apenas como uma obrigação de um contratar futuro, pela emissão de um novo consentimento, mas como uma obrigação de cooperação para o estabelecimento do contrato definitivo" (*vide* ROSENVALD, Nelson. *Código Civil comentado*, cit., p. 491).

dela se liberem[376]. Na verdade, às partes é imposto intenso e importante dever de cooperação no momento do adimplemento do preliminar, com a verdadeira e objetivamente verificável intenção de chegar ao resultado pretendido[377].

O processo de formação dos contratos é tema passível de estudo complexo e aprofundado[378]. Também o adimplemento das obrigações é tratado de forma extensa e elaborada em diversas obras jurídicas. Portanto, no presente trabalho será realizado corte epistemológico, sem olvidar da relevância dos demais aspectos, de modo que o momento da execução do contrato preliminar será analisado, sem qualquer pretensão de esgotar o tema, sob a ótica específica da boa-fé objetiva, com seus diversos prismas de aplicação.

3.2. A incidência da boa-fé objetiva no adimplemento do contrato preliminar

A boa-fé objetiva é tema amplamente estudado pela doutrina nacional e estrangeira, bem como de grande repercussão em nossa jurisprudência, sobretudo após a entrada em vigor do atual Código Civil. Tendo em vista a existência de notórias obras específicas a seu respeito[379], que esmiúçam suas particularidades em todos os pormenores, este tópico se deterá em um sobrevoo à dogmática da boa-fé objetiva, com o fito de sedimentar as premissas com as quais trabalhará na investigação a ser realizada, que concerne aos efeitos da sua incidência especificamente sobre o momento do adimplemento do contrato preliminar.

O tema da boa-fé objetiva será aqui tratado de forma tópica e segmentada, atendo-se principalmente aos aspectos relevantes para examinar o modo como tal cláusula geral opera seus efeitos no contexto do adimplemento do contrato preliminar e como, na medida em que sua inobservância venha a configurar inadimplemento, pode haver consequências às partes.

[376] DELGADO, Abel Pereira. *Do contrato-promessa*. Lisboa: Livraria Petrony, 1978. p. 200.

[377] TRABUCCHI, Alberto. *Istituzioni di diritto civile*, cit., p. 673.

[378] Sobre o tema, ver, por exemplo, GRECCO, Renato. *O momento da formação do contrato*: das negociações preliminares ao vínculo contratual. São Paulo: Almedina, 2019.

[379] E.g., MENEZES CORDEIRO, António Manuel da Rocha e. *Da boa-fé no direito civil*, cit.; MARTINS-COSTA, Judith. *A boa-fé no direito privado*, cit.

Muito antes de sua introdução como cláusula geral no ordenamento positivo brasileiro, a boa-fé já era abertamente admitida como princípio incidente sobre as relações jurídicas, sobretudo as privadas, no Brasil[380]. Após a promulgação do Código Civil vigente, a boa-fé objetiva foi expressamente recebida como cláusula geral[381] no sistema positivo do direito civil, especialmente nos artigos 113, 187 e 422 do Código, que tornam inequívoca sua aplicabilidade nas relações de direito privado e, especialmente, nas obrigações contratuais[382]. Ademais, a boa-fé é amplamente acolhida por praticamente todos os sistemas de tradição civil[383] e, ainda que

[380] COUTO E SILVA, Clóvis Veríssimo do. *A obrigação como processo,* cit., p. 33; AZEVEDO, Antonio Junqueira de. A boa-fé na formação dos contratos. *Revista da Faculdade de Direito – Universidade de São Paulo,* v. 87, p. 79-90, 1992. Há que se ressaltar, ainda, que, antes mesmo da entrada em vigor do Código Civil, havia quem enxergasse o Código Comercial de 1850 (Lei nº 556, de 25.06.1850) como a verdadeira gênese da boa-fé objetiva como cânone de interpretação negocial no direito brasileiro (*vide* AZEVEDO, Antonio Junqueira de. *Novos estudos e pareceres de direito privado.* 1. ed. 2. tir. São Paulo: Saraiva, 2010. p. 599).

[381] Na definição de Engisch, cláusulas gerais podem ser entendidas como "uma formulação da hipótese que, em termos de grande generalidade, abrange e submete a tratamento jurídico todo um domínio de casos" (ENGISCH, Karl. *Introdução ao pensamento jurídico.* Tradução João Baptista Machado. 8. ed. Lisboa: Fundação Calouste Gulbenkian, 2001. p. 229).

[382] Junqueira de Azevedo, em trabalho realizado enquanto aquele que veio a se tornar nosso diploma civil ainda consistia em mero projeto, apontou para o fato de que, ao prever o campo de incidência da boa-fé objetiva, o legislador deixou de dar tratamento específico à sua aplicabilidade nos momentos pré e pós-contratuais, restringindo, em primeira análise, o regramento dado às fases inseridas no processo contratual propriamente dito (*vide* AZEVEDO, Antonio Junqueira de. Insuficiências, deficiências e desatualização do Projeto de Código Civil na questão da boa-fé objetiva nos contratos, cit.). Nada obstante, tem-se logrado êxito no reconhecimento da boa-fé objetiva como fundamento da *culpa in contrahendo* e, em menor escala, da *culpa pos pactum finitum* no contexto brasileiro, bem como da incidência dos deveres anexos de informação proteção e cooperação nos momentos que antecedem e sucedem o vínculo contratual (*vide,* por exemplo, PEREIRA, Regis Velasco Fichtner. *A responsabilidade civil pré-contratual*: teoria geral e responsabilidade pela ruptura das negociações contratuais. Rio de Janeiro: Renovar, 2001; ZANETTI, Cristiano de Sousa. *Responsabilidade pela ruptura das negociações.* São Paulo: Juarez de Oliveira, 2005, entre outros).

[383] *Vide,* por exemplo: em Portugal, MENEZES CORDEIRO, António Manuel da Rocha e. *Da boa-fé no direito civil,* cit.; na Itália: ROPPO, Vincenzo. *Il contratto.* Milano: Giuffrè, 2001. p. 17; na Alemanha: VON TUHR, Andreas. *Tratado de las obligaciones.* Tradução José Luis Monereo Pérez. Granada: Comares, 2007. p. 32-33; No direito espanhol: DÍEZ-PICAZO, Luis. *Fundamentos del derecho civil patrimonial.* 5. ed. Madrid: Civitas, 1996. v. II: Introducción; teoría del contrato. p. 48-52. A esse respeito, o autor ensina que "el principio de buena fe se encuentra sancionado como principio inspirador de todo el derecho patrimonial" (em

com contornos ligeiramente distintos, vem encontrando guarida também nos sistemas da *common law*, especialmente no direito estadunidense[384]. Passemos, então, a tratar da boa-fé objetiva no direito civil brasileiro.

tradução livre: *o princípio da boa-fé se encontra previsto como princípio inspirador de todo o direito patrimonial*) (p. 49); No direito francês: TOMASEVICIUS FILHO, Eduardo. *O princípio da boa-fé no direito civil*. São Paulo: Almedina, 2020. p. 103-107. Importante notar que, no direito francês, ao contrário do que ocorre em sistemas de tradição eminentemente germânica (como é o caso de Portugal e Itália), a incidência do princípio encontrou muito mais resistência e, até hoje, possui aplicabilidade mais limitada se comparado com os demais sistemas continentais. No direito holandês, o princípio contratual que mais se aproxima da boa-fé objetiva é o da razoabilidade e equidade (*fairness and reasonableness* ou *redelijkheid em billijkheid*) (VICENTE, Dário Moura. *Direito comparado:* obrigações. São Paulo: Almedina, 2018. v. 2. p. 258). O Código Civil holandês, em que pese mencionar o termo boa-fé (*good-faith*), parece fazê-lo mais sob uma perspectiva da boa-fé subjetiva do que objetiva (conforme distinção que será vista a seguir), conforme o artigo 3:11: "A person has not acted in 'good faith' as a condition for a certain legal effect if he knew or in the circumstances reasonably ought to have known the facts or rights from which his good faith depends. The impossibility to conduct an inquiry does not prevent that a person, who had good reason to doubt, is regarded as someone who ought to have known the relevant facts or rights" (em tradução livre: *Uma pessoa não agiu de "boa-fé" como condição para um determinado efeito jurídico se esta sabia ou, nas circunstâncias, seria razoavelmente esperado que soubesse dos fatos ou direitos de que sua boa-fé dependia*) e o artigo 6:34 – 1: "The debtor who has performed to someone who was legally not authorized to receive the performance, may invoke against the person to whom the performance had to be carried out that he is released from his obligation if he reasonably could have assumed that the recipient of the performance was entitled to it in the capacity as creditor or that the performance had to be performed to that recipient on other grounds" (em tradução livre: *O devedor que cumpriu a quem não era juridicamente autorizado a receber o cumprimento poderá invocar, contra a pessoa a quem a prestação deveria ter sido cumprida, a liberação da obrigação, se este pudesse razoavelmente presumir que o receptor da prestação tinha direito a esta na qualidade de credor, ou que a prestação devia ser cumprida àquele credor em outras bases*) (disponível em: http://www.dutchcivillaw.com/civilcodegeneral.htm. Acesso em: 14 mar. 2021). No direito argentino, o Código Civil y Comercial de La Nación prevê, em seu artigo 9º, um dever de exercício de direitos amplamente considerados conforme a *buena fe*. Ademais, o princípio é expressamente acolhido em diversas outras passagens ao longo do referido diploma (art. 398, sobre a boa-fé na transmissão de direitos; art. 729, sobre a boa-fé nos contratos etc.). O dever de agir conforme a boa-fé nas relações contratuais também é central nos Princípios UNIDROIT para Contratos Comerciais Internacionais, se encontrando previsto no artigo 1.7 destes.

[384] MARKOVITS, Daniel. Good faith as contract's core value. *In*: KLASS, Gregory; LETSAS, George; SAPRAI, Prince (org.). *Philosophical foundations of contract law*. Oxford: Oxford University Press, 2014. No direito inglês, por outro lado, parece ainda não ser aceita a incidência de um dever genérico de agir conforme a boa-fé (a esse respeito, ANDREWS, Neil. *Contract law*. Cambridge: Cambridge University Press, 2011. p. 13-14).

Antes de mais nada, faz-se mister discorrer sobre a distinção entre boa-fé objetiva e subjetiva. Esta, inclusive, já era mencionada no Código Civil de 1916, e segue presente no diploma civil em diversos momentos. A boa-fé subjetiva pode ser definida como um *estado de ignorância desculpável*[385] ou, ainda, uma *crença legítima*[386], que tem como principais funções - ou consequências, como se queira – a proteção da boa-fé em contraposição à punição da má-fé[387]. Assim, a boa-fé subjetiva se caracteriza como um estado de coisas, ou um estado psicológico do agente.

Parece estar em linha com tal definição o regramento contido em nosso Código Civil que, para caracterizar a posse de boa-fé, em contraposição àquela exercida em má-fé, utiliza como fator de discrímen justamente o desconhecimento a respeito de vício ou obstáculo que impeça a aquisição da coisa, bem como estabelece a cessação de tal estado de boa-fé no momento em que cessa a ignorância a respeito das circunstâncias que pudessem obstar seu direito[388]. Nesse momento, deixa de haver ignorância escusável passível de proteção pelo ordenamento.

Verifica-se presente em nosso ordenamento o tratamento dispensado à proteção da boa-fé subjetiva, por exemplo, quando se libera o devedor que realiza o pagamento ao credor putativo[389], a percepção de frutos da coisa[390], a indenização por acessões realizadas[391], dentre inúmeros outros exemplos. Em contraposição, aquele que age de má-fé, portanto com conhecimento do direito de outrem que obste aquele seu, deixa de gozar de proteção do ordenamento, passando a ser alvo de punição imposta pela lei. Então, aquele que paga a quem sabe não ser credor não tem direito à quitação, e aquele que possui de má-fé não tem direito aos frutos da coisa, tampouco a indenização por acessões[392].

Mas, se a boa-fé subjetiva é aplicada diuturnamente na proteção e punição de determinadas circunstâncias com repercussão jurídica, não

[385] MENEZES CORDEIRO, António Manuel da Rocha e. *Da boa-fé no direito civil*, cit., p. 516.

[386] TOMASEVICIUS FILHO, Eduardo. *O princípio da boa-fé no direito civil*, cit., p. 89.

[387] MENEZES CORDEIRO, António Manuel da Rocha e. *Da boa-fé no direito civil*, cit., p. 511.

[388] *Vide* artigos 1.201 e 1.202 do Código Civil.

[389] *Vide* artigo 309 do Código Civil.

[390] *Vide* artigo 1.214 do Código Civil.

[391] *Vide* artigo 1.255 do Código Civil.

[392] Note-se, aqui, que o regime geral adotado pelo Código Civil é o da proteção – e não da premiação – da boa-fé subjetiva. Assim, àquele que age em boa-fé subjetivamente considerada, via de regra, não são atribuídas benesses, mas antes deixam de ser impostas consequências danosas.

é ela que, via de regra, incide sobre as relações contratuais e cujos efeitos se pretende pesquisar. Aqui, então, busca-se tratar da boa-fé objetiva. A doutrina esclarece que a boa-fé objetiva não é um estado de coisas, ou uma qualidade psicológica do agente, mas antes uma norma jurídica que prescreve comportamentos e baliza a interpretação dos negócios jurídicos[393]. Em assim sendo, a boa-fé objetiva goza de concretude e, por conseguinte, funcionalidade muito maiores se comparada com a subjetiva[394].

Não parece simples a tarefa de conceituar, de modo preciso e objetivo, o que seria a boa-fé objetiva[395]. O caminho, aponta a doutrina, parece ser então a delimitação de sua forma de atuação[396], em vez de uma proposição de conceito que a defina. Se, em determinados ordenamentos de tradição romano-germânica, como é o caso da França, a boa-fé por muito tempo encontrou resistência em repercutir em toda a sua amplitude, como atualmente ocorre, foi na Alemanha, por intermédio do § 242 do *Bürgerliches Gesetzbuch* (BGB), que o princípio ganhou relevância e abrangência com conformações mais próximas àquelas que temos hodiernamente[397].

Se, no Brasil, a boa-fé há muito é reconhecida como princípio que informa o sistema[398], desde 2002 também é veiculada por meio da cláusula

[393] MARTINS-COSTA, Judith. *A boa-fé no direito privado*, cit., p. 40.

[394] MENEZES CORDEIRO, António Manuel da Rocha e. *Da boa-fé no direito civil*, cit., p. 441-442.

[395] Eduardo Tomasevicius Filho conceitua a boa-fé objetiva como "a norma que protege a boa-fé subjetiva de outrem" (TOMASEVICIUS FILHO, Eduardo. *O princípio da boa-fé no direito civil*, cit., p. 89). A vasta maioria dos autores consultados, todavia, não apresenta um conceito delimitado que busque definir a boa-fé objetiva. Por tal motivo, não se adotará qualquer conceito taxativo para esses fins.

[396] MARTINS-COSTA, Judith. *A boa-fé no direito privado*, cit., p. 42. Canaris, nesse sentido, aponta para a inviabilidade da dogmatização das cláusulas gerais, entendendo, a respeito destas, que "a concretização da valoração e a formação de proposições jurídicas só podem operar perante o caso concreto ou em face de grupos de casos considerados como típicos" (*vide* CANARIS, Claus-Wilhelm. *Pensamento sistemático e conceito de sistema na ciência do direito*. Tradução António Manuel da Rocha e Menezes Cordeiro. Lisboa: Fundação Calouste Gulbenkian, 1989. p. 44).

[397] NEVES, Julio Gonzaga Andrade. *A* suppressio (Verwirkung) *no direito civil*. São Paulo: Almedina, 2016. p. 32.

[398] COUTO E SILVA, Clóvis Veríssimo do. *A obrigação como processo*, cit., p. 33-35; AZEVEDO, Antonio Junqueira de. Insuficiências, deficiências e desatualização do Projeto de Código Civil na questão da boa-fé objetiva nos contratos, cit. A esse propósito, os princípios são normas jurídicas propriamente ditas, "passíveis de aplicação direta no mundo fenomênico"

geral consubstanciada nos artigos 113, 187 e 422 do Código Civil[399-400]. Como tal, age no sentido de conferir maior mobilidade ao sistema do

(MARTINS, Ricardo Marcondes. *Abuso de direito e a constitucionalização do direito privado*. São Paulo: Malheiros, 2010. p. 15), não se reservando apenas a papel simplesmente hermenêutico ou integrativo (GODOY, Claudio Luiz Bueno de. *Função social do contrato*: os novos princípios contratuais. São Paulo: Saraiva, 2004. p. 101). Contudo, os princípios, ao contrário do que sucede com as regras, que devem ser cumpridas exatamente conforme os comandos nelas contidos (DWORKIN, Ronald. *Levando os direitos a sério*. Tradução Nelson Boeira Faedrich. São Paulo: Martins Fontes, 2002. p. 40), prescrevem comandos de otimização do sistema (ALEXY, Robert. *Teoría de los derechos fundamentales*. Madrid: Centro de Estudios Constitucionales, 1993. p. 86-87). De tal sorte, "exigem que seja atingido um fim, mas não fixam o comportamento a ser adotado para que o fim seja atingido", dando-se sua aplicação por *ponderação*, ao passo que a aplicação das regras ocorre por *subsunção*. Não obstante, a impossibilidade de aplicação direta dos princípios por meio de silogismo puro não afeta sua natureza enquanto *norma jurídica autônoma* (MARTINS, Ricardo Marcondes. *Abuso de direito e a constitucionalização do direito privado*, cit., p. 15-17). Ademais, cumpre esclarecer que os princípios se justificam como normas jurídicas, pois veiculam "uma exigência de justiça ou equidade ou alguma outra dimensão da moralidade" (DWORKIN, Ronald. *Levando os direitos a sério*, cit., p. 36), razão pela qual "possuem uma dimensão que as regras não têm – a dimensão do peso ou importância" (p. 42). Ainda sobre a proposição de Dworkin em torno dos princípios jurídicos, *vide* HESPANHA, António Manuel. *O caleidoscópio do direito*: o direito e a justiça nos dias e no mundo de hoje. 2. ed. Coimbra: Almedina, 2014. p. 135-146.

399 AZEVEDO, Antonio Junqueira de. Insuficiências, deficiências e desatualização do Projeto de Código Civil na questão da boa-fé objetiva nos contratos, cit., p. 4. No artigo em comento, Junqueira aponta para a passagem histórica, ocorrida no início do século XX, da substituição do paradigma da totalidade do sistema pelos sistemas abertos, informados pelas chamadas cláusulas gerais (p. 3). Com efeito, ainda que já fosse possível encontrar algumas cláusulas gerais no Código Napoleônico, foi na Alemanha, com a reforma do BGB, que as cláusulas gerais passaram a ser efetivamente reconhecidas e aplicadas como tal (MARTINS-COSTA, Judith. *A boa-fé no direito privado*, cit., p. 124). Godoy esclarece, escorando-se em Engisch, que a cláusula geral consiste em técnica legislativa que se distingue pela não utilização do padrão normativo convencional (atualmente reservado às regras, conforme bipartição defendida por Alexy em sua *Teoria dos direitos fundamentais*), utilizando-se de conceitos dotados de alguma vagueza semântica para permitir a abertura do sistema (GODOY, Claudio Luiz Bueno de. *Função social do contrato*, cit., p. 105). A cláusula geral da boa-fé objetiva se encontra presente, desde então, no § 242 do BGB. A boa-fé objetiva conforme atualmente veiculada no Código Civil brasileiro pode ser entendida tanto como princípio normativo quanto como cláusula geral de tipo regulativo, a depender do enfoque a partir do qual esta é analisada pelo intérprete (MARTINS-COSTA, Judith. *A boa-fé no direito privado*, cit., p. 154).

400 Com base nas respectivas definições, Godoy ensina que a cláusula geral reenvia o intérprete a determinado conceito, que pode ou não redundar em princípio, pontuando então que

direito privado, permitindo ao intérprete encontrar diferentes soluções para as situações cotidianas, independentemente de ação legislativa específica[401].

Estudiosos da boa-fé têm, exitosamente, se dedicado à árdua tarefa de identificar e descrever quais comportamentos estariam em linha com o que o princípio prescreve[402]. Agir conforme a boa-fé objetiva significa agir conforme padrões de lisura e correção (*corretezza*) aplicáveis à sociedade contemporânea e, especificamente, às relações contratuais. A boa-fé, portanto, é princípio jurídico que impõe determinados *standards* de comportamento às relações de direito privado[403], especialmente no âmbito contratual[404]. Trabalho menos simples, contudo, é aquele que envolve o preenchimento do conteúdo do vocábulo – boa-fé – da forma mais adequada ao sistema.

A boa-fé objetiva, na medida em que contida em cláusula geral, implica maior *porosidade*[405] do sistema, autorizando que elementos antes estranhos, pertencentes a outros sistemas, nele penetrem, de forma a viabilizar a solução de casos que de outra maneira não poderiam ser subsumidos às regras específicas previstas no ordenamento[406]. É evidente que a inserção

a função social do contrato, conforme positivada pelo artigo 421 do Código Civil, consiste em cláusula geral, enquanto técnica legislativa, que redunda a princípio, materialmente considerado (GODOY, Claudio Luiz Bueno de. *Função social do contrato*, cit., p. 108).

[401] LARENZ, Karl. *Metodologia da ciência do direito*. Tradução José Lamego. Lisboa: Fundação Calouste Gulbenkian, Serviço de Educação e Bolsas, 2009. p. 164; PENTEADO, Luciano de Camargo. *Integração de contratos incompletos*. 2013. Tese (Livre-Docência) – Faculdade de Direito, Universidade de São Paulo, Ribeirão Preto, 2013. p. 51.

[402] E.g., MARTINS-COSTA, Judith. *A boa-fé no direito privado*, cit.; MENEZES CORDEIRO, António Manuel da Rocha e. *Da boa-fé no direito civil*, cit.; ZIMMERMANN, Reinhard; WHITTAKER, Simon (org.). *Good faith in European contract law*. Cambridge: Cambridge University Press, 2000.

[403] MENEZES CORDEIRO, António Manuel da Rocha e. *Da boa-fé no direito civil*, cit., p. 17; DÍEZ-PICAZO, Luis. *Fundamentos del derecho civil patrimonial*, cit., p. 49.

[404] TOMASEVICIUS FILHO, Eduardo. *O princípio da boa-fé no direito civil*, cit., p. 92.

[405] O termo é empregado por Luciano de Camargo Penteado, que ademais esclarece que a vagueza dos termos por vezes vistos nos textos normativos não é acidental, mas sim incidental e importante, uma vez que é por meio de sua complementação e delimitação que se opera a abertura do sistema, para que este deixe de retroalimentar-se, e passe a recepcionar elementos extrínsecos (*vide* PENTEADO, Luciano de Camargo. *Integração de contratos incompletos*, cit.).

[406] MARTINS-COSTA, Judith. *A boa-fé no direito privado*, cit., p. 158.

de tais elementos, através das cláusulas gerais, ocorre apenas na medida em que estes se mostrem alinhados com o conjunto normativo por elas informado[407].

Esse processo de introdução de elementos extrínsecos por meio das cláusulas gerais não representa carta branca para o intérprete agir conforme sua moral ou valores individuais, devendo tais elementos ser reconhecidos e aplicados de acordo com os preceitos objetivamente considerados, com base em padrões socialmente verificáveis[408]. Tampouco significa uma avaliação do estado psicológico do agente[409].

Faz-se indispensável, portanto, a análise dogmática da conduta imposta às partes e destas esperada, à luz da boa-fé objetiva, para entender como se relaciona com a execução do contrato preliminar, que é do que aqui se trata.

[407] O artigo 7º do Código de Defesa do Consumidor, por exemplo, consiste em uma cláusula geral que, em que pese não veicular qualquer princípio, permite a porosidade do sistema por meio do recurso a conceitos jurídicos indeterminados. Então, por meio do referido dispositivo, o sistema consumerista pode, por exemplo, ser complementado pelo sistema do direito internacional público. Mas essa complementação pode dar-se, inclusive, por meio de elementos estranhos, à primeira vista, ao sistema jurídico integralmente considerado, como ocorre com a referência feita muitas vezes por textos legais a termos como ordem pública – de natureza político-moral – e os bons costumes – de natureza moral-valorativa. Contudo, é justamente a indicação, pelo texto normativo, desses elementos como fundamentos legítimos para a interpretação do direito que permite ao intérprete que deles se valha – de outra forma, tal recurso não seria possível do ponto de vista da coerência do sistema. É por isso que as cláusulas gerais conferem juridicidade – e, portanto, legitimidade – ao emprego de elementos estranhos para informar o sistema jurídico. Sem embargo, o recurso a tais elementos deve sempre dar-se com base e nos limites do que o direito expressamente ou sistematicamente autorizar (a esse respeito, ver BETTI, Emilio. *Interpretação da lei e dos atos jurídicos*: teoria geral e dogmática. Tradução Karina Jannini e Giuliano Crifò. São Paulo: Martins Fontes, 2007. p. 210-218; KRAMER, Matthew H. On the separability of law and morality. *Canadian Journal of Law and Jurisprudence*, v. XVII, n. 2, p. 315-335, 2004; DWORKIN, Ronald. Hard cases. *Harvard Law Review*, v. 88, n. 6, p. 1057-1109, 1975).

[408] MARTINS-COSTA, Judith. *A boa-fé no direito privado*, cit., p. 157.

[409] Nesse sentido, Celso Cintra Mori explica que "é preciso compreender, quando se fala da projeção do estado mental de boa-fé no mundo jurídico, que não se está a julgar o fenômeno psicológico enquanto tal. O que cumpre considerar é a conduta resultante desse estado mental" (MORI, Celso Cintra. A boa-fé no direito civil. *Revista do Advogado*, ano XXXII, v. 116, p. 53-59, 2012. p. 55).

3.2.1. Funções da boa-fé objetiva

A boa-fé age no sistema basicamente por meio de três funções precípuas: é *pauta* de interpretação, *fonte* de integração e *critério* de correção de condutas contratuais[410]. É pauta de interpretação na medida em que baliza o intérprete, diante de determinado textual, a encontrar, dentre as diversas interpretações possíveis, aquela que mais se alinha com os preceitos por ela prescritos. É fonte de integração pois fornece meios para complementação da declaração de vontade, fazendo surgir deveres secundários, laterais e acessórios, ainda que não expressamente previstos na declaração negocial. É, ainda, critério de correção, na medida em que age, por vezes para corrigir o conteúdo contratual, por outras para readequar condutas propriamente ditas, visando moldá-las a seus ditames.

É de se asseverar que o Código Civil parece ter contemplado expressamente as três funções da boa-fé objetiva. No artigo 113 do Código, é possível verificar o reconhecimento da boa-fé como critério hermenêutico do negócio jurídico; no artigo 187, como regra de correção e adequação de condutas; e, ainda, no artigo 422, como cláusula geral a justificar a imposição de deveres às partes[411].

Para que um negócio jurídico seja interpretado conforme a boa-fé objetiva, o intérprete, ao analisar o conteúdo da declaração negocial, deverá colocar-se no lugar de um terceiro alheio à relação jurídica, que, de uma posição externa e normal[412], do ponto de vista social, busca verificar o que seria o razoável ou esperado que as partes tivessem negociado, assumindo

[410] MARTINS-COSTA, Judith. *A boa-fé no direito privado*, cit., p. 42.

[411] MARTINS-COSTA, Judith. *A boa-fé no direito privado*, cit., p. 43. Há quem aponte, com razão, para certas insuficiências no regime aplicável à boa-fé objetiva conforme inserido no Código Civil, especialmente no que se refere à sua incidência nas fases pré e pós-contratual (*vide* AZEVEDO, Antonio Junqueira de. Insuficiências, deficiências e desatualização do Projeto de Código Civil na questão da boa-fé objetiva nos contratos, cit.). Contudo, se a ausência de regramento expresso não era obstáculo para a aplicação da boa-fé às relações privadas antes do Código Civil, também após sua promulgação a doutrina e a jurisprudência trataram de reforçar sua incidência também nas fases pré e pós-contratuais (e.g., ZANETTI, Cristiano de Sousa. *Responsabilidade pela ruptura das negociações*, cit.; PEREIRA, Regis Velasco Fichtner. *A responsabilidade civil pré-contratual*, cit.; CHAVES, Antonio. *Responsabilidade pré--contratual*. São Paulo: Lejus, 1997).

[412] Por normal, aqui, entenda-se a pessoa com *expertise* e diligência médias esperadas em circunstâncias semelhantes àquelas que se está analisando.

que agiram de acordo com a boa-fé[413]. Assim, a boa-fé se apresenta como verdadeiro *cânone hermenêutico* no que diz respeito aos negócios jurídicos.

Ressalta-se, contudo, que a boa-fé enquanto critério hermenêutico deve sempre levar em consideração o conteúdo da vontade declarada, bem como as circunstâncias aplicáveis ao caso prático[414]. Assim, ensina Judith Martins-Costa, "o contrato é o ponto de partida e o ponto de chegada da interpretação segundo a boa-fé", e os elementos materiais e circunstanciais que o circundam servem de suporte fático para a interpretação[415]. A autora alerta, ainda, para o perigo da insuficiência de uma interpretação exclusivamente baseada na boa-fé objetiva[416].

Já na sua concretização como regra de conduta, passível de corrigir formas de atuação das partes, a boa-fé pode agir, de modo mais amplo, no sentido de limitar o exercício de posição jurídica, na medida em que tal exercício vá de encontro aos que preceitua o referido princípio[417] ou, ainda, ao prescrever a responsabilidade civil pré-contratual pela ruptura abrupta das tratativas em desconsideração à confiança depositada[418], mas também de forma parcelar, ou típica, por meio de figuras amplamente reconhecidas na doutrina brasileira e estrangeira, chamadas figuras parcelares, das quais são exemplos *suppressio* (*Verwirkung*), *surrectio* e *tu*

[413] MARINO, Francisco Paulo de Crescenzo. *Interpretação do negócio jurídico*. São Paulo: Saraiva, 2011. 185.

[414] MARTINS-COSTA, Judith. *A boa-fé no direito privado*, cit., p. 448.

[415] MARTINS-COSTA, Judith. *A boa-fé no direito privado*, cit., p. 449.

[416] MARTINS-COSTA, Judith. *A boa-fé no direito privado*, cit., p. 450.

[417] MENEZES CORDEIRO, António Manuel da Rocha e. *Da boa-fé no direito civil*, cit., p. 661. Nesse sentido, ainda, a valiosa lição de Judith Martins-Costa: "O significado e a extensão, *in concreto*, da 'conduta segundo a probidade e a boa-fé' não é criado pelo arbítrio ou 'sentimento de justiça' ou, ainda, por inescusável 'julgamento de consciência' do juiz. Este deverá *averiguar os parâmetros em casos anteriores, em padrões de comportamento social objetivamente aferíveis, na praxe do setor, na prática eventualmente seguida pelas partes*, tal como ocorre para a concretização de todo e qualquer conceito dotado de vagueza socialmente típica" (MARTINS-COSTA, Judith. *A boa-fé no direito privado*, cit., p. 145, grifo nosso).

[418] Não se estenderá a discussão por serem diversas e profundas as obras que versam especificamente sobre o tema, por exemplo: CHAVES, Antonio. *Responsabilidade pré-contratual*, cit.; PEREIRA, Regis Velasco Fichtner. *A responsabilidade civil pré-contratual*, cit.; PRATA, Ana. *O contrato-promessa e seu regime civil*. Coimbra: Almedina, 1995; POPP, Carlyle. *Responsabilidade civil pré-negocial*: o rompimento das tratativas. Curitiba: Juruá, 2001.

quoque, bem como por meio da vedação ao *venire contra factum proprium*, entre tantas outras[419].

Tais figuras decorrem da aplicação da cláusula geral da boa-fé objetiva, dando origem a novos institutos, em verdadeira ressistematização a partir da dogmatização de sua aplicabilidade[420]. Em outras palavras, da aplicação das cláusulas gerais (aqui, em especial, a boa-fé objetiva) decorrem a formação e a sistematização de determinados institutos, fazendo com que estes ganhem uma dogmática própria, destarte, inserção no sistema[421]. Assim, no fenômeno da ressistematização é possível verificar a concretização da cláusula geral enquanto elemento de mobilização do sistema do direito privado[422].

É importante pontuar a fundamental lição de Junqueira de Azevedo no sentido de que, em todos os seus âmbitos de incidência no direito privado, a boa-fé objetiva não implica um dever de *altruísmo* ou *desinteresse*, porquanto as partes, nas relações contratuais (que pressupõem operações econômicas subjacentes), deverão sempre visar a seus interesses individuais, corriqueiramente objetivando o lucro. Todavia, a boa-fé atuará como contraponto à *atuação egoísta de indivíduos*, favorecendo o *bom funcionamento do mercado*[423].

Descreva-se agora a terceira daquelas funções referida anteriormente. Trata-se da função integrativa, ou supletiva. Desta decorre que o conteúdo da vontade declarada pode ser complementado, conforme os ditames do

[419] *Vide*, por exemplo, PENTEADO, Luciano de Camargo. Figuras parcelares da boa-fé objetiva e *venire contra factum proprium*. *Revista de Direito Privado*, v. 27, p. 252-278, 2006.

[420] MARTINS-COSTA, Judith. *A boa-fé no direito privado*, cit., p. 164; BETTI, Emilio. *Teoria geral do negócio jurídico*. Tradução Editora Servanda. Campinas: Servanda, 2008. p. 143-144. Outro exemplo de ressistematização pode ser tomado da inclusão dos deveres de proteção no Código Civil alemão após a reforma do direito das obrigações ocorrida no ano de 2002.

[421] Veja-se, por exemplo, a respeito da figura parcelar da *suppressio* (NEVES, Julio Gonzaga Andrade. *A* suppressio (Verwirkung) *no direito civil*, cit.). Outro exemplo que pode dar-se é o da figura da exceção do contrato não cumprido, que mantém visível ligação com a vedação ao comportamento contraditório e ao abuso de direito, amplamente acolhidas pela tutela da boa-fé mas que, em nosso sistema, ganhou expressa previsão legal.

[422] CANARIS, Claus-Wilhelm. *Pensamento sistemático e conceito de sistema na ciência do direito*, cit., p. 282.

[423] AZEVEDO, Antonio Junqueira de. *Novos estudos e pareceres de direito privado*, cit., p. 130.

mencionado preceito[424]. Ademais, de sua incidência emanam deveres que se impõem às partes na relação contratual. Para tanto, faz-se necessária uma breve digressão em torno da estrutura das relações obrigacionais, apenas para situar o *locus* de inserção de referidos deveres.

3.2.2. Os deveres decorrentes da boa-fé objetiva

As obrigações em geral são canalizadas pelo dever de prestar, em contraposição ao direito de exigir a prestação[425]. Nesse diapasão, apresentam-se com maior clareza e proeminência os deveres principais da prestação, que se relacionam diretamente com a causa e os elementos essenciais do negócio jurídico, na medida em que guardam conexão direta com o tipo contratual que se pode extrair daquele determinado negócio jurídico[426]. Refere-se, por exemplo, à obrigação de entregar a coisa em contrapartida à entrega do preço, na compra e venda, e à obrigação de garantir o uso da coisa mediante pagamento dos aluguéis, na locação.

Ainda, decorre da complexidade obrigacional[427] que a estes sejam acrescidos os chamados deveres *secundários* de prestação, que guardam com aqueles relação de acessoriedade ou substitutividade, na medida em que visam ao preparo da prestação, ou à reparação em caso de incumprimento[428]. É por isso que se diz que tais deveres secundários de prestação têm natureza meramente instrumental.

Então, emprestando os mesmos exemplos utilizados acima, a fim de operar a venda propriamente dita, o vendedor deverá, antes, encarregar-se de levar a coisa até o local do pagamento, em se tratando de bem móvel;

[424] AZEVEDO, Antonio Junqueira de. Insuficiências, deficiências e desatualização do Projeto de Código Civil na questão da boa-fé objetiva nos contratos, cit., p. 7.

[425] ANTUNES VARELA, João de Matos. *Das obrigações em geral*, cit., v. 1, p. 62-63.

[426] ANTUNES VARELA, João de Matos. *Das obrigações em geral*, cit., v. 1, p. 122.

[427] MENEZES CORDEIRO, António Manuel da Rocha e. *Da boa-fé no direito civil*, cit., p. 591; ANTUNES VARELA, João de Matos. *Das obrigações em geral*, cit., v. 1, p. 67; SILVA, Jorge Cesa Ferreira da. *A boa-fé e a violação positiva do contrato*. Rio de Janeiro: Renovar, 2002. p. 57; STEINER, Renata C. *Descumprimento contratual*: boa-fé e violação positiva do contrato. São Paulo: Quartier Latin, 2014. p. 76-85.

[428] ANTUNES VARELA, João de Matos. *Das obrigações em geral*, cit., v. 1, p. 122; ALMEIDA COSTA, Mario Julio de. *Direito das obrigações*. 7. ed. Coimbra: Almedina, 1999. p. 604; VON TUHR, *Tratado de las obligaciones*, cit., 2007, p. 37; TRABUCCHI, Alberto. *Istituzioni di diritto civile*, cit., p. 658.

o locador, visando ao preparo da locação, deverá retirar do imóvel bens de sua titularidade que nele não deverão permanecer enquanto o locatário ali estiver.

Até este ponto, a boa-fé objetiva incide na relação obrigacional em suas funções interpretativa e corretiva, para fazer com que os agentes ajam em direção ao pagamento, adotando posturas e condutas adequadas. Mas a doutrina aponta, ainda, para uma terceira classe de deveres obrigacionais das partes, que resultam da complexidade intraobrigacional[429] e encontram fundamento último a justificar sua aplicação na boa-fé objetiva, atuando em sua função supletiva ou integrativa[430]. Trata-se dos deveres acessórios ou laterais.

Ao que parece sugerir a doutrina, embora tais deveres acessórios ou laterais já fossem de certo modo conhecidos e seus efeitos aplicados de forma tópica na prática jurídica, sua concepção dogmática encontra origem histórica no amplamente noticiado embate doutrinário entre Hermann Staub e Heinrich Stoll no final do século XIX e início do século XX. Aquele, ao detectar a necessidade de complementação do conceito da mora, que, conforme então prevista no Código alemão[431], compreendia somente o atraso na prestação, verificou a necessidade de dar devido tratamento ao cumprimento defeituoso daquela[432]. É proposta, então, a chamada teoria da violação positiva do contrato[433], para encampar aquelas situações nas quais, em que pese não haver inadimplemento absoluto ou relativo da prestação, verifica-se a ocorrência de danos a uma das partes.

Stoll, por sua vez, acusa a incompletude da teoria proposta por Staub, porquanto esta abrangeria apenas as situações em que uma das partes, por

[429] MENEZES CORDEIRO, António Manuel da Rocha e. *Da boa-fé no direito civil*, cit., p. 602.

[430] MARTINS-COSTA, Judith. *A boa-fé no direito privado*, cit., p. 522; SILVA, Jorge Cesa Ferreira da. *A boa-fé e a violação positiva do contrato*, cit., p. 91.

[431] Há quem entenda que tal lacuna foi suplantada na reforma do BGB ocorrida em 2000 (*vide* HAICAL, Gustavo. O inadimplemento pelo descumprimento exclusivo de dever lateral advindo da boa-fé objetiva, cit., p. 55).

[432] LARENZ, Karl. *Metodologia da ciência do direito*, cit., p. 529.

[433] A violação positiva do contrato é definida por Jorge Cesa Ferreira da Silva, talvez um dos autores nacionais que mais tenham se aprofundado no estudo do tema, como "o inadimplemento decorrente do descumprimento culposo de dever lateral, quando este dever não tenha uma vinculação direta com os interesses do credor na prestação" (SILVA, Jorge Cesa Ferreira da. *A boa-fé e a violação positiva do contrato*, cit., p. 268).

ação ou omissão, causa à outra danos propriamente ditos. Não estariam compreendidas aí, portanto, outras situações de cumprimento defeituoso ou incumprimento por inobservância de deveres outros que não aqueles primários da prestação. Stoll então, reconhecendo a premente necessidade de distinguir os interesses de prestação e os de proteção[434], sem deixar de reconhecer a importância da "descoberta" de Staub, dá início ao alargamento da teoria dos deveres laterais, que se desenrola na concepção dogmática hoje amplamente difundida[435].

Assim, ganha corpo a ideia de que a prestação deve preencher por inteiro o interesse do credor subjacente à prestação, em todos os seus aspectos, e não apenas levando em consideração o dever primário ou principal contido na respectiva relação obrigacional, devendo as partes, no momento de seu cumprimento, agir com a lealdade e a cooperação que se fizerem necessárias visando à consecução de tal fim[436]. Ainda, a doutrina vem reconhecendo, em boa medida impulsionada pela reforma do BGB ocorrida em 2002, que incluiu a violação dos deveres anexos na seção em que trata do direito das obrigações em lugar de naquela referente aos contratos, que tais deveres não se aplicam tão somente às relações contratuais, mas a outros campos do direito privado[437]. Daí por que alguns autores vêm adotando a terminologia "violação positiva do crédito" em substituição a "violação positiva do contrato"[438].

[434] MENEZES CORDEIRO, António Manuel da Rocha e. *Da boa-fé no direito civil*, cit., p. 598.

[435] SCHUNCK, Giuliana Bonanno. *Contratos de longo prazo e dever de cooperação*. São Paulo: Almedina, 2016. p. 209.

[436] HAICAL, Gustavo. O inadimplemento pelo descumprimento exclusivo de dever lateral advindo da boa-fé objetiva, cit., p. 56.

[437] SCHUNCK, Giuliana Bonanno. *Contratos de longo prazo e dever de cooperação*, cit., p. 212.

[438] Há, ainda, quem entenda pela inaplicabilidade da teoria da violação positiva do contrato no direito brasileiro, porquanto entre nós, já desde o Código antigo, a definição de mora é bastante mais elástica do que aquela antes contida no BGB, que contemplava tão somente o atraso no cumprimento da prestação. Todavia, Jorge Cesa Ferreira da Silva, a partir de louvável esforço de comparação dos pressupostos que compõem o suporte fático da aplicação da violação positiva no direito alemão, talhados pela doutrina a partir da descoberta de Staub, com o direito positivo brasileiro, demonstra de forma cabal a existência de lacunas normativas no descumprimento dos deveres obrigacionais que ensejam a aplicação da teoria da violação positiva também entre nós (*vide* SILVA, Jorge Cesa Ferreira da. *A boa-fé e a violação positiva do contrato*, cit., p. 230-265).

A denominação que se dá a tais deveres, bem como sua classificação, não é uníssona. Menezes Cordeiro entende por denominar tais deveres decorrentes da boa-fé objetiva *acessórios*, dividindo-os em deveres de *proteção, esclarecimento e lealdade*[439]. Já Martins-Costa, apenas para ficarmos em dois exemplos, classifica os referidos deveres entre anexos e de proteção[440]. Aqui, portanto, mais do que se ater às nomenclaturas, procurar-se-á verificar o campo de incidência e função de tais direitos, de modo a relacioná-los com o contrato preliminar, que é o objeto central deste estudo.

Os deveres acessórios de proteção são aqueles que imprimem às partes a obrigação mútua de evitar que, no desenrolar da relação obrigacional, haja danos para os contratantes[441]. Significa dizer, portanto, que, no contexto do vínculo a que estão sujeitos, os agentes não poderão praticar atos que impliquem danos uns aos outros, ainda que estejam adimplentes com a prestação principal subjacente àquela relação contratual[442]. Naturalmente, tais deveres estão diretamente ligados aos interesses de proteção que se imprimem no contexto do vínculo obrigacional, tendo como um de seus principais momentos de concretização a aplicação da teoria da violação positiva do contrato.

Por outro lado, como visto, as obrigações, polarizadas pelo adimplemento, orbitam a prestação ali contida, encampando a totalidade dos interesses que esta carrega consigo. Dessa forma, no âmbito dos interesses na prestação podem ser inseridos os dois outros grandes grupos de deveres laterais reconhecidos pela doutrina, a saber, os deveres de esclarecimento e lealdade.

Os deveres de esclarecimento impõem às partes, mútua e reciprocamente, os deveres de informar e se informar, bem como o direito de ser informado, sobre os aspectos relevantes para a contratação pretendida, para que possam as partes tomar decisões com base em tais informações obtidas[443]. Carregam consigo também os deveres de esclarecer e

439 MENEZES CORDEIRO, António Manuel da Rocha e. *Da boa-fé no direito civil*, cit., p. 604.

440 MARTINS-COSTA, Judith. *A boa-fé no direito privado*, cit., p. 523. Jorge Cesa Ferreira da Silva, por exemplo, fala em *deveres laterais* (SILVA, Jorge Cesa Ferreira da. *A boa-fé e a violação positiva do contrato*, cit., p. 75).

441 MENEZES CORDEIRO, António Manuel da Rocha e. *Da boa-fé no direito civil*, cit., p. 604.

442 SILVA, Jorge Cesa Ferreira da. *A boa-fé e a violação positiva do contrato*, cit., p. 79.

443 MENEZES CORDEIRO, António Manuel da Rocha e. *Da boa-fé no direito civil*, cit., p. 605.

aconselhar[444], e podem se apresentar como deveres instrumentais ou de proteção dos agentes[445].

Os deveres de lealdade, por seu turno, importam em uma série de deveres de conduta, de forma positiva ou negativa, em consideração recíproca ao interesse das partes, de modo a evitar a lesão de direitos ou a frustração de tais interesses[446]. Carregam consigo, portanto, um forte componente de conexão com os deveres de cooperação e de proteção dos interesses de parte a parte, orbitando a relação de modo a conduzi-la ao devido adimplemento. Implicam, portanto, o dever mútuo de lisura, de *correttezza* na condução da relação contratual[447].

Como visto acima em resumida exposição, a boa-fé age nas relações contratuais e obrigacionais de forma geral como cânone interpretativo, corretivo e supletivo. No contrato preliminar, isso não poderia ser diferente[448]. Além disso, como visto, o momento do adimplemento do contrato preliminar representa verdadeira sobreposição entre os momentos de formação e execução de dois contratos – definitivo e preliminar, respectivamente[449].

Assim, ao celebrarem o contrato preliminar, e, também, ao executá-lo, as partes deverão se atentar aos preceitos da boa-fé. Significa dizer, por exemplo, que no momento da formação do contrato preliminar, bem como no momento da sua execução, as partes deverão agir, umas perante as outras, à luz dos deveres de informação e esclarecimento recíprocos, de modo que possam tomar as decisões negociais ali implicadas de maneira consciente e embasada.

No contexto do contrato preliminar, a boa-fé atuará, ainda, no sentido de determinar sua melhor interpretação, a fim de direcionar as consequências em cenários de violação, em que o juiz deverá, à luz do referido princípio, interpretar e integrar o negócio jurídico, a fim de decidir ou

[444] MARTINS-COSTA, Judith. *A boa-fé no direito privado*, cit., p. 527.

[445] MARTINS-COSTA, Judith. *A boa-fé no direito privado*, cit., p. 529.

[446] MENEZES CORDEIRO, António Manuel da Rocha e. *Da boa-fé no direito civil*, cit., p. 606.

[447] DUARTE, Nestor. *Código Civil comentado*: doutrina e jurisprudência. 10. ed. Barueri: Manole, 2016. p. 88; MARTINS-COSTA, Judith. *A boa-fé no direito privado*, cit., p. 523.

[448] MARTINS-COSTA, Judith. *A boa-fé no direito privado*, cit., p. 391.

[449] MORAIS, Fernando de Gravato. *Contrato-promessa em geral, contratos-promessa em especial*. Coimbra: Almedina, 2009. p. 31.

não pela emissão de decisão que substitui a manifestação de vontade que deveria ter sido emitida no contrato preliminar.

Então, por exemplo, diante de um contrato dúbio ou obscuro, a boa-fé como cânone interpretativo pode agir no sentido de determinar se, ao assinarem certo instrumento, as partes tinham real intenção de vincular-se à futura declaração de vontade definitiva, qualificando-se tal negócio como contrato preliminar, ou se, de outra sorte, a intenção das partes era apenas pontuar determinados aspectos já incontestes das tratativas de modo a prosseguir com vistas a celebrar o contrato definitivo propriamente dito já de entrada, hipótese em que a avença poderia enquadrar-se como uma das diversas outras figuras afins que com o preliminar não se confundem.

3.2.3. Contrato preliminar e dever de cooperação

Assim como sucede em qualquer tipo de relação contratual, a boa-fé incide sobre o contrato preliminar em suas três funções, bem como nos momentos pré, pós e contratual propriamente dito. Mas, dentro desse arcabouço, a consequência mais pujante da incidência da boa-fé objetiva na relação jurídica consubstanciada no contrato preliminar parece ser aquela que se relaciona com os deveres de lealdade e cooperação que se impõem às partes no contexto dessa *fattispecie*. Por conta de sua peculiar relevância, serão dedicados maiores esforços a deliminar sua incidência no adimplemento do contrato preliminar.

3.2.3.1. A concretização do dever de cooperação

A concepção do direito de cooperação como decorrência da boa-fé objetiva é vista com alguma naturalidade pela doutrina[450]. Este pode ser sintetizado como o agir conjunto de ambas as partes – ou de uma delas – visando ao melhor aproveitamento da relação contratual subjacente[451]. Se, como pontua Roppo, o contrato é, antes de tudo, "terreno de confronto e

[450] MARTINS-COSTA, Judith. *A boa-fé no direito privado*, cit., p. 523; TOMASEVICIUS FILHO, Eduardo. *O princípio da boa-fé no direito civil*, cit., p. 310.

[451] SCHUNCK, Giuliana Bonanno. *Contratos de longo prazo e dever de cooperação*, cit., p. 130. Tomasevicius ensina que, "pela etimologia, significa realizar uma obra junto com outra pessoa (co-operação), um trabalho em conjunto para a consecução de uma atividade comum" (TOMASEVICIUS FILHO, Eduardo. *O princípio da boa-fé no direito civil*, cit., p. 307).

choque de egoísmos particulares"[452], o dever de cooperação é justamente o contrapeso que balanceia essa relação.

Para exemplificar o conteúdo do referido dever, Tomasevicius utiliza a seguinte alegoria: as partes de um contrato são remadores em um mesmo barco. Se cada uma delas remar na direção a que pretende ir – de seus interesses individuais –, eventualmente a parte mais forte vai chegar aonde gostaria. Mas não sem uma quantidade excessiva de esforço; por outro lado, se ambas as partes cooperarem, muito facilmente chegarão a qualquer dos locais pretendidos[453].

Assim, o dever de cooperação impõe que as partes se preocupem reciprocamente com os interesses respectivos; com o devido cumprimento e colaboração, certamente se atingirá o melhor resultado possível daquela relação contratual, com consequente redução dos custos de transação envolvidos[454]. Isso não significa, contudo, que tal dever seja irrestrito. Há divergências quanto à obrigatoriedade de cooperar para a consecução de uma prestação que poderia ser cumprida individualmente pelo devedor, sem a necessidade da cooperação do credor[455]. Fato é que não há, no dever de cooperação – como não há na incidência da boa-fé objetiva como um todo, vale dizer –, um dever de *cooperação sentimental* ou de ingenuidade[456]; tampouco de "tolerar abusos ou deixar ser enganado"[457].

Ainda, o dever de cooperação tem caráter técnico. Assim, seu conteúdo deve ser delimitado com base objetiva, a saber: a intensidade necessária e suficiente para o atingimento da finalidade pretendida[458]. A medida de tal intensidade varia de acordo com o tipo e com os aspectos específicos da

[452] ROPPO, Vincenzo. *Il contratto*, cit., p. 375, tradução livre. No original: "Il contratto è, prima di tutto, terreno di confronto e scontro di egoismi privati".

[453] TOMASEVICIUS FILHO, Eduardo. *O princípio da boa-fé no direito civil*, cit., p. 310.

[454] TOMASEVICIUS FILHO, Eduardo. *O princípio da boa-fé no direito civil*, cit., p. 310.

[455] A favor: SCHUNCK, Giuliana Bonanno. *Contratos de longo prazo e dever de cooperação*, cit., p. 135. Contra: TOMASEVICIUS FILHO, Eduardo. *O princípio da boa-fé no direito civil*, cit., p. 310.

[456] MARTINS-COSTA, Judith. *A boa-fé no direito privado*, cit., p. 524.

[457] TOMASEVICIUS FILHO, Eduardo. *O princípio da boa-fé no direito civil*, cit., p. 311. Nessa mesma esteira, Schreiber ensina, ainda, que a boa-fé e, mais especificamente, o dever de cooperação, não implicam que o ambiente contratual deva tornar-se *romântico*, com as partes abdicando de seus interesses próprios em benefício do de seu *alter* (SCHREIBER, Anderson. *Equilíbrio contratual e dever de renegociar*. 2. ed. São Paulo: Saraiva Educação, 2020. p. 373).

[458] MARTINS-COSTA, Judith. *A boa-fé no direito privado*, cit., p. 524.

relação contratual em exame[459]. Como visto em outra ocasião, o princípio da boa-fé objetiva se manifesta por meio de *standards* de conduta que variam de acordo com os termos específicos da situação que se analisa. Daí por que, naturalmente, o dever de cooperação, ainda que geral e aplicável a todos os tipos de relações contratuais, aplica-se com intensidade distinta e com base em padrões, *standards*, de comportamento diferentes de acordo com a realidade fática[460]. E a finalidade pretendida parece critério objetivamente adequado para sua verificação e medição.

3.2.3.2. A intensificação do dever de cooperação na relação jurídica do contrato preliminar

O autor reputa que o dever de cooperação é central na relação jurídica do contrato preliminar, porquanto, para que possa ser atingido o fim comum pretendido pelas partes na celebração do contrato, é absolutamente necessária a cooperação. Deve haver, na relação jurídica do contrato preliminar, incidência intensificada do dever de cooperação. Chegou-se a tal posição com base em paralelos traçados com os pressupostos e contornos da incidência do dever de cooperação nos ditos contratos de longa duração, assim como com o seu reconhecimento como pressuposto e fundamento do dever de renegociar.

É importante ter claro que, como se verá em maiores detalhes a seguir, ao fazer tais paralelos não se está sugerindo que haja total coincidência entre as situações sob exame, mas antes que, verificados pressupostos semelhantes ou equivalentes, podem as conclusões ser essencialmente trasladadas para o âmbito do preliminar, com as adaptações cabíveis.

Em trabalho monográfico acerca da incidência do dever de cooperação nos contratos de longo prazo, Schunck defende que, em referidas relações contratuais, o dever de cooperação incide com maior intensidade do que nas relações contratuais de cumprimento instantâneo ou que, de outra forma, não configurem relação duradoura[461]. A justificativa para tanto é

[459] MARTINS-COSTA, Judith. *A boa-fé no direito privado*, cit., p. 524.

[460] Nesse sentido, por exemplo, Junqueira de Azevedo reconhece a existência de uma *uberrima fides* nas relações jurídicas oriundas de acordo de acionistas, tendo em vista o intenso *depósito de confiança* realizado de uma parte à outra em decorrência do *forte conteúdo pessoal* da referida modalidade contratual (AZEVEDO, Antonio Junqueira de. *Novos estudos e pareceres de direito privado*, cit., p. 131).

[461] SCHUNCK, Giuliana Bonanno. *Contratos de longo prazo e dever de cooperação*, cit., p. 200.

inspirada na teoria dos contratos relacionais[462], e reside na existência de uma posição de maior contato e, portanto, confiança acentuada entre as partes[463], a qual, por sua vez, deriva da inerente incompletude contratual e da necessidade de cooperação para *cumprimento ótimo* das prestações[464].

A incompletude contratual, aliada à existência do caráter de flexibilidade, impõe às partes de contratos de longa duração deveres de cooperação especialmente intensos e relevantes. Daí decorre que o ordenamento deve buscar criar incentivos para que as partes cooperem, de modo a buscar a otimização do adimplemento contratual, o que se dá em grande medida por meio da cooperação[465]. Nesse contexto, a boa-fé surge como elemento fomentador da cooperação entre as partes[466].

Segundo a posição adotada por Schunck[467], o contrato preliminar não pode ser classificado como contrato de longa duração. Nos contratos de

[462] A autora traça interessante paralelo entre os contratos de longa duração e a modalidade dos chamados contratos relacionais, classificação esta que se encontra amplamente difundida (ainda que não absolutamente aceita – *vide*, por exemplo, EISENBERG, Melvin A. Relational contracts. *In*: BEATSON, Jack; FRIEDMAN, Daniel (org.). *Good faith and fault in contract law*. Oxford: Clarendon Press, 1997. p. 291-304), no contexto da *common law*. Seu maior expoente é o professor Ian MacNeil. MacNeil define os contratos relacionais, em oposição aos *discrete agreements*, como aqueles contratos que entabulam não apenas uma troca, mas uma relação entre as partes. O fundamento para o tratamento diferenciado que deve ser dispensado aos contratos relacionais residiria na existência de espaços vazios no programa contratual (*gaps in their planning*) e na presença de técnicas contratuais utilizadas para criar flexibilidade contratual (MACNEIL, Ian. Contracts: adjustment of long-term economic relations under classical, neoclassical, and relation contract law. *Northwestern University Law Review*, v. 72, n. 6, p. 854-905, 1978. p. 865). Por suas características (e também como uma delas), os contratos relacionais exigem das partes intensa cooperação durante toda a sua execução (SPEIDEL, Richard E. The characteristics and challenges of relational contracts. *Northwestern University Law Review*, v. 94, n. 3, p. 823-846, 2000. p. 829). No presente trabalho, não se pretende aprofundar o estudo da categoria dos contratos relacionais. Por consequência, tampouco se pretende examinar o eventual enquadramento do contrato preliminar enquanto contrato relacional. Todavia, reputam-se importantes as noções aqui trazidas para delimitar quais os fundamentos, sob diferentes enfoques doutrinários, justificariam a incidência do dever de cooperação em determinadas relações contratuais de forma mais intensa do que em outras.

[463] SCHUNCK, Giuliana Bonanno. *Contratos de longo prazo e dever de cooperação*, cit., p. 200.

[464] SCHUNCK, Giuliana Bonanno. *Contratos de longo prazo e dever de cooperação*, cit., p. 86.

[465] SCHUNCK, Giuliana Bonanno. *Contratos de longo prazo e dever de cooperação*, cit., p. 86-87.

[466] SCHUNCK, Giuliana Bonanno. *Contratos de longo prazo e dever de cooperação*, cit., p. 87.

[467] Segundo a autora, escorando-se em Carneiro da Frada, os contratos de longo prazo representam um quadro das avenças, que deve ser complementado pelas partes ao longo

longa duração, o motivo pelo qual as partes incidem na necessidade de constante renegociação e adaptação é, essencialmente, a impossibilidade de previsão de todos os eventos futuros com os quais as partes deparar-se-ão no âmbito do cumprimento contratual, em decorrência da longevidade da relação jurídica[468]. Todavia, feitas as diferenciações cabíveis, entende-se que o racional adotado para imputar essa maior intensidade na incidência da boa-fé no âmbito dos contratos de longa duração aplica-se à situação dos contratos preliminares.

Embora por motivos completamente distintos, nos contratos preliminares – sobretudo aqueles de programação média e mínima – as partes se encontram em inexorável necessidade de negociar e, portanto, de cooperar. Sem a negociação não se forma o contrato definitivo. E sem cooperação não há negociação. Por isso o paralelo se justifica e, assim, justifica-se também a incidência do dever de cooperação de maneira mais intensa nessa modalidade contratual. Aqui, contudo, a obrigação de negociar decorre não de circunstâncias supervenientes, mas sim efetivamente da natureza do vínculo e do conteúdo das obrigações geneticamente pactuadas.

3.2.3.3. O dever de renegociar e o dever de negociar como corolários do dever de cooperação

Em trabalhos publicados recentemente, Schreiber defende o reconhecimento de um dever de renegociação nas relações contratuais[469]. Embora, na construção proposta, a *necessidade* de renegociação decorra do desequilíbrio do sinalagma funcional[470], tendo por pano de fundo o

da relação contratual, por meio da cooperação (SCHUNCK, Giuliana Bonanno. *Contratos de longo prazo e dever de cooperação*, cit., p. 35).

[468] SCHUNCK, Giuliana Bonanno. *Contratos de longo prazo e dever de cooperação*, cit., p. 35.

[469] O tema foi tratado pelo autor em maior profundidade em obra que é produto de sua tese de titularidade na Faculdade de Direito da UERJ (SCHREIBER, Anderson. *Equilíbrio contratual e dever de renegociar*, cit.), mas o reconhecimento do dever de renegociar foi defendido em ensaios publicados e em palestras proferidas posteriormente (*vide*, por exemplo, SCHREIBER, Anderson. Construindo um dever de renegociar no direito brasileiro. *In*: SILVA, Jorge Cesa Ferreira da; BARBOSA, Henrique (org.). *A evolução do direito empresarial e obrigacional*: os 18 anos do Código Civil. Obrigações e contratos. São Paulo: Quartier Latin, 2021. v. 2. p. 445-474).

[470] NANNI, Giovanni Ettore. A obrigação de renegociar no direito contratual brasileiro. *Revista do Advogado*, ano XXXII, v. 116, p. 88-97, 2012. p. 88-89.

reconhecimento do equilíbrio contratual como um dos *novos princípios do direito dos contratos*, ao lado da boa-fé objetiva e da função social do contrato[471], o *dever* de renegociar surge como decorrência da boa-fé objetiva, concretizada por meio do dever de cooperação[472].

Isso porque, a partir do acréscimo dos *novos princípios* aos princípios clássicos, ou tradicionais, do direito dos contratos, as relações jurídicas contratuais deixaram de ser estáticas e ganharam mobilidade, ou *dinamismo*, com a finalidade última de atingir o objetivo pretendido pelas partes[473]. É por isso que se defende que, verificada perturbação superveniente no sinalagma funcional de um contrato, haveria verdadeiro dever de renegociar, fundado na boa-fé objetiva, e concretizado em duas etapas: primeiro, a pronta comunicação do desequilíbrio, contratual; e, segundo, o ingresso em tratativas visando ao reestabelecimento do equilíbrio contratual[474].

Embora não se possa falar em uma coincidência absoluta de pressupostos e efeitos entre as situações em cotejo, entende-se que, feitas as diferenciações pertinentes, as semelhanças entre as duas situações que se afiguram permitem que se trace um paralelo, ao menos para que se finque o fundamento do dever de negociar no âmbito do preliminar, bem como se delineiem os contornos do *standard* de conduta que decorre do seu reconhecimento[475].

Assim, por exemplo, não se pode falar que do dever de negociar decorra o dever de *prontamente informar* à outra parte o desequilíbrio superveniente, como ocorre na renegociação, uma vez que o desequilíbrio superveniente pressupõe uma situação imprevisível, o que não ocorre na

[471] Sobre o reconhecimento do equilíbrio contratual enquanto princípio, *vide* SCHREIBER, Anderson. *Equilíbrio contratual e dever de renegociar*, cit., p. 48-75.

[472] SCHREIBER, Anderson. *Equilíbrio contratual e dever de renegociar*, cit., p. 371. Ainda, leciona Teresa Negreiros que a boa-fé "impõe um padrão de conduta a ambos os contratantes no sentido da recíproca cooperação, com consideração dos interesses um do outro, em vista de se alcançar o efeito prático que justifica a existência jurídica do contrato celebrado" (NEGREIROS, Teresa. *Teoria dos contratos*: novos paradigmas. 2. ed. Rio de Janeiro: Renovar, 2006. p. 122-123).

[473] SCHREIBER, Anderson. *Equilíbrio contratual e dever de renegociar*, cit., p. 373.

[474] SCHREIBER, Anderson. *Equilíbrio contratual e dever de renegociar*, cit., p. 376.

[475] Neste ponto, é interessante notar que mesmo Schreiber, arguto defensor do dever de renegociar, identifica o paralelismo entre os contornos do referido dever e os *standards* aplicáveis às tratativas pré-contratuais, que, como visto, são informadas pela boa-fé objetiva (SCHREIBER, Anderson. *Equilíbrio contratual e dever de renegociar*, cit., p. 377).

relação do contrato preliminar, em que as partes sabem, de antemão, que deverão adentrar em tratativas para completar o conteúdo contratual. Por outro lado, parece razoável afirmar que do dever que ora se cogita decorra um dever de engendrar negociações, segundo padrões de conduta compatíveis com a boa-fé.

Não é novidade que, no adimplemento do contrato preliminar, é de suma importância o elemento cooperação[476]. Naturalmente, a obrigação de emitir declaração negocial que o preliminar encerra possui contornos muito próprios e específicos. Isso porque, de forma imediata, não repercute diretamente no patrimônio das partes, mas antes na sua liberdade de atuar conforme sua autonomia econômica e negocial. Se, por um lado, não se pode forçar alguém à prática de determinados atos, não se pode olvidar, por outro lado, que o contrato preliminar, na medida em que impõe às partes mais do que uma faculdade, mas verdadeiro dever de contratar, limita sobremaneira a liberdade de que os agentes dispunham em relação àquela determinada operação econômica.

Mesmo nos contratos preliminares de programação máxima, mas principalmente naqueles ditos de programação média ou mínima, a obrigação de contratar – ou, em sentido mais amplo, de emitir declaração de vontade – carrega consigo inerente e indissociável obrigação de negociar, e o fundamento último desta parece ser o dever de cooperar que advém da boa-fé objetiva.

É natural que, na medida em que as partes tenham, no negócio preliminar, previsto em maior grau de detalhamento o programa daquele que virá a ser o contrato definitivo, haja menos reserva para complementação ou necessidade de acordos residuais ulteriores, empregando a sempre precisa terminologia de Tomasetti. Por outro lado, na medida em que tal reserva seja alargada, seu preenchimento há que se dar por meio da atuação convergente das partes, em linha com a boa-fé.

Isso parece independer do conteúdo da declaração negocial que a ele deu origem. Na verdade, se a causa última do negócio é obter uma contratação definitiva, é natural e necessário que as partes negociem, de forma diligente e cooperativa, intentando tal fim. A obrigação de negociar,

[476] ALEM, Fabio P. *Contrato preliminar*, cit., p. 78; MANTUCCI, Daniele. *L'inadempimento reciproco*. Napoli: Edizioni Scientifiche Italiane, 1990. p. 48; ROSENVALD, Nelson. *Código Civil comentado*, cit., p. 491.

que em primeira análise pode parecer efêmera ou intangível, pode ser traduzida, à luz da boa-fé objetiva, em verdadeiro dever de cooperação.

E, aqui, não se está tratando da cooperação como aspecto auxiliar ou marginal do dever de prestar. A cooperação é, antes, o cerne do ato de complementação do conteúdo contratual, que é naturalmente incompleto[477], a assegurar que a obrigação de emitir declaração negocial terá guarida e, portanto, que sua entabulação pelas partes não acabará despida de qualquer valia.

Se, como amplamente aceito na doutrina, o contato qualificado das partes em vista de a uma contratação tem repercussão jurídica digna de tutela, com base na proteção da confiança[478], ao celebrar o contrato preliminar as partes elevam tal confiança ao seu estágio máximo.

As partes transitam, em tal situação, da confiança psicológica, implícita, ou ainda da confiança razoavelmente aferível com base em critérios objetivos, que já é suficiente para que haja efeitos jurídicos importantes[479], para a confiança mútua, declarada, inequívoca e vinculante, de que aquele contato, que antes não passava de tratativa[480], e que gradualmente adquiriu maior relevo, agora necessariamente culminará na conclusão efetiva do negócio pretendido.

A doutrina da responsabilidade pré-contratual, fundada na *culpa in contrahendo*, que encontra fundamento também na boa-fé objetiva[481], tem como elemento central de verificação a confiança depositada entre as partes tendo em vista a celebração daquele negócio, e as consequências dali decorrentes[482], sendo indispensável ainda que tal confiança decorra de

[477] PENTEADO, Luciano de Camargo. *Integração de contratos incompletos*, cit., p. 182.

[478] PEREIRA, Regis Velasco Fichtner. *A responsabilidade civil pré-contratual*, cit., p. 330. Nesse sentido, o autor esclarece que "A constatação da presença do requisito da confiança na celebração futura do contrato não se dá levando em consideração o aspecto subjetivo da representação mental que o contratante faz, ao avaliar as chances de conclusão do negócio, mas sim através da constatação da existência efetiva de elementos externos que possam levá-lo a confiar na celebração do contrato".

[479] PEREIRA, Regis Velasco Fichtner. *A responsabilidade civil pré-contratual*, cit., p. 331.

[480] MENEZES CORDEIRO, António Manuel da Rocha e. *Da boa-fé no direito civil*, cit., p. 555.

[481] ZIMMERMANN, Reinhard; WHITTAKER, Simon (org.). *Good faith in European contract law*, cit., p. 242.

[482] MENEZES CORDEIRO, António Manuel da Rocha e. *Da boa-fé no direito civil*, cit., p. 561; PEREIRA, Regis Velasco Fichtner. *A responsabilidade civil pré-contratual*, cit., p. 339.

externalidades, e não somente da psique das partes[483]. Tomando por base esses pressupostos, parece que o contrato preliminar pode ser entendido como a expressão máxima de tal externalização da confiança.

Na realidade, com suas características bastante específicas, o contrato preliminar acaba por elevá-la à qualidade de contrato propriamente dito, mas na base de seu conteúdo se encontra mais um estágio da formação do contrato definitivo, em que as partes devem guardar forte consideração aos interesses do *alter*.

Em se tratando do momento do adimplemento do contrato preliminar, às partes não pode bastar, por exemplo, oferecer-se para cumprir a obrigação, de forma vaga e pouco diligente, para que seja considerada purgada a mora. E o outro lado da moeda leva à conclusão de que a parte que deixa de negociar conforme a boa-fé, visando à consecução do fim pretendido, está efetivamente inadimplindo a obrigação contratada[484].

É bem de ver que, à luz da confiança qualificada que parece incidir sobre esse momento, o do adimplemento do preliminar, às partes é imposto efetivamente dispensarem todos os esforços razoavelmente esperados, a fim de obterem um bom termo que possa desembocar no adimplemento do contrato preliminar. Entenda-se, por exemplo, o dever de responder em prazo razoável, de prestar informações relevantes, de abster-se de divulgar informações sensíveis confiadas pela outra parte, dentre tantas outras que não cabe elencar porquanto não se pode querer propor um rol extensivo de condutas por meio das quais se concretizaria o dito dever de negociar.

Não se cogita, todavia, que o objeto de tal dever seja um resultado, concretizado no sucesso das negociações, mas antes e sempre uma conduta, genuinamente comprometida com o bom andamento das negociações[485], buscando a consecução do fim que justifica o contrato – a celebração do definitivo. Naturalmente, pode suceder que, mesmo envidando seus esforços mais genuínos, as partes ainda assim deixem de chegar a um consenso que permita o acordo em torno de todos os pontos cotejados. O que não se pode admitir é que uma das partes deixe de agir, ou mesmo sutilmente esquive-se das tratativas, para depois alegar seu insucesso.

483 PEREIRA, Regis Velasco Fichtner. *A responsabilidade civil pré-contratual*, cit., p. 340.

484 SCHUNCK, Giuliana Bonanno. *Contratos de longo prazo e dever de cooperação*, cit., p. 218.

485 SCHREIBER, Anderson. *Equilíbrio contratual e dever de renegociar*, cit., p. 376.

3.2.3.4. Reflexões sobre o dever de negociar em boa-fé na *common law* norte-americana

Muito embora se trate de sistema jurídico distinto, o que não permite a simples importação das soluções dali advindas, a discussão em torno do dever de negociar em linha com a boa-fé[486] na *common law* norte-americana traz interessantes reflexões que podem acrescentar à argumentação que aqui se tece.

Antes de mais nada, são necessárias algumas considerações sobre o tratamento jurídico aplicável aos contratos preliminares em tal contexto. O *leading case* aplicável ao tema é Teachers Insurance and Annuity Association of America *v.* Tribune, decidido pela Corte Distrital de Nova Iorque em 1987. Na referida decisão, reconheceu-se a existência de dois "tipos" de contrato preliminar. O primeiro é aquele em que as partes têm um acordo completo em relação a tudo que se entende passível de negociação, inclusive a intenção de se vincular. Nesse caso, a corte entendeu que o contrato é preliminar apenas em sua forma, implicando mero diferimento de efeitos e podendo tão logo ser executado como se o definitivo fosse.

O segundo tipo consiste no contrato por meio do qual as partes chegaram a um acordo em relação a determinados aspectos da operação pretendida, mas reconhecem que ainda há elementos a serem negociados. Nesse caso, as partes se vinculam não apenas àqueles termos que já acordaram no preliminar, mas também a uma obrigação de negociar de boa-fé a fim de atingir a contratação final pretendida.

Utilizando a terminologia empregada ao longo deste trabalho – e reconhecendo, desde já, que o fazemos apenas para fins didáticos, posto não haver qualquer indício de sua adoção pelas cortes norte-americanas – o primeiro tipo contratual consistiria no preliminar de programação máxima[487] e o segundo tipo englobaria os de programação média e mínima. Importante consignar, ainda, que, dada a ausência de regras supletivas gerais no sistema norte-americano, a definição acerca da existência de

[486] No direito dos Estados Unidos da América a boa-fé (*good faith*), embora constantemente referida, possui conotação distinta daquela que se adota nos sistemas de tradição romano-germânica. Assim, nesta seção, o termo "boa-fé" não terá o mesmo significado a ele atribuído no restante do presente trabalho.

[487] Com a ressalva de que tal enquadramento seria apenas parcial pois lá se reconheceria a existência de um único contrato, ao passo que aqui há efetivamente dois momentos de formação contratual entre preliminar e definitivo.

aspectos residuais pendentes de negociação decorre da aferição da intenção das partes, conforme expressada na declaração de vontade. Assim, a discussão acerca do conteúdo mínimo do contrato preliminar de que se tratou na seção 2.2 deste trabalho não é transposta àquela realidade.

A principal diferença entre o direito estadunidense e o nosso é que, lá, não se reconhece uma obrigação de contratar. A consequência prática é que, de duas uma: (a) as partes terão chegado a um acordo em relação à integralidade do programa pretendido, hipótese na qual o contrato preliminar será executado diretamente, como se definitivo fosse, ou (b) as partes não terão direito à execução específica para cumprimento forçado do contrato preliminar, tão somente a exigir da outra parte o cumprimento da obrigação de negociar conforme dita a boa-fé[488].

Reputamos interessante para este trabalho compreender quais são os contornos – *standards* e regras – que dão concretude a tal obrigação. Teachers *v.* Tribune estipula que a não conclusão do negócio prometido não implica, necessariamente, violação contratual, porquanto a obrigação é de negociar, nunca de contratar. Por outro lado, não é apenas a recusa absoluta por uma das partes que implica descumprimento. A ausência de cooperação por uma das partes, uma vez celebrado o preliminar, consiste em violação do dever de negociar conforme a boa-fé, implicando infração contratual (*breach*). Não basta que uma das partes se ofereça para cumprir, é necessária a efetiva cooperação. Nesse sentido, pode-se dizer que, no âmbito do contrato preliminar, a regra da entrega perfeita (*perfect tender rule*), segundo a qual o credor somente é obrigado a aceitar o pagamento se o devedor se oferecer para cumprir precisamente a prestação avençada[489], é qualificada pelo dever de cooperação.

O tema também foi tratado no caso Venture Associates *v.* Zenith, julgado pela Corte de Apelação dos Estados Unidos – Sétimo Circuito

[488] Há que se ressalvar, outrossim, que também no que se refere à boa-fé, a abordagem norte-americana é distinta. Lá, para que se observe a boa-fé no âmbito de relações contratuais basta agir em consideração às expectativas razoáveis da contraparte, as quais devem ser inferidas exclusivamente com base na intenção externalizada na declaração de vontade (Wilson *v.* Amerada Hess Corporation. Suprema Corte de Nova Jérsei, 2001). Não se reconhecem, portanto, deveres extrínsecos impostos por um dever abstrato de boa-fé (CHOI, Albert H.; TRIANTIS, George. Designing and enforcing preliminary agreements, cit., p. 446).

[489] Ver Plateq Corporation of North Haven *v.* Machlett Laboratories, Inc. Suprema Corte de Connecticut, 1983.

em 1996. Na decisão, de autoria do então magistrado Richard Posner, conhecido especialmente por suas contribuições para a corrente da análise econômica do direito (*law and econômics*), asseverou-se que a parte que negocia em sentido contrário aos pontos sedimentados no contrato preliminar age de forma contrária ao dever de negociar em boa-fé. Por outro lado, entendeu-se que, no que se refere aos aspectos que não tenham sido definidos pela parte em sede de preliminar, há liberdade de negociação.

Choi e Triantis, em artigo sobre a exequibilidade de contratos preliminares nos Estados Unidos[490], usam o termo aderência (*stickness*) para descrever essa dinâmica segundo a qual as partes podem, no exercício de sua autonomia privada, conferir maior ou menor rigidez a determinados aspectos da operação econômica, deixando certos tópicos para oportuna negociação.

A aderência – ou rigidez – de tais termos, aferida com base no intuito das partes, serve de baliza para verificação do cumprimento da obrigação de negociar em boa-fé. Assim, aquele que maliciosa ou insistentemente desvia de aspectos que tenham sido previamente tratados com total aderência viola o dever, ao passo que a negociação em torno dos demais aspectos é livre. No contexto da negociação que sucede a celebração de contrato preliminar, as partes estão vinculadas aos termos que foram por elas "enrijecidos".

A decisão proferida pela Suprema Corte de Delaware no caso Siga Technologies, Inc., *v.* PharmAthene, Inc. é interessante para ilustrar os *standards* de conduta prescritos por Teachers *v.* Tribune e Venture *v.* Zenith, bem como a ideia de *stickiness* proposta por Choi e Triantis.

No caso em questão, a empresa demandada (Siga) havia desenvolvido um medicamento para cura de certa enfermidade, mas, diante de dificuldades financeiras que poderiam impossibilitar o prosseguimento das pesquisas, iniciou tratativas com outra empresa do segmento (PharmAthene), a fim de obter recursos financeiros.

Após discussões iniciais, as partes celebraram um documento preparatório (*term sheet*), no qual acordaram os principais termos e condições de um contrato de licenciamento (*license agreement*) a ser celebrado entre as empresas, por meio do qual PharmAthene (i) concederia financiamento

[490] CHOI, Albert H.; TRIANTIS, George. Designing and enforcing preliminary agreements, cit., *passim.*

para a continuidade das pesquisas, bem como (ii) remuneraria Siga pelo direito de utilizar a fórmula do medicamento que viria a ser desenvolvido.

Posteriormente, PharmAthene enviou a Siga minuta de contrato de licenciamento, observando os termos comerciais indicados no *term sheet*, e incluindo, com relação aos demais elementos, condições padrão de mercado. Siga, por sua vez, devolveu a PharmAthene um documento completamente diferente daquele que lhe fora apresentado, na forma de um contrato de sociedade (*LLC*), com diversas previsões operando-se unilateralmente em favor dela e majorando a contraprestação a que esta faria jus a patamares infinitamente superiores àqueles anteriormente acordados – os dezesseis milhões de dólares inicialmente previstos saltaram para quase trezentos milhões de dólares.

Na decisão em questão, a corte entendeu pela existência de uma obrigação de negociar, que haveria sido violada por Siga, que em determinado momento passou a agir de forma diametralmente oposta àquela que havia sido parametrizada no mencionado *term sheet*. Siga também teria agido sem qualquer consideração pelos termos contratuais que haviam sido fixados no âmbito do *term sheet*. Por conta disso, a ela foi imputado o descumprimento da obrigação, ensejando o pagamento de reparação à outra parte. Pode-se dizer, empregando a teoria antes descrita, que ao agir de tal forma, Siga desviou de termos que as partes haviam delimitado de forma aderente (*sticky*). Por isso, a corte competente entendeu que a companhia teria agido de forma contrária à boa-fé.

Podemos transmutar o precedente acima mencionado para a nossa realidade, assumindo ainda que o *term sheet* em questão tratar-se-ia, na realidade, de contrato preliminar de programação mínima, porém contendo todos os elementos categoriais inderrogáveis a justificar sua existência como tal.

Também aqui, pode-se afirmar que, ao propor um acordo totalmente distinto daquele inicialmente esboçado, apresentando termos absolutamente desequilibrados e valores exorbitantes, a parte ofertante, em que pese em primeira análise oferecer-se para adimplir o contrato, estaria violando os deveres de cooperação e lealdade a que estaria sujeita em função da incidência da boa-fé objetiva sobre aquela relação contratual.

Ainda, nesse caso, a tal descumprimento parece ser possível imputar o caráter de inadimplemento propriamente dito, na medida em que, dado o baixo nível de programação do negócio jurídico em questão, a obrigação subjacente de negociar ocupa quase que a totalidade do interesse da outra parte englobado pela respectiva prestação, ganhando importante proeminência naquela relação específica[491].

No caso acima mencionado, outro interessante aspecto foi a atribuição de perdas e danos às partes. Perdas sofridas e efetivamente comprovadas foram acolhidas no escopo da indenização devida; a expectativa de ganho, conforme ficou consignado na decisão da Suprema Corte, somente seria reparável no caso de a parte lesada comprovar que praticou atos que ocasionaram o sofrimento do dano com base exclusivamente na confiança depositada na conclusão do negócio, o que não ocorreu no caso prático. O tema será retomado quando se tratar dos contornos da indenização pelo descumprimento do contrato preliminar mais adiante[492].

Parece demonstrado, então, que há, na relação jurídica decorrente do contrato preliminar, uma incidência mais intensa da boa-fé objetiva, calcada na necessidade intrínseca de cooperação para que se possa atingir a finalidade visada. Reputa-se, ademais, que tal dever de cooperação concretiza-se no dever de negociar, com fundamento último na boa-fé objetiva.

3.3. Execução específica da obrigação contida no contrato preliminar

Em se tratando de obrigações contratuais, decorrentes da vontade das partes, que optaram voluntária e conscientemente por vincular-se àquela determinada prestação, a mera reparação por perdas e danos, traduzida em compensação pecuniária, muitas vezes pode ser insuficiente para atender à finalidade pretendida pela parte quando da efetiva vinculação[493]. Dessa forma, o ordenamento busca, na medida do possível, assegurar que

[491] HAICAL, Gustavo. O inadimplemento pelo descumprimento exclusivo de dever lateral advindo da boa-fé objetiva, cit., p. 81.

[492] *Vide* item 3.6.1, adiante.

[493] PUGLIATTI, Salvatore. *Esecuzione forzata e diritto sostanziale.* Milano: Giuffrè, 1935. p. 15; NERY JUNIOR, Nelson. Execução específica: emissão de declaração de vontade de um dos contratantes – CPC 466-B e 466-C. *In*: *Soluções práticas de direito.* São Paulo: Revista dos Tribunais, 2014. v. IX. p. 6; ANTUNES VARELA, João de Matos. *Das obrigações em geral,* cit., v. 1, p. 158.

ao credor seja permitido ter acesso a tudo aquilo a que teria direito no âmbito da relação obrigacional[494].

É por isso que se diz que, no campo do inadimplemento das obrigações, a resolução em perdas e danos é exceção, sendo regra a busca pela satisfação da prestação propriamente dita[495]. Tal assertiva pode não ser totalmente verdadeira em outros sistemas[496] mas, à luz do ordenamento brasileiro, é esse o entendimento que deve prevalecer, como será visto a seguir.

Isso, no mais das vezes, se dá por meio da execução, assim considerada o processo judicial por meio do qual se busca conferir eficácia a um preceito jurídico[497]. Para tanto, é necessário que se verifiquem presentes certos pressupostos, a saber, a existência de um título executivo e de seu inadimplemento[498], assim como aqueles pressupostos comuns a todos os provimentos jurisdicionais, a saber, legitimidade, interesse de agir e possibilidade jurídica do pedido[499].

[494] TEPEDINO, Gustavo; KONDER, Carlos Nelson. Qualificação e disciplina do contrato preliminar no Código Civil brasileiro. *In*: BARBOSA, Henrique; SILVA, Jorge Cesa Ferreira da (org.). *A evolução do direito empresarial e obrigacional*: 18 anos do Código Civil. São Paulo: Quartier Latin, 2021. v. 2: Obrigações & contratos. p. 33; SOUZA, Ernani Vieira de. Execução específica da obrigação de emitir declaração de vontade. *In*: *Doutrinas essenciais de processo civil*. São Paulo: Revista dos Tribunais, 2011. v. 8. p. 1. Dinamarco, reforçando o caráter central da satisfação do interesse no processo obrigacional, alerta, todavia, para os limites à execução, por exemplo, a inatingibilidade da pessoa do devedor e a busca pela menor onerosidade (*vide* DINAMARCO, Cândido Rangel. *Instituições de direito processual civil*. 3. ed. São Paulo: Malheiros, 2009. v. IV. p. 60-61). Nesse sentido, Nanni: "se o credor não confiasse no cumprimento, não celebraria o contrato. As obrigações dele nascem, nascem para ser solvidas, sendo a sua satisfação, sem dúvida, o essencial e principal efeito querido pelas partes ao concluírem o pacto" (NANNI, Giovanni Ettore. *Inadimplemento absoluto e resolução contratual*: requisitos e efeitos. 1. ed. em *e-book*, baseada na 1. ed. impressa. São Paulo: Thomson Reuters Brasil, 2021. *E-book*. seç. 1.2).

[495] NERY JUNIOR, Nelson. Execução específica, cit., p. 6.

[496] *Vide*, por exemplo, POSNER, Richard. Let us never blame a contract breaker. *Michigan Law Review*, v. 107, n. 8, p. 1349-1363, 2009.

[497] DINAMARCO, Cândido Rangel. *Instituições de direito processual civil*, cit., p. 34.

[498] DINAMARCO, Cândido Rangel. *Instituições de direito processual civil*, cit., p. 85; ASSIS, Araken de. *Manual da execução*. 5. ed. em *e-book*, baseada na 21. ed. impressa. São Paulo: Thomson Reuters Brasil, 2020. *E-book*. parág. 22.

[499] DINAMARCO, Cândido Rangel. *Instituições de direito processual civil*, cit., p. 86.

Naturalmente, a afirmação de que a execução específica prefere à reparação por perdas e danos observa-se especialmente verdadeira em sede de obrigações de dar, cujo objeto é um bem da vida passível de tradição, inclusive forçada. Nesses casos, a tarefa do adjudicador mostra-se facilitada, porquanto pode este sub-rogar-se na posição do credor, praticando atos visando atingir diretamente os bens do devedor[500].

Mas, também nas obrigações ditas de fazer, como é o caso da obrigação contida no contrato preliminar (qual seja, obrigação de celebrar o contrato definitivo), deve admitir-se a possibilidade de o credor, dentro dos limites previstos no ordenamento, buscar o máximo preenchimento dos efeitos inicialmente buscados.

Com efeito, diante do descumprimento da obrigação por parte do devedor, poderá o credor recorrer a todos os meios juridicamente admissíveis para ver satisfeito seu interesse, por meio da denominada execução específica[501]. É importante destacar que, em havendo descumprimento por parte do devedor, surge em favor do credor verdadeiro direito potestativo, porque é justamente a esse agente que assiste a escolha entre a execução específica do preliminar, ou a conversão da respectiva obrigação em perdas e danos[502], devendo o devedor sujeitar-se à opção do credor.

Traçadas estas breves considerações acerca da execução das obrigações em geral, cumpre analisar quais os recursos de que o credor poderá socorrer-se para ver satisfeitos seus interesses em caso de descumprimento da obrigação contida em contrato preliminar.

Em um primeiro momento temporal, a doutrina encontrava dificuldade em apontar a coercibilidade da obrigação contida no contrato preliminar, justamente porque o cumprimento da prestação devida consistia na manifestação da vontade do contratante[503]. Contudo, com o amadurecimento

[500] DINAMARCO, Cândido Rangel. *Instituições de direito processual civil*, cit., p. 54.

[501] TEPEDINO, Gustavo *et al. Código Civil interpretado conforme a Constituição da República*, cit., p. 700.

[502] DINAMARCO, Cândido Rangel. *Instituições de direito processual civil*, cit., p. 558. Nesse sentido, o artigo 499 do Código de Processo Civil, que estipula expressamente que a obrigação só será convertida em perdas e danos se o autor assim solicitar, não cabendo, portanto, que o juiz efetue tal conversão de ofício, exceto no caso de não vir a ser possível o atingimento do mesmo resultado prático consubstanciado na obrigação por meio da tutela jurisdicional (*vide* NERY JUNIOR, Nelson. Execução específica, cit.).

[503] Por todos, PRATA, Ana. *O contrato-promessa e seu regime civil*, cit., p. 51-52.

das discussões em torno da coercibilidade da vontade, influenciada em grande medida por autores alemães que defendiam a tutela da confiança como forma de satisfação dos interesses creditórios e a insuficiência da tutela reparatória para preencher referidos interesses, a discussão alargou-se e caminhou em direção à admissibilidade de tal tutela[504].

Vimos que, desde a entrada em vigor do Código Civil, a validade do contrato preliminar deixou de ser objeto de controvérsia, e, antes mesmo disso, a doutrina já apontava nesse sentido[505]. Há quem afirme que, em qualquer caso, a admissibilidade da execução específica do contrato preliminar independeria de expressa previsão legal, porquanto seria o único meio de assegurar ao contratante adimplente a integral satisfação de seu interesse[506]. Cumpre então verificar se, diante do seu descumprimento, terá o credor o recurso à execução específica, ou se apenas perdas e danos lhe assistirão.

Como regra geral, tem-se que os agentes não podem ser coagidos à prática de determinados atos, tendo em vista o princípio *nemo cogi potest ad factum praecise*, resultando na impossibilidade de execução específica das obrigações de caráter infungível[507]. Por conseguinte, em análise mais rasteira, seria possível afirmar que, em linha com o referido princípio, não poderia a parte ser forçada a manifestar sua vontade[508], impedindo assim a execução específica do preliminar ou da obrigação de contratar em sentido amplo.

Contudo, como visto antes[509], há que se asseverar que a infungibilidade de que se reveste a obrigação de prestar declaração negocial não é natural, mas apenas jurídica[510]. Em outras palavras, trata-se de infungibilidade

[504] PRATA, Ana. *O contrato-promessa e seu regime civil*, cit., p. 52-55.

[505] *Vide* item 2.1, acima.

[506] BIANCHINI, Luiza Lourenço. *Contrato preliminar*, cit., p. 18.

[507] Não se olvida, aqui, que, não obstante a coercibilidade de atos materiais, pode-se utilizar de meios para coagir, ou constranger, o devedor a cumprir a prestação de fato, como por exemplo a imposição de *astreintes* (*vide* ASSIS, Araken de. *Manual da execução*, cit., parág. 211).

[508] SOUZA, Ernani Vieira de. Execução específica da obrigação de emitir declaração de vontade, cit., p. 4; NERY JUNIOR, Nelson. Execução específica, cit., p. 7; ANTUNES VARELA, João de Matos. *Das obrigações em geral*, cit., v. 1, p. 336.

[509] *Vide* item 2.5, acima.

[510] SANCHES, Sydney. *Execução específica*: das obrigações de contratar e prestar declaração de vontade. São Paulo: Revista dos Tribunais, 1978. p. 49.

apenas aparente, pois a respectiva prestação, em análise mais detida, não é absolutamente insubstituível[511]. Significa dizer, assim, que não se está falando, emprestando o exemplo clássico da doutrina, na impossibilidade de obrigar o renomado pintor a pintar o quadro encomendado, mas na impossibilidade de imposição àquela parte inadimplente da obrigação de comparecer ao ato e manifestar sua vontade nos termos do preliminar.

Portanto, não obstante a impossibilidade de sub-rogação do julgador na posição do devedor inadimplente, para satisfação da prestação, nada impede que o julgador supra a ausência de declaração de vontade por meio de ato paralelo, mas que produza os mesmos efeitos – ou efeitos equivalentes, se assim preferir-se. Os efeitos da decisão em questão serão tratados em maior profundidade mais adiante[512].

Diante da premente necessidade de assegurar ao titular do direito à prestação de declaração de vontade a satisfação de seu interesse[513], o ordenamento acabou por contornar as dificuldades que então se apresentavam, ao tratar especificamente dessa espécie peculiar de obrigação de fazer, que é aquela que impõe a celebração de um contrato ou, em outros termos, a prestação de declaração de vontade[514]. A execução específica do contrato preliminar ou, mais especificamente, da obrigação de emitir declaração

[511] Ao defender a fungibilidade da obrigação consubstanciada no preliminar, Montesano esclarece que a declaração de vontade não é a única fonte de constituição e regulação de deveres jurídicos (*vide* MONTESANO, Luigi. *Contratto preliminare e sentenza costitutiva*. Napoli: Jovene, 1953. p. 15). Díez-Picazo e Gullón, ao passo que também entendem pela possibilidade da execução específica da obrigação consubstanciada no contrato preliminar, o fazem com base em outro fundamento: não há uma divisão absoluta entre o contrato preliminar e o definitivo. Ambos se encontram em uma relação interligada, já conformados em torno dos elementos essenciais, pendente apenas sua execução ou exigência. Por tal motivo, seria admissível a substituição da vontade pelo juiz (DÍEZ-PICAZO, Luis María; GULLÓN, Antonio. *Sistema de derecho civil*. 6. ed. 2. reimpr. Madrid: Tecnos, 1992. v. 2: El contrato en general: la relación obligatoria; contratos en especial; cuasi contratos; enriquecimiento sin causa; responsabilidad extracontractual. p. 75).

[512] *Vide* item 3.4.1.

[513] Neste ponto, Dinamarco esclarece que, sempre, na tutela jurisdicional, o interesse do credor está no resultado, pouco lhe importando os meios pelos quais este foi atingido (*vide* DINAMARCO, Cândido Rangel. *Instituições de direito processual civil*, cit., p. 552).

[514] MARINONI, Luiz Guilherme; ARENHARDT, Sérgio Cruz. *Execução*. 6. ed. São Paulo: Revista dos Tribunais, 2013. p. 192.

de vontade já era encontrada nas Ordenações Afonsinas e Filipinas[515], tendo em Portugal sido transmutada de um regime a outro até o Código atualmente vigente[516].

Em nosso ordenamento positivo corrente, a execução específica da obrigação de declaração negocial encontra respaldo nos artigos 464 do Código Civil[517] e 501 do Código de Processo Civil[518]. Antes disso, o instituto já encontrava guarida no Código de Processo Civil de 1973, revogado em 2015[519].

Em ambos os dispositivos acima mencionados, é possível verificar expresso comando positivo no sentido de que, em face de um descumprimento, o juiz poderá suprir a vontade não declarada, a fim de permitir a integral eficácia do preliminar, ressalvando-se aqueles casos em que houver convenção em contrário ou a natureza da obrigação ali consubstanciada

[515] SANCHES, Sydney. *Execução específica*, cit., p. 3-4; SOUZA, Ernani Vieira de. Execução específica da obrigação de emitir declaração de vontade, cit., p. 2.

[516] A respeito das evoluções na legislação atinente ao contrato preliminar (ou contrato-promessa) em Portugal, *vide* ANTUNES VARELA, João de Matos. *Sobre o contrato-promessa*. 2. ed. Coimbra: Coimbra Editora, 1989.

[517] "Art. 464. Esgotado o prazo, poderá o juiz, a pedido do interessado, suprir a vontade da parte inadimplente, conferindo caráter definitivo ao contrato preliminar, salvo se a isto se opuser a natureza da obrigação."

[518] "Art. 501. Na ação que tenha por objeto a emissão de declaração de vontade, a sentença que julgar procedente o pedido, uma vez transitada em julgado, produzirá todos os efeitos da declaração não emitida." É de se destacar, neste ponto, que, em que pese ser o contrato preliminar o destinatário por essência da obrigação de emitir declaração negocial (nesse sentido, NERY JUNIOR, Nelson. Execução específica, cit., p. 9), esta se aplicaria a qualquer tipo de obrigação de emitir declaração negocial, por exemplo, aquela constante do § 3º do artigo 118 da Lei das Sociedades por Ações, que trata da execução específica de obrigações constantes de acordo de acionistas, que por muitas vezes têm natureza de obrigação de emitir declaração negocial (*vide* ASSIS, Araken de. *Manual da execução*, cit., parág. 242; NERY JUNIOR, Nelson. Execução específica, cit.).

[519] A propósito do tratamento dado ao tema no CPC revogado, Dinamarco tece pesadas críticas à redação do antigo 466-A, a uma, porque o referido dispositivo menciona a *condenação* do devedor quando, ao ver do autor, com o que se concorda, não há condenação, porquanto a decisão em si mesma dá conta do interesse tutelado; e a duas, porque entende que referido dispositivo "não faria a menor falta se fosse extirpado do código, e sua ausência seria uma limpeza" (DINAMARCO, Cândido Rangel. *Instituições de direito processual civil*, cit., p. 560).

assim não permitir[520]. Tal regramento parece suficiente para afastar possíveis questionamentos acerca da admissibilidade de execução específica da obrigação de declaração negocial. Superada essa questão, é necessário averiguar, de forma detida, quais seriam os requisitos e obstáculos para que seja possível a via da execução específica.

O primeiro requisito para que seja possível a execução específica do preliminar é, naturalmente, que haja mora por parte do devedor[521]. Se não há mora, ainda se está na fase de cumprimento propriamente dito, em que não há interesse no recurso à tutela jurisdicional. Além disso, havendo mora, é fundamental que ainda se encontre mantido o interesse útil do credor na prestação consistente na formação do contrato definitivo. Senão, haverá inadimplemento absoluto[522], sujeito a consequências distintas que não a execução específica, como será visto adiante. Com efeito, se ainda subsiste interesse do credor, e não se tratando de hipótese de impossibilidade absoluta da prestação, o descumprimento naquele momento temporal não pode reputar-se definitivo, sendo facultado ao credor buscar o cumprimento da obrigação[523].

[520] No mesmo sentido é a orientação do Código Civil português (*vide* DELGADO, Abel Pereira. *Do contrato-promessa,* cit., p. 328). Também o *Codice Civile Italiano,* em seu artigo 2932, coloca como requisitos da execução específica a possibilidade da execução específica (*sia possible*) e a inexistência de cláusula em sentido contrário (*non sia escluso dal titolo*). O referido dispositivo do *Codice* prevê ainda um requisito adicional, qual seja, o de que a parte requerente não tenha, ela própria, também descumprido seus deveres, ou não se encontre em mora. Nesse ponto, Fernando de Gravato Morais também questiona sobre a exceção do contrato não cumprido como um óbice à execução específica do contrato preliminar (MORAIS, Fernando de Gravato. *Contrato-promessa em geral, contratos-promessa em especial,* cit., p. 142-143). Por aqui, pode-se crer que o mesmo preceito se encontre abarcado nos artigos 349 e 476 do Código Civil.

[521] MORAIS, Fernando de Gravato. *Contrato-promessa em geral, contratos-promessa em especial,* cit., p. 110.

[522] Sobre a conversão da mora e inadimplemento, ver ZANETTI, Cristiano de Sousa. A transformação da mora em inadimplemento absoluto. *Revista dos Tribunais,* v. 942, 2014.

[523] SANCHES, Sydney. *Execução específica,* cit., p. 52. O autor assevera, ainda, que a impossibilidade tem que ser superveniente, ou seja, causada por fato posterior à conclusão do preliminar, pois, do contrário, estar-se-á diante de caso de nulidade do negócio jurídico. Essa é também a posição dominante na doutrina portuguesa (por todos, MORAIS, Fernando de Gravato. *Contrato-promessa em geral, contratos-promessa em especial,* cit., p. 109).

Além disso, do artigo 463 do Código Civil[524] depreende-se que o segundo requisito para a execução específica do contrato preliminar é que não haja convenção em sentido contrário[525]. Do dispositivo em questão infere-se que, havendo cláusula de arrependimento, será obstada a execução específica. Naturalmente, se a uma das partes for permitido retratar-se da obrigação entabulada, não há que se falar em cumprimento forçado, porquanto, em vez de deixar chegar ao ponto de incorrer em mora, poderá a parte simplesmente retratar-se da obrigação assumida[526]. Há que se ressaltar, aqui, que às partes seria também lícito excluir expressamente a possibilidade de execução específica, sem, contudo, atribuir a qualquer dos contratantes direito de arrependimento[527]. Nesse caso, também, ficaria impossibilitado o recurso ao cumprimento forçado, resguardando-se o direito à aplicação de penalidades moratórias e à resolução em perdas e danos em caso de inadimplemento.

Por consequência, conclui-se que, se apenas a cláusula de arrependimento ou a cláusula que a excluir expressamente obstam a execução específica, o contrato preliminar reputa-se irrevogável e irretratável, vinculando plenamente as partes ao seu cumprimento, salvo disposição em sentido contrário[528]. Deve-se avaliar, portanto, se tal previsão em sentido contrário – a cláusula de arrependimento – deve ser expressa e específica, ou se previsão tácita ou implícita também teria o condão de obstar o cumprimento forçado do preliminar.

[524] "Art. 463. Concluído o contrato preliminar, com observância do disposto no artigo antecedente, e desde que dele não conste cláusula de arrependimento, qualquer das partes terá o direito de exigir a celebração do definitivo, assinando prazo à outra para que o efetive."

[525] Regra semelhante pode ser encontrada no *Codice* italiano, cf. GIUSTI, Alberto; PALADINI, Mauro. *Il contratto preliminare*, cit., p. 13.

[526] Nesse ponto, Ana Prata fala em contrato-promessa *precário*, assim entendido aquele que comporta arrependimento, em contraposição ao preliminar *firme* (PRATA, Ana. *O contrato-promessa e seu regime civil*, cit., p. 96-108). Assim, nada impede que as partes pactuem direito de arrependimento mas, em não o fazendo, e não sendo a obrigação naturalmente contrária, caberá a tutela de cumprimento forçado.

[527] MARINONI, Luiz Guilherme; ARENHARDT, Sérgio Cruz. *Execução*, cit., p. 202.

[528] Vale dizer que, em havendo cláusula de exclusão somente da execução específica, o contrato deverá da mesma forma reputar-se irrevogável e irretratável, porém o único remédio que assistirá ao credor adimplente diante do inadimplemento será a resolução em perdas e danos, da qual se tratará adiante.

Em Portugal, por exemplo, a entrega de sinal contra a celebração do contrato preliminar ou a fixação de cláusula penal são entendidas como prefixação de perdas e danos, implicando presunção de que o contrato comporta direito de arrependimento[529]. Em outras palavras, aos olhos do direito português, ao prever o pagamento de sinal – com consequente perda do seu valor ou obrigação de devolver em dobro, a depender de quem for a parte culpada, em caso de inadimplemento – ou ao fixar cláusula penal, as partes teriam implicitamente alocado o risco do não cumprimento, acordando que tais penalidades seriam suficientes para reparar as perdas decorrentes da não concretização da contratação definitiva. Assume-se então a existência de opção entre cumprir ou pagar.

O direito brasileiro, ao contrário do que se passa em Portugal, não faz vinculação direta entre o contrato preliminar e o regime das arras. Além disso, o artigo 419 do Código Civil[530] é no sentido oposto ao do diploma lusitano: assiste à parte credora o direito de pleitear a execução específica do contrato, independentemente de ter havido entrega de valores a título de sinal. Pode-se concluir, portanto, que no direito brasileiro o sinal não deve ser entendido como renúncia implícita ao direito de exigir cumprimento específico do contrato preliminar (ou de qualquer contrato, diga-se de passagem).

Passemos então à cláusula penal. A doutrina ensina[531] que esta possui dupla função, a saber, a de reparação pelas perdas e danos incorridos pelo credor e a de coação da parte devedora ao cumprimento da obrigação pactuada. Tem-se, ademais, que a cláusula penal pode ser compensatória, quando se destina à reparação dos danos incorridos pelo credor cuja

529 DELGADO, Abel Pereira. *Do contrato-promessa,* cit., p. 313; MORAIS, Fernando de Gravato. *Contrato-promessa em geral, contratos-promessa em especial*, cit., p. 113; ALMEIDA COSTA, Mario Julio de. *Contrato-promessa*: uma síntese do regime actual. 3. ed. Coimbra: Almedina, 1994. p. 49. Vale ressaltar, contudo, que tal presunção é de natureza *iuris tantum*, admitindo prova em contrário.

530 *Verbis*: “Art. 419. A parte inocente pode pedir indenização suplementar, se provar maior prejuízo, valendo as arras como taxa mínima. Pode, também, a parte inocente exigir a execução do contrato, com as perdas e danos, valendo as arras como o mínimo da indenização”.

531 TEPEDINO, Gustavo *et al. Código Civil interpretado conforme a Constituição da República*, cit., p. 750; ALMEIDA COSTA, Mario Julio de. *Direito das obrigações*, cit., p. 703; PEREIRA, Caio Mário da Silva. *Instituições de direito civil.* 30. ed. Rio de Janeiro: Forense, 2017. v. I: Introdução ao direito civil; teoria geral do direito civil, p. 155.

pretensão não foi atendida, ou moratória, quando objetiva punição pelo atraso no cumprimento de determinada prestação[532]. Ainda, em havendo sido fixada cláusula penal compensatória, não poderá o credor cumular sua aplicação com outra cominação indenizatória, exceto havendo convenção expressa nesse sentido[533].

Não obstante, mesmo nos casos em que a cláusula penal tenha natureza compensatória, presumindo-se como acordo apriorístico das partes em relação ao *quantum* indenizatório em caso de inadimplemento da obrigação, o Código Civil trata, também aqui, de trazer a solução para o conflito que se poderia vislumbrar entre sua aplicação e a execução específica. Com efeito, o artigo 410 concede ao credor, de forma expressa, a faculdade de exigir a satisfação da obrigação em detrimento da sua conversão em perdas e danos, representadas pela cláusula penal, se assim lhe convier. Outrossim, em se tratando de cláusula penal moratória, o artigo 411 do Código Civil vai além, dispondo que sua aplicação não apenas não exclui a execução específica, como pode ser com esta cumulada.

Assim, parece possível afirmar que, no contexto brasileiro, o sinal ou a fixação de cláusula penal não podem, *prima facie*, ser entendidas como renúncia tácita ao direito de execução específica do contrato preliminar. Pelo contrário, sua simples aposição em princípio não exclui a possibilidade de o credor exigir o cumprimento da prestação.

Portanto, nos casos em que a cláusula de arrependimento não for expressa, o caminho para uma solução parece ser o da casuística. Em cada caso, deverá ser analisado o conteúdo da declaração negocial, a fim de, por meio do exame da vontade das partes, determinar se, naquela situação específica, pode-se entender que os agentes, de alguma forma, intentaram contratar a exclusão da execução específica[534]. Caso não se

[532] TEPEDINO, Gustavo *et al. Código Civil interpretado conforme a Constituição da República*, cit., p. 753.

[533] PEREIRA, Caio Mário da Silva. *Instituições de direito civil*, cit., v. I, p. 159; TEPEDINO, Gustavo *et al. Código Civil interpretado conforme a Constituição da República*, cit., p. 754. Nesse sentido, ainda, o artigo 416, parágrafo único, do Código Civil, que assim dispõe: "Ainda que o prejuízo exceda ao previsto na cláusula penal, não pode o credor exigir indenização suplementar se assim não foi convencionado. Se o tiver sido, a pena vale como mínimo da indenização, competindo ao credor provar o prejuízo excedente".

[534] Um exemplo seria o da inclusão, no contrato, das chamadas condições precedentes, cláusulas bastante comuns em negócios empresariais que muito se aproximam – ou, para

verifique tal avença, a regra será pela irretratabilidade do contrato preliminar, implicando, por consequência, a possibilidade de cumprimento específico.

Por fim, o terceiro requisito para execução específica do contrato preliminar encontrado no ordenamento é que tal execução não seja manifestamente contrária à natureza da obrigação. Como vimos, a infungibilidade da prestação consubstanciada no contrato preliminar é apenas aparente, podendo o juiz suprir a ausência de declaração de vontade. Superado esse ponto, quais seriam os casos em que a natureza da obrigação obstaria a execução específica?

O que parece fazer mais sentido, aqui, é que o requisito de possibilidade de execução relacionada à sua natureza não seja aferido sobre a obrigação de declaração de vontade em si, mas sim em relação à obrigação que esta originará – a saber, aquela que constará do contrato definitivo. Seguindo nessa linha, é preciso examinar quais seriam esses casos.

Almeida Costa aponta para dois grandes grupos de contratos preliminares cuja execução específica não seria admitida: o primeiro, o dos contratos que "pela índole da prestação prometida e o carácter dos interesses em jogo não se concilie razoavelmente com a realização coactiva", e um segundo, daqueles contratos cuja formação não pode operar-se apenas por meio da sentença que substitui a manifestação de vontade do devedor. Neste segundo grupo, o autor se refere especialmente àquelas avenças que se inserem na tradicional categoria dos contratos reais, os quais encontram na tradição da coisa um requisito adicional de formação, como é o caso do penhor, do comodato e do mútuo[535]. Massimo Bianca, por sua vez, afirma que não podem ser objeto do contrato preliminar aqueles arranjos contratuais "que por sua função exijam uma liberdade de decisão atual do

alguns, se confundem – com a condição suspensiva. Em primeira análise, seria possível aferir que seu não implemento obstaria a execução específica do contrato preliminar (nesse sentido, MORAIS, Fernando de Gravato. *Contrato-promessa em geral, contratos-promessa em especial*, cit., p. 121). Contudo, nada impediria que a parte credora renunciasse ao direito de exigir a superação de tal condição, passando direto à exigência da prestação em si, hipótese na qual, diante do seu não cumprimento, seria possível a execução específica. Esse é apenas um dos muitos exemplos que pode cogitar-se acerca do tema, dentre infindáveis outros. O tema da interpretação do preliminar será tratado de forma mais detida adiante (*vide* item 3.5).

535 ALMEIDA COSTA, Mario Julio de. *Contrato-promessa*, cit., p. 52-54.

sujeito"[536]. Tepedino e Konder acrescentam, ainda, como obrigações que não comportam execução específica em função de sua natureza aquelas que dependem da anuência de terceiros (por exemplo, a outorga uxória)[537].

Não se tem neste trabalho a pretensão de perfazer uma análise detida sobre todas as modalidades possíveis nas quais o contrato definitivo poderia ser investido, que são praticamente infinitas. Na realidade, fica a impressão de que a verificação da compatibilidade de determinado contrato preliminar com a execução específica com base na *índole da prestação* e o *carácter dos interesses* ou, ainda, da *libertà di decisione attuale del soggetto* dependeria de análise casuística.

Uma das principais divergências encontradas na doutrina refere-se à possibilidade de promessa de doação e, em se admitindo tal modalidade de contrato preliminar, a possibilidade da sua execução específica[538]. Assim, discorrer-se-á brevemente sobre o tema, antes de prosseguir à análise do segundo grupo antes destacado.

O argumento central daqueles que recusam a admissibilidade da promessa de doação é justamente o fato de que a doação, em função de sua natureza gratuita, tem por basilar a liberalidade do doador[539]. Em assim sendo, não poderia, em princípio, o promissário-donatário, no contexto de um preliminar de doação, exigir do promitente-doador o seu cumpri-

[536] Tradução livre. No original: "La validità dell'impegno preliminare è esclusa solo rispetto a quei negozi che per la loro funzione esigono uma libertà di decisione attuale del soggeto, come i negozi familiari, il testamento, la donazione". BIANCA, C. Massimo. *Diritto civile*, cit., p. 182.

[537] TEPEDINO, Gustavo; KONDER, Carlos Nelson. Qualificação e disciplina do contrato preliminar no Código Civil brasileiro, cit., p. 34.

[538] Pela inadmissibilidade, PEREIRA, Caio Mário da Silva. *Instituições de direito civil*. 22. ed. Rio de Janeiro: Forense. 2018. v. III: Contratos. p. 279; MORAIS, Fernando de Gravato. *Contrato-promessa em geral, contratos-promessa em especial*, cit., p. 118. Pela admissibilidade, FERNANDES, Wanderley; OLIVEIRA, Jonathan Mendes. Contrato preliminar: segurança de contratar. *In*: *Contratos empresariais*: fundamentos e princípios dos contratos empresariais. São Paulo: Saraiva: FGV, 2009. p. 307; MESSINEO, Francesco. *Dottrina generale del contratto*. 2. ed. Milano: Giuffré, 1946. p. 169; GOMES, Orlando. *Contratos*. 26. ed. Rio de Janeiro: Forense, 2007. p. 163; NERY JUNIOR, Nelson. Contrato preliminar de doação e previsão de atribuições gratuitas futuras. *In*: *Soluções práticas de direito*. São Paulo: Revista dos Tribunais, 2014. v. VII: Contratos e obrigações, direitos reais e direito das sucessões.

[539] TEPEDINO, Gustavo; KONDER, Carlos Nelson. Qualificação e disciplina do contrato preliminar no Código Civil brasileiro, cit., p. 34.

mento – a saber, a conclusão do contrato de doação propriamente dito. Para estes, o contrato preliminar de doação, senão inválido, seria inexigível e, portanto, inócuo.

Por outro lado, há quem sustente, com razão, que a celebração do contrato preliminar de doação gera no futuro donatário expectativa mais que legítima, pois decorre de contrato propriamente dito, de natureza vinculante, podendo levar à prática de atos baseados nessa confiança, razão pela qual poderia ser lesivo atribuir invalidade ou mesmo retratabilidade ao contrato preliminar de doação, especialmente quando o promissário-donatário tenha efetivamente praticado atos subsequentes confiando na conclusão do definitivo de doação. Aqui, novamente, recorre-se à ideia de segurança de contratar exposta por Fernandes e Oliveira[540].

Já no que se refere à impossibilidade de execução específica de preliminares tendo por objeto contratos definitivos classificados no grupo dos contratos reais, é de se notar que, admitindo a classificação dos contratos entre consensuais e reais, de fato nestes a sentença por si só não seria suficiente para promover a formação do contrato, restando ainda pendente a tradição da coisa[541]. Não se olvida, contudo, que na disciplina dos contratos reais é indispensável a existência de consentimento, sendo a tradição um requisito adicional para sua formação[542].

Se se admitir que os contratos reais somente se aperfeiçoam com a tradição, na ausência desta tem-se que a declaração de vontade valerá como promessa de contrato[543] – como, por exemplo, promessa de mútuo ou promessa de penhor. Se for esse mesmo o caso, a execução específica da obrigação de contratar não consistiria na prestação de declaração negocial, mas na obrigação de entregar coisa certa, que, como vimos, não encontra vedação no ordenamento.

Vale destacar, ainda, que, por mais que essa classificação – entre contratos reais em oposição aos consensuais – pareça ter sido acolhida pelo Código Civil, há quem recuse tal distinção, trazendo o ato de tradição

540 FERNANDES, Wanderley; OLIVEIRA, Jonathan Mendes. Contrato preliminar, cit.

541 PEREIRA, Caio Mário da Silva. *Instituições de direito civil*, cit., v. III, p. 87; GOMES, Orlando. *Contratos*, cit., p. 37.

542 PEREIRA, Caio Mário da Silva. *Instituições de direito civil*, cit., v. III, p. 89.

543 PEREIRA, Caio Mário da Silva. *Instituições de direito civil*, cit., v. III, p. 89; DINIZ, Maria Helena. *Curso de direito civil brasileiro*, cit., v. 3, p. 112.

para o momento da execução – e não da formação – desses contratos[544]. Em se admitindo tal posição, naturalmente não haveria óbice à sentença que substitui a declaração de vontade também nestes casos.

Por fim, a possibilidade de execução forçada do contrato preliminar depende sempre de uma análise conforme a boa-fé objetiva. Significa dizer que, mesmo em situações nas quais, *a priori*, não haja contrariedade entre a natureza da obrigação e a referida execução, esta pode ser obstada pelos ditames da boa-fé. Da mesma forma, a boa-fé, agindo como critério interpretativo, pode ajudar a verificar se, ao celebrar o contrato, as partes pretenderam reforçar o direito à execução forçada ou, de outro modo, afastá-lo.

Superados os pontos há pouco descritos, em relação à impossibilidade de execução específica do contrato preliminar em função da natureza da obrigação parecem restar essencialmente aqueles casos nos quais a obrigação contida no contrato definitivo, por essência, também não seja passível de execução específica. De forma genérica, está-se a tratar das prestações infungíveis de fazer e, no caso das infungíveis de dar, aquelas cujo objeto se tenha deteriorado e não possa ser substituído. É nesses casos que deveria haver óbice à execução específica.

Presentes os requisitos antes mencionados, o juiz determinará a execução específica do contrato preliminar. Para tanto, será proferida uma decisão que suprirá a ausência da manifestação de vontade que seria esperada do devedor, para todos os fins e efeitos. É o que será visto em maiores detalhes adiante.

3.3.1. Características e efeitos da sentença que substitui a declaração de vontade

Foi visto que, em face da mora de uma das partes, é facultado à outra buscar, em juízo, a execução específica da prestação em questão. Contudo, sabe-se que a obrigação contida no contrato preliminar é classificada como obrigação de fazer e que, via de regra, as obrigações de fazer, sobretudo aquelas de natureza infungível, não são passíveis de execução específica. Não obstante tal fato, o ordenamento expressamente reconhece a possibilidade de, especificamente no caso de inadimplemento das obrigações de prestar declaração de vontade, entre as quais se encontra o contrato

[544] Por todos, DINIZ, Maria Helena. *Curso de direito civil brasileiro*, cit., v. 3, p. 112.

preliminar[545], ser judicialmente suprida a falta de cumprimento. Tal permissão encontra fundamento, além dos expressos dispositivos nesse sentido, na infungibilidade meramente aparente da prestação de declaração negocial, na necessidade de proteção do interesse útil contido na contratação preliminar. Há, inclusive, quem questione a natureza executiva da tutela judicial do contrato preliminar (e da obrigação de emitir declaração de vontade em geral)[546].

Então, em que pese poder a decisão judicial suprir a declaração de vontade não manifestada, ao julgador não seria possível obrigar o devedor à prática de atos de caráter personalíssimo visando ao cumprimento do contrato, como se engajar em negociações com o credor ou ele próprio manifestar a declaração de vontade, tampouco coagir tal devedor a fazê-lo. Mas não é esse o caso, porquanto a execução específica do contrato preliminar não significa que o adjudicador obrigará o devedor a celebrar o contrato[547], mas sim que aquele proferirá decisão substitutiva da vontade não declarada[548].

Assim, o suprimento da ausência de cumprimento se dará por meio de uma decisão judicial que *produzirá todos os efeitos* da vontade que seria manifestada pelo devedor, empregando a terminologia adotada pelo Código de Processo Civil ou, ainda, conforme o ditame do Código Civil, o juiz deverá *suprir a vontade* da parte inadimplente. Não será tal sentença

[545] É digno de nota, contudo, que não somente do inadimplemento do contrato preliminar trata o dispositivo do Código de Processo Civil em comento. Na realidade, a tutela se aplica a qualquer situação em que é devida declaração de vontade. A título exemplificativo, aquele que adimple a obrigação em seu tempo modo e lugar corretos pode valer-se da tutela em questão para obter a quitação, nos termos do artigo 319 do Código Civil, caso o *alter* não a entregue (*vide* MARINONI, Luiz Guilherme; ARENHARDT, Sérgio Cruz. *Execução*, cit., p. 191).

[546] DINAMARCO, Cândido Rangel. *Instituições de direito processual civil*, cit., p. 560; ASSIS, Araken de. *Manual da execução*, cit., parág. 243.

[547] DELGADO, Abel Pereira. *Do contrato-promessa*, cit., p. 329; MORAIS, Fernando de Gravato. *Contrato-promessa em geral, contratos-promessa em especial*, cit., p. 105; SOUZA, Ernani Vieira de. Execução específica da obrigação de emitir declaração de vontade, cit., p. 4.

[548] A esse respeito, Humberto Theodoro Júnior assevera que "o devedor não tem nenhuma obrigação de prestar e de não prestar", na medida em que o Estado, por meio da decisão judicial, pratica ato com os mesmos efeitos que teria a declaração de vontade, caso emitida (*vide* THEODORO JÚNIOR, Humberto. *Código de Processo Civil anotado*. 17. ed. Rio de Janeiro: Forense, 2013. p. 534).

uma declaração de vontade em si mesma, mas consistirá em decisão que produzirá os mesmos efeitos daquela[549]. É por isso que Tomasetti aponta que, quando a jurisdição recai sobre o contrato preliminar, o binômio preliminar-definitivo dá lugar a uma tricotomia, que engloba preliminar, definitivo e sentença[550]. Nesse contexto, o preliminar é o *elemento constante* e os outros dois apresentam-se como atores *alternativos* de tal relação tridimensional[551].

O que se obtém com a execução específica do contrato preliminar, portanto, não é a prestação contida no contrato pretendido (o definitivo), mas antes os efeitos que seriam obtidos com a declaração de vontade que deveria ter sido manifestada como ato de cumprimento do contrato preliminar[552]. Há de se salientar, ainda, que, ao proferir a decisão em questão, o adjudicador não age na qualidade de representante do devedor ou em nome deste, mas tão somente a decisão produz efeitos análogos àqueles que da vontade declarada decorreriam[553].

Por essa razão, diz-se que a decisão que substitui a declaração de vontade acaba por sanar (ou *contornar*[554]) a aparente infungibilidade da prestação pois, em que pese não se tratar do mesmo ato, tem o condão de produzir os mesmos efeitos, para os mesmos fins[555].

[549] TOMASETTI JR., Alcides. *Execução do contrato preliminar*, cit., p. 39; SOUZA, Ernani Vieira de. Execução específica da obrigação de emitir declaração de vontade, cit., p. 4.

[550] TOMASETTI JR., Alcides. *Execução do contrato preliminar*, cit., p. 41.

[551] TOMASETTI JR., Alcides. *Execução do contrato preliminar*, cit., p. 41.

[552] MORAIS, Fernando de Gravato. *Contrato-promessa em geral, contratos-promessa em especial*, cit., p. 127; MESSINEO, Francesco. *Dottrina generale del contratto*, cit., p. 174; TEIXEIRA, Tarcísio. Contrato preliminar empresarial, cit., p. 719; GIUSTI, Alberto; PALADINI, Mauro. *Il contratto preliminare*, cit., p. 39. Nelson Nery Jr. fala em uma "equiparação de efeitos" (*vide* NERY JUNIOR, Nelson. Execução específica, cit., p. 9).

[553] NERY JUNIOR, Nelson. Execução específica, cit., p. 9.

[554] A expressão é de Marinoni e Arenhardt (*vide* MARINONI, Luiz Guilherme; ARENHARDT, Sérgio Cruz. *Execução*, cit., p. 192). Wambier e Talamini falam em "consecução do mesmo resultado [...] através de outro caminho" (*vide* WAMBIER, Luiz Rodrigues; TALAMINI, Eduardo. *Curso avançado de processo civil*: execução. 15. ed. São Paulo: Revista dos Tribunais, 2015. v. II. p. 454).

[555] Díez-Picazo e Gullón descrevem como, no contexto espanhol, a migração de uma negação à figura do contrato preliminar para sua admissão fez com que as partes enxergassem a possibilidade de substituição da vontade não declarada pela vontade do juiz (*vide* DÍEZ-PICAZO, Luis María; GULLÓN, Antonio. *Sistema de derecho civil*, cit., p. 75).

A decisão proferida no contexto do adimplemento forçado do preliminar tem o efeito de constituição do contrato definitivo[556], sem necessidade de celebração de qualquer outro contrato ou a prática de atos adicionais[557]. Por isso diz-se que a sentença que determina a execução específica do contrato preliminar tem natureza constitutiva[558].

É de se destacar, contudo, que, em se tratando de contratos cujos efeitos pretendidos naturalmente dependam da prática de atos subsequentes, como a inscrição no fólio real, no caso de contratos constitutivos de direitos reais sobre bens imóveis, ou do registro da transferência nos respectivos livros societários, no caso de compra e venda de ações, a prática de tais atos não ficaria dispensada, mas o credor poderia valer-se da decisão judicial para tanto[559].

Tal aspecto não implica, necessariamente, que a sentença já mande o cumprimento dos atos decorrentes do contrato formado pelo devedor. No caso da quitação de que se tratou anteriormente, por exemplo, a sentença que substitui vontade não declarada pelo réu já é suficiente para satisfazer os interesses do credor, a saber, a obtenção de prova do adimplemento. Por outro lado, a sentença que determina a formação da escritura de compra e venda não necessariamente contém mandado de imissão do adquirente na posse do imóvel; a sentença que forma o contrato de compra e venda de coisa móvel não necessariamente contém o mandado de busca e apreensão, e assim por diante. Isso não significa, de toda sorte, que o juiz não possa fazê-lo mediante requerimento da parte credora.

[556] MORAIS, Fernando de Gravato. *Contrato-promessa em geral, contratos-promessa em especial*, cit., p. 128.

[557] SANCHES, Sydney. *Execução específica*, cit., p. 52; MARINONI, Luiz Guilherme; ARENHARDT, Sérgio Cruz. *Execução*, cit.

[558] WAMBIER, Luiz Rodrigues; TALAMINI, Eduardo. *Curso avançado de processo civil*, cit., p. 455; PEREIRA, Caio Mário da Silva. *Instituições de direito civil*, cit., v. III, p. 116; DINAMARCO, Cândido Rangel. *Instituições de direito processual civil*, cit., p. 560. No mesmo sentido, em Portugal, ALMEIDA COSTA, Mario Julio de. *Direito das obrigações*, cit., p. 466. Digno de nota, ainda, o posicionamento de Araken de Assis, que não verifica na decisão em comento os elementos para enquadramento em qualquer das categorias tradicionalmente assinaladas pela doutrina, pelo que o autor entende por classificar a referida decisão como *sentença executiva* (ASSIS, Araken de. *Manual da execução*, cit., parág. 243.1).

[559] WAMBIER, Luiz Rodrigues; TALAMINI, Eduardo. *Curso avançado de processo civil*, cit., p. 454; ANTUNES VARELA, João de Matos. *Das obrigações em geral*, cit., v. 1, p. 338; ASSIS, Araken de. *Manual da execução*, cit., parág. 245.

É digna de nota, ainda, posição no sentido de que da decisão que determina a execução específica do contrato preliminar decorre não a formação de novo negócio jurídico na acepção, mas sim a conversão do contrato preliminar em definitivo, com consequente imposição da sua imediata eficácia, porquanto o definitivo de certo modo já se encontraria inserto no preliminar[560].

A visão ora relatada é por vezes simplificada, e pode acabar por não capturar determinadas minúcias da circunstância. Tal assertiva seria bastante precisa se seu campo de incidência se limitasse aos contratos preliminares de programação máxima, que, como se viu, contêm em seu bojo todos – ou praticamente todos – os elementos do contrato definitivo. Porém, em se tratando de preliminares de programação média ou mínima, os contornos podem ser mais complexos, como se verá mais adiante[561].

Por outro lado, parece de exagerado rigor entender que, uma vez passada em julgado a decisão que implique a substituição da vontade não declarada pelo devedor em sede de contrato definitivo, deva o credor, diante do não cumprimento voluntário da prestação pelo devedor, valer-se de uma segunda tutela jurisdicional, agora para pleitear o devido cumprimento do definitivo.

Na realidade, se atendo à noção de que o contrato preliminar e, por conseguinte, o definitivo são dotados de dupla causalidade, pode-se concluir que a sentença que cria o contrato definitivo não tem por objetivo único a formação de um negócio jurídico, mas também a obtenção, por meio deste, dos efeitos ali consubstanciados.

Admitir que a decisão que determina a execução do preliminar dependeria de uma segunda tutela jurisdicional para produzir seus efeitos propriamente ditos implicaria ineficiência injustificada. É por conta disso que há quem defenda que a sentença que coloca em vigor o contrato definitivo indiretamente condena o devedor à prestação ali contida, por exemplo, a entrega da coisa no caso da compra e venda[562]. Ressalta-se,

560 GOMES, Orlando. *Contratos*, cit., p. 162; TEIXEIRA, Tarcísio. Contrato preliminar empresarial, cit., p. 720.

561 *Vide* item 3.5.

562 MORAIS, Fernando de Gravato. *Contrato-promessa em geral, contratos-promessa em especial*, cit., p. 129. Nesse sentido, ressalta-se que a visão aqui exposta consiste na descrição teórica e abstrata que o autor reputa mais apropriada à situação jurídica em questão. Isso não implica, por exemplo, a invalidade de decisão que, ao deferir a execução específica do

contudo, que tal caractere dependeria de requerimento específico do demandante. Do contrário, o efeito primordial da sentença seria apenas o de substituir a vontade não declarada, devendo o inadimplemento do contrato definitivo formado a partir da decisão que supre a vontade não declarada reger-se pelas regras normais do adimplemento dos contratos.

3.4. Interpretação e integração do contrato preliminar

Como se viu, nas relações contratuais em geral a regra e a expectativa são que, após sua celebração, os deveres e obrigações sejam devida, tempestiva e voluntariamente atendidos pelas partes, de modo a conduzi-las ao adimplemento do contrato. Todavia, há situações nas quais pode uma das partes deixar de cumprir a obrigação, ou cumpri-la de forma defeituosa, hipótese na qual a parte adimplente poderá valer-se da tutela judicial para resolver o contrato em perdas e danos ou exigir seu cumprimento forçado (ou, em determinados casos, a execução pelo equivalente pecuniário).

Viu-se, ainda, que, na hipótese de inadimplemento do contrato preliminar, o juiz, mediante requisição da parte credora, poderá emitir decisão que supre a vontade não declarada pela outra parte, implementando, por via desta, o adimplemento do contrato preliminar e o consequente ingresso do contrato definitivo dali decorrente no ordenamento jurídico.

Há situações, por exemplo, aquelas envolvendo o contrato preliminar de programação máxima, em que o programa contratual definitivo já se encontra integralmente delineado de antemão, pendendo apenas o ato devido consistente em sua conclusão. Nesses casos, a tarefa do julgador mostra-se simplificada, porquanto a decisão simplesmente conferirá existência (como negócio jurídico), validade e eficácia (observada a pendência de eventual condição) àquele programa contratual já predeterminado.

Há, contudo, hipóteses nas quais, instado a se pronunciar, o intérprete se depara com declaração de vontade imperfeita ou incompleta, eivada de lacunas, contradições ou obscuridades[563]. Nesses casos, dever-se-á, antes

contrato preliminar, tão somente determine a produção dos efeitos práticos que decorreriam do definitivo. Ainda que formalmente a decisão se refira somente à etapa final, reputa-se que o exercício mental e jurídico terá sempre sido percorrido. O entendimento contrário consistiria em vitória da forma sobre o conteúdo, o que não se reputa benéfico ao bom andamento das relações jurídicas de direito privado.

[563] MARINO, Francisco Paulo de Crescenzo. *Interpretação do negócio jurídico*, cit., p. 160.

de decidir, interpretar o negócio jurídico e, conforme o caso, integrá-lo, de modo a permitir sua completa incidência. Para tal fim, há que se examinar as regras atinentes à interpretação e integração dos negócios jurídicos e, mais especificamente, dos contratos, para aferir como estas incidem sobre a modalidade contratual de que aqui se trata.

Por motivos de pertinência temática, a análise focará a interpretação e a integração do contrato preliminar no âmbito das relações civis paritárias, razão pela qual não se tratará, de forma detida, por exemplo, da interpretação dos negócios *mortis causa*[564] ou da interpretação dos negócios celebrados no microssistema das relações de consumo[565].

3.4.1. Interpretação dos negócios jurídicos

Diversos significados podem ser atribuídos ao conceito de interpretação, porquanto na vida em sociedade todos interpretam signos e mensagens, buscando extrair seu sentido, para as mais diversas finalidades. É por isso que há quem divida o processo interpretativo em três categorias[566]: uma cognoscitiva, a qual consiste na simples extração do sentido de uma declaração (por exemplo, a leitura de um romance); outra reprodutiva, tendo por finalidade a retransmissão de determinada mensagem (por exemplo, a tradução de um texto de um idioma ao outro); e, ainda, uma terceira modalidade, dita normativa, da qual se cuidará aqui, por ser nela que se enquadra a interpretação jurídica (mas não apenas ela como também, por exemplo, a interpretação teológica dos dogmas de determinada crença para prescrição dos comportamentos pertinentes).

A interpretação jurídica consiste na extração do sentido de determinada proposição jurídica, de modo a conformá-la à realidade, à situação de fato[567]. É a atuação humana dirigida à reconstrução do significado de certo

[564] Sobre esse tema, ver, por exemplo, MARINO, Francisco Paulo de Crescenzo. *Interpretação do negócio jurídico*, cit., p. 192-195; BETTI, Emilio. *Interpretação da lei e dos atos jurídicos*, cit., p. 393-400.

[565] Ver, por exemplo, MARINO, Francisco Paulo de Crescenzo. *Interpretação do negócio jurídico*, cit., p. 274-306.

[566] A tripartição do processo interpretativo é trazida por Custódio Miranda (MIRANDA, Custódio da Piedade Ubaldino. *Interpretação e integração dos negócios jurídicos*. São Paulo: Revista dos Tribunais, 1989. p. 89-90).

[567] LARENZ, Karl. *Metodologia da ciência do direito*, cit., p. 439.

conjunto de signos[568], reconhecidos socialmente como aptos a transmitir uma mensagem. A interpretação jurídica busca extrair o significado de proposições de natureza preceptiva[569].

Quando se trata de negócio jurídico, o objeto de interpretação é a declaração de vontade[570] ou, em outras palavras, a forma representativa da vontade das partes, consubstanciada no instrumento de negócio jurídico[571], traduzida em fórmula[572]. O negócio jurídico não se encerra no momento de sua celebração. Muito pelo contrário, perdura por uma vida, encerrando-se apenas no momento em que todas as obrigações ali contidas tenham sido devidamente cumpridas[573].

Já o resultado do processo interpretativo do negócio jurídico é a compreensão do seu integral alcance, a fim de que lhe possa ser conferida plena eficácia[574]. Assim, a partir do processo de interpretação do negócio jurídico chega-se à integralidade de seu significado, inclusive no seu componente implícito, para que daí se possa extrair-lhe eficácia[575].

Não recebe grande acolhimento o antigo brocardo segundo o qual, quando houver absoluta clareza, não há espaço para a interpretação jurídica (*in claris cessat interpretatio*)[576]. Hodiernamente se reconhece que, em

[568] BETTI, Emilio. *Interpretação da lei e dos atos jurídicos*, cit.

[569] BETTI, Emilio. *Interpretação da lei e dos atos jurídicos*, cit., p. 5.

[570] BETTI, Emilio. *Interpretação da lei e dos atos jurídicos*, cit., p. 347. Nesse aspecto, relevante a lição de Betti no sentido de que o negócio jurídico não é fonte de normas jurídicas, mas sim "auto-regulamento de interesses, que se realiza na vida social por iniciativa espontânea dos próprios sujeitos que deles são os gestores" (BETTI, Emilio. *Teoria geral do negócio jurídico*, cit., p. 463).

[571] MARINO, Francisco Paulo de Crescenzo. *Interpretação do negócio jurídico*, cit., p. 51.

[572] BETTI, Emilio. *Interpretação da lei e dos atos jurídicos*, cit., p. 375. Pontes de Miranda esclarece, ademais, que na interpretação do negócio jurídico pode-se interpretar também as manifestações tácitas ou feitas pelo silêncio (PONTES DE MIRANDA, Francisco Cavalcanti. *Tratado de direito privado*. São Paulo: Revista dos Tribunais, 2012. t. XXXVIII. p. 159).

[573] MIRANDA, Custódio da Piedade Ubaldino. *Interpretação e integração dos negócios jurídicos*, cit., p. 59.

[574] MIRANDA, Custódio da Piedade Ubaldino. *Interpretação e integração dos negócios jurídicos*. São Paulo: Revista dos Tribunais, 1989. p. 128-129. O autor pondera, nesse sentido, que "interpretar um negócio jurídico é determinar os efeitos jurídicos que ele há de produzir" (p. 129).

[575] MARINO, Francisco Paulo de Crescenzo. *Interpretação do negócio jurídico*, cit., p. 97.

[576] Nem sempre foi assim. Na interpretação realizada pelos glosadores, bem como na escolástica, entendia-se que o texto em si mesmo já carregava consigo uma verdade,

qualquer circunstância, a interpretação é etapa inexorável da transmissão do sentido propalado pelo declarante ao destinatário, por meio da declaração[577], ou na *transposição de ideias de uma subjetividade a outra*[578]. A mera extração de sentido, por mais claro que seja, é interpretação[579]. Aplicar o direito é interpretá-lo, de modo a perceber seu integral conteúdo e sentido e, se e conforme necessário, integrá-lo para plena eficácia. Não há negócio jurídico propriamente claro até que se lhe interprete e pela clareza se conclua[580].

Ao interpretar textos de qualquer natureza ou qualidade, o intérprete não pode ficar adstrito ao seu sentido literal ou individual. O intérprete há que se despir de suas ideias preconcebidas, recorrendo ao termo, depois à sentença, depois ao texto, retornando ao termo, em movimento circular, de modo a eliminar concepções anteriores e examinar o objeto da interpretação em sua autenticidade, validando o produto da interpretação por meio da própria declaração[581]. Acrescenta-se a isso o fato de que a

independentemente de contextualização, razão pela qual se entendia que, sendo claro o texto isoladamente considerado, não havia que se interpretar o seu sentido (WIEACKER, Franz. *História do direito privado moderno.* 2. ed. Lisboa: Fundação Calouste Gulbenkian, 2004. p. 50-51).

[577] Por todos, MARINO, Francisco Paulo de Crescenzo. *Interpretação do negócio jurídico*, cit., p. 66. Marino assevera, com escora em Carlos Maximiliano, que a máxima, que encontra sua origem na escolástica, por lá permaneceu, não tendo encontrado grande repercussão na teoria da hermenêutica jurídica que sucedeu.

[578] MIRANDA, Custódio da Piedade Ubaldino. *Interpretação e integração dos negócios jurídicos*, cit., p. 88.

[579] Mesmo Larenz, ao afirmar que a interpretação somente tem lugar quando um texto é, ou se torna, *problemático*, mais adiante ensina que "o significado preciso de um texto legislativo seja constantemente problemático depende, em primeira linha, do facto de a linguagem corrente, de que a lei se serve em grande medida, não utilizar, ao contrário de uma lógica axiomatizada e da linguagem das ciências, conceitos cujo âmbito esteja rigorosamente fixado, mas termos mais ou menos flexíveis, cujo significado possível oscila dentro de uma larga faixa e que pode ser diferente segundo as circunstâncias, a relação objectiva e o contexto do discurso, a colocação da frase e a entoação de uma palavra. Mesmo quando se trata de conceitos em alguma medida fixos, estes contêm frequentemente notas distintivas que, por seu lado, carecem de delimitação rigorosa" (*vide* LARENZ, Karl. *Metodologia da ciência do direito*, cit., p. 439).

[580] MARINO, Francisco Paulo de Crescenzo. *Interpretação do negócio jurídico*, cit., p. 66.

[581] GADAMER, Hans-Georg. *Verdade e método*: traços fundamentais de uma hermenêutica filosófica. Tradução Flavio Paulo Maurer. 3. ed. Petrópolis: Vozes, 1999. p. 400-403; LARENZ, Karl. *Metodologia da ciência do direito*, cit., p. 286.

contextualização de um termo visando a sua devida interpretação não deve ter em conta apenas os fatores intrínsecos da declaração na qual tiver sido inserido, mas também, de um ponto de vista extrínseco, o contexto histórico, geográfico e social em que a declaração foi emitida – o dito contexto situacional da declaração[582].

Betti propõe a existência de três principais posições, logicamente conectadas, opostas e complementares, que informam a interpretação do negócio jurídico[583]: a interpretação técnica, ou objetiva, em contraposição à interpretação subjetiva, ou psicológica; a interpretação individual, em sentido oposto à típica, e a interpretação recognitiva (ou cognoscitiva[584]), em oposição à integrativa.

Bastante repercutida é a divisão entre a interpretação subjetiva, que busca aferir a real vontade das partes quando da emissão da declaração, e a objetiva, que põe luz exclusivamente na declaração, objetivamente considerada, afastando qualquer efeito jurídico da intenção psicológica do agente[585].

A interpretação individual busca extrair o sentido de determinada declaração considerando-a em si mesma e as partes daquela, enquanto a interpretação típica visa à verificação de seu sentido considerando a universalidade de todas as demais declarações daquela categoria, buscando-se assim verificar qual seria a vontade média em circunstâncias normais[586].

Por fim, a interpretação recognitiva (ou cognoscitiva) tem por objetivo tão somente extrair o conteúdo da declaração, considerada em sua totalidade, ao passo que a interpretação integrativa busca suprir as lacunas eventualmente identificadas, exclusivamente com base na própria declaração[587]. Adiante se fará análise mais detida das duas formas de interpretação

[582] MARINO, Francisco Paulo de Crescenzo. *Interpretação do negócio jurídico*, cit., p. 111-114.

[583] BETTI, Emilio. *Interpretação da lei e dos atos jurídicos*, cit., p. 365.

[584] O termo é empregado por Custódio da Piedade Ubaldino Miranda em monografia sobre o tema outrora citada.

[585] BETTI, Emilio. *Interpretação da lei e dos atos jurídicos*, cit., p. 369. Betti, por exemplo, defende que "o objeto da interpretação [...] é, também aqui, não já a 'vontade' interna, ainda que tenha ficado inexprimida, mas sim a declaração ou o comportamento, enquadrados no conjunto de circunstâncias que lhe confere significado e valor" (BETTI, Emilio. *Teoria geral do negócio jurídico*, cit., p. 467).

[586] BETTI, Emilio. *Interpretação da lei e dos atos jurídicos*, cit., p. 372.

[587] BETTI, Emilio. *Interpretação da lei e dos atos jurídicos*, cit.

do negócio jurídico ora em comento – recognitiva e integrativa –, por se entender ser de suma importância no processo interpretativo do contrato preliminar.Como mencionado antes, a interpretação do negócio jurídico busca a extração de seu integral sentido, inclusive no que se refere a componentes implícitos. Assim, para sua plena compreensão, pode-se dividir o processo interpretativo em dois momentos – ainda que, na prática, tais momentos não sejam estanques ou claramente diferenciáveis –, sendo o primeiro o da interpretação dita recognitiva, por meio da qual se examina o conteúdo explícito da declaração, a fim de verificar a existência de eventuais imperfeiçoes ou defeitos, e o segundo o da interpretação integrativa, no qual se busca o preenchimento de tais defeitos ou imperfeições[588].

3.4.1.1. Interpretação recognitiva

Na primeira fase, da interpretação recognitiva, determina-se a existência de um negócio jurídico passível de interpretação[589] e, ato contínuo, extrai-se a totalidade de seu sentido explícito[590]. Assim, diante de uma situação que enseja a intepretação do negócio, há que se investigar o integral conteúdo da declaração expressamente apresentada pelas partes.

Em havendo obscuridades ou contradições, há que se buscar a vontade real e comum das partes, assim entendida não a vontade psicológica, nunca externalizada, mas antes a vontade consubstanciada na declaração de vontade, qualificada pela exteriorização[591], levando em consideração terminologias escolhidas, bem como o contexto verbal e situacional no qual se insere aquela determinada declaração[592]. Não é necessário, nesse

[588] MARINO, Francisco Paulo de Crescenzo. *Interpretação do negócio jurídico*, cit., p. 160.

[589] PONTES DE MIRANDA, Francisco Cavalcanti. *Tratado de direito privado*, cit., t. XXXVIII, p. 160.

[590] MIRANDA, Custódio da Piedade Ubaldino. *Interpretação e integração dos negócios jurídicos*, cit., p. 129.

[591] GRASSETTI, Cesare. *L'interpretazione del negozio giuridico con particolare riguardo ai contratti*. Padova: Cedam, 1983. p. 96-99. Neste ponto, Marino ensina que "a vontade relevante é, pois, uma vontade qualificada. Trata-se da vontade que foi exteriorizada, isto é, que ultrapassou a esfera psicológica do seu autor e fez apelo à compreensão alheia" (MARINO, Francisco Paulo de Crescenzo. *Interpretação do negócio jurídico*, cit., p. 164).

[592] MARINO, Francisco Paulo de Crescenzo. *Interpretação do negócio jurídico*, cit., p. 106-114. O autor adverte que, para a devida compreensão do conteúdo do negócio jurídico traduzido na intenção ali consubstanciada, podem ser de grande utilidade não somente os elementos preceptivos do suporte fático, mas também os elementos que compõem seu conteúdo total,

momento, o recurso a elementos normativos heterogêneos, residindo o deslinde da questão na própria forma representativa do negócio jurídico[593].

3.4.1.2. Interpretação integrativa

Caso, extraída a totalidade do conteúdo da declaração negocial, ainda assim não seja possível identificar solução para determinada situação de fato, há que se recorrer às fontes de regulamentação heterônoma da atuação privada – a saber, a lei, a boa-fé e os usos – de modo a complementar a declaração proferida, a fim de que se verifique o integral conteúdo do negócio jurídico, em seus aspectos explícito e implícito[594]. Para tanto, deve-se levar em consideração normas dispositivas que ajam de forma supletiva, usos verificáveis e aplicáveis à situação em comento, bem como os ditames da boa-fé, cujos contornos foram outrora delimitados neste trabalho. Tal exercício é denominado pela doutrina *interpretação integrativa*[595].

É importante frisar, neste ponto, que, muito embora vise suprir as lacunas da declaração negocial por meio da dedução de seus elementos implícitos[596], a interpretação integrativa ainda se situa no campo da interpretação do negócio jurídico[597]. Isso porque, nesse momento, suprem-se

a exemplo do preâmbulo e dos *consideranda*, elementos estes que se denominam *demonstratio* (p. 107).

593 MARINO, Francisco Paulo de Crescenzo. *Interpretação do negócio jurídico*, cit., p. 160.

594 MIRANDA, Custódio da Piedade Ubaldino. *Interpretação e integração dos negócios jurídicos*, cit., p. 130. O autor explica, neste ponto, que, "enquanto a interpretação propriamente dita procurará fixar o sentido e o alcance das regras expressas no conteúdo negocial, a interpretação integrativa procurará captar as regras que, embora não expressas, possam considerar-se implicitamente abrangidas neste conteúdo, a partir da análise do objeto do negócio, do todo que se pretendeu regulamentar".

595 "Na interpretação integrativa, trata-se de revelar o conteúdo implícito do negócio jurídico com o intuito de conservar o máximo do conteúdo negocial, e não de criar regramento novo" (MARINO, Francisco Paulo de Crescenzo. *Interpretação do negócio jurídico*, cit., p. 228).

596 MIRANDA, Custódio da Piedade Ubaldino. *Interpretação e integração dos negócios jurídicos*, cit., p. 135. Nas palavras de Betti, a interpretação integrativa consiste em "reconstituição da ideia concreta do negócio jurídico, apenas não apoiada numa específica fórmula ou cláusula, mas deduzida do conteúdo lógico e prático do negócio concreto, considerado no seu todo e na sua concludência, em conexão com o ambiente social" (BETTI, Emilio. *Teoria geral do negócio jurídico*, cit., p. 496).

597 BETTI, Emilio. *Interpretação da lei e dos atos jurídicos*, cit., p. 375; DÍEZ-PICAZO, Luis. *El arbitrio de un tercero en los negocios jurídicos*. Barcelona: Bosch, 1957. p. 46; MARINO, Francisco Paulo de Crescenzo. *Interpretação do negócio jurídico*, cit., p. 179-180; MIRANDA, Custódio

as lacunas da forma representativa para depreender o integral conteúdo do negócio jurídico como um todo, da vontade consubstanciada naquela declaração amplamente considerada[598]. Onde a vontade das partes não mais tiver atuado, terá início o processo de integração do negócio jurídico[599].

3.4.2. Integração do negócio jurídico

A integração dos negócios jurídicos em sentido próprio consiste na complementação dos direitos e deveres contidos na relação jurídica encerrada por tal negócio para além da vontade das partes, por meio do recurso a fontes heterônomas de regramento jurídico[600]. A integração não consiste na supressão de lacunas do regramento escrito que poderiam ser preenchidas mediante a perquirição de seus aspectos implícitos[601], por exemplo, a incidência das regras legais dispositivas no

da Piedade Ubaldino. *Interpretação e integração dos negócios jurídicos*, cit., p. 136; PONTES DE MIRANDA, Francisco Cavalcanti. *Tratado de direito privado*, cit., t. XXXVIII, p. 164; DEL NERO, João Alberto Schützer. *Conversão substancial do negócio jurídico*. Rio de Janeiro: Renovar, 2001. p. 390.

598 BETTI, Emilio. *Interpretação da lei e dos atos jurídicos*, cit., p. 135.

599 BETTI, Emilio. *Interpretação da lei e dos atos jurídicos*, cit., p. 374.

600 MIRANDA, Custódio da Piedade Ubaldino. *Interpretação e integração dos negócios jurídicos*, cit., p. 207.

601 As chamadas *lacunas falsas* (*vide* NITSCHKE, Guilherme Carneiro Monteiro. Colmatação de lacunas contratuais: insuficiências do Código Civil, deficiências da Lei de Liberdade Econômica e o trabalho de doutrina. *In*: SILVA, Jorge Cesa Ferreira da; BARBOSA, Henrique (org.). *A evolução do direito empresarial e obrigacional*: os 18 anos do Código Civil. Obrigações e contratos. São Paulo: Quartier Latin, 2021. v. 2. p. 376). O mesmo autor esclarece, em outra passagem, que lacunas *verdadeiras* são apenas aquelas que não tiverem sido abarcadas pelo conteúdo contratual como um todo – implícito e explícito – e que, portanto, demandem preenchimento por fontes heterônomas (NITSCHKE, Guilherme Carneiro Monteiro, *Lacunas contratuais e interpretação*: história, conceito e método. São Paulo: Quartier Latin, 2019. p. 291). Introduz, ainda, a diferenciação entre lacunas típicas – assim entendidas aquelas para as quais a lei já prevê a ocorrência e solução (por exemplo, a regra do artigo 488 do Código Civil, que dispõe que, caso as partes deixem de estipular o preço, sua determinação se dará conforme índices oficiais ou vendas anteriores do vendedor) – e as lacunas atípicas, consideradas aquelas que o ordenamento não anteviu – e que, portanto, deverão ser colmatadas pelos critérios gerais de solução de lacunas (*vide* NITSCHKE, Guilherme Carneiro Monteiro, *Lacunas contratuais e interpretação*, cit., p. 295-299).

caso de contratos legalmente típicos – tarefa esta reservada à intepretação integrativa –, mas antes à imputação de efeitos adicionais àquela relação jurídica, em função da necessidade de regrar determinada situação do plano fático e com fundamento nas referidas fontes heterônomas de tal regramento[602].

Por fontes heterônomas entendam-se aquelas que não decorrem da autorregulamentação decorrente da vontade pelas partes, mas sim do ordenamento, e, essencialmente, trata-se de normas supletivas contidas no ordenamento positivo, a boa-fé e os usos[603]. Nitschke elenca como os seguintes como critérios de colmatação das lacunas que denomina *atípicas*[604]: práticas (ou usos individuais)[605], usos do tráfico, normas supletivas (quando aplicadas por analogia a contratos de tipicidade mista), boa-fé em sua função integrativa (ou hermenêutica), equidade (se e quando seu uso for contemplado pelas partes em sede de arbitragem[606]) e, por fim, recurso a elementos técnicos quando se tratar de lacunas extrajurídicas (por exemplo, no que se referir a elementos financeiros, contábeis ou de engenharia).

Assim, aplicar a boa-fé, em sua função interpretativa, ou aplicar normas dispositivas subjacentes ao contrato típico silente – a chamada solução de problemas da *fórmula* da declaração[607] –, não se trata de integração do negócio jurídico, mas sim de interpretação integrativa. A integração propriamente dita corresponde a uma expansão do conteúdo do negócio jurídico para além do âmbito de incidência da vontade das

[602] DÍEZ-PICAZO, Luis. *El arbitrio de un tercero en los negocios juridicos*, cit., p. 47; BETTI, Emilio. *Interpretação da lei e dos atos jurídicos*, cit., p. 376.

[603] MARINO, Francisco Paulo de Crescenzo. *Interpretação do negócio jurídico*, cit., p. 215.

[604] NITSCHKE, Guilherme Carneiro Monteiro. Colmatação de lacunas contratuais, cit., p. 381.

[605] Sobre a diferenciação entre usos, costumes e práticas, ver COMIRAN, Giovana Cunha. *Os usos comerciais*: da formação dos tipos à interpretação e integração dos contratos. São Paulo: Quartier Latin, 2019. p. 49-141.

[606] Via de regra, entende-se pela impropriedade da utilização da equidade como critério de integração do negócio jurídico no direito brasileiro (*vide* MIRANDA, Custódio da Piedade Ubaldino. *Interpretação e integração dos negócios jurídicos*, cit., p. 217). Não se pode olvidar, todavia, que, com a consolidação da arbitragem como forma de solução de conflitos em nosso sistema, esta passou a poder ser utilizada, se, quando e na medida em que autorizado pelas partes no compromisso arbitral.

[607] BETTI, Emilio. *Interpretação da lei e dos atos jurídicos*, cit., p. 376.

partes – considerando, aqui, que no âmbito de incidência da vontade das partes inclui-se tudo aquilo que, de antemão, já se pudesse verificar como integrante do conteúdo global do negócio jurídico, ou seja, seus elementos explícitos e implícitos, ainda que não especificamente contemplados ou modulados na declaração de vontade.

Por outro lado, por exemplo, diante de contrato lacunoso de tipicidade mista ou mesmo socialmente típico, pode-se recorrer, por analogia, às regras supletivas aplicáveis a tipos contratuais semelhantes para integrar suas lacunas e resolver um problema de aplicação daquele negócio jurídico[608].

3.4.3. A posição do ordenamento brasileiro e a recente transformação do direito positivo

A matéria da interpretação e integração dos negócios jurídicos encontra parca regulamentação em lei no sistema brasileiro, especialmente se compararmos com outros sistemas, como o francês, o italiano e o português[609],

[608] MIRANDA, Custódio da Piedade Ubaldino. *Interpretação e integração dos negócios jurídicos*, cit., p. 211. Interessante, ainda, a proposição metódica sugerida por Nitschke para a colmatação das lacunas contratuais, segundo a qual o intérprete deve: (i) verificar se de fato há uma lacuna (i.e., se nenhuma das normas integrantes do programa contratual amplamente considerado dá conta do problema); (ii) em segundo lugar, examinar se as próprias partes, contratualmente, estipularam alguma forma de solução da lacuna (como o arbitramento de terceiro do conteúdo do preço – *vide*, a esse respeito, DÍEZ-PICAZO, Luis. *El arbitrio de un tercero en los negocios juridicos*, cit., p. 9-58), ou se se trata de lacuna típica, hipótese na qual a lei prescreve os critérios para sua colmatação; (iii) em seguida, preencher a lacuna segundo os critérios, legais ou contratuais, aplicáveis; e, (iv) por fim, validar a norma depreendida da colmatação da lacuna à luz dos contextos verbal e fático e do fim do negócio jurídico em exame para que, aí sim, se possa aplicar o negócio jurídico em sua total eficácia (sobre a sistematização do método de integração, *vide* NITSCHKE, Guilherme Carneiro Monteiro. Colmatação de lacunas contratuais, cit., p. 394). Esse processo de revalidação da norma produto da integração pode ser considerado um exemplo da ideia de círculo hermenêutico proposta por Gadamer, inspirado na descoberta de Heidegger, e posteriormente endossado por Larenz, anteriormente referido (*vide* referências na nota 579; a ideia de círculo é trazida também por ROPPO, Vincenzo. *Il contratto*, cit., p. 462-463).

[609] MIRANDA, Custódio da Piedade Ubaldino. *Interpretação e integração dos negócios jurídicos*, cit., p. 145-164; GRASSETTI, Cesare. *L'interpretazione del negozio giuridico con particolare riguardo ai contratti*, cit., p. 93-128.

aproximando-se, tanto em volume quanto em conteúdo, à opção do legislador alemão[610].

Afora outras disposições esparsas referentes a situações deveras específicas, no Código Civil de 2002 a interpretação recognitiva do negócio jurídico está essencialmente disposta no artigo 112[611], que reproduziu, com pequenos ajustes, o teor do artigo 85 do antigo Código[612]. Neste ponto, é interessante pontuar que a doutrina é quase uníssona ao afirmar que o sistema brasileiro, em vez de optar por uma ou outra teoria da interpretação, adotou ambas, de forma coexistente[613]. Ou seja, nosso ordenamento parece não ter privilegiado a vontade, tampouco a declaração, mas sim determinado uma interpretação do negócio jurídico que busque a vontade, por meio da declaração[614].

Há que se ponderar, ainda, que a regra veiculada pelo artigo 112 do Código Civil, assim como as normas que ditam a interpretação em geral, são imperativas sobre as partes, e não meras sugestões, diretrizes e orientações, como em determinado momento se tentou colocar[615].

A par disso, nosso atual Código inovou o regramento contido no diploma revogado, na medida em que introduziu, por meio de seu artigo 113, cláusulas gerais que versam acerca da interpretação do negócio jurídico, determinando que esta não se dará ao alvitre do intérprete,

[610] FRADERA, Vera Maria Jacob de. Interpretação dos contratos. *In*: SILVA, Jorge Cesa Ferreira da; BARBOSA, Henrique (org.). *A evolução do direito empresarial e obrigacional*: os 18 anos do Código Civil. Obrigações e Contratos. São Paulo: Quartier Latin, 2021. v. 2. p. 419; MIRANDA, Custódio da Piedade Ubaldino. *Interpretação e integração dos negócios jurídicos*, cit., p. 177.

[611] "Art. 112. Nas declarações de vontade se atenderá mais à intenção nelas consubstanciada do que ao sentido literal da linguagem."

[612] "Art. 85. Nas declarações de vontade se atenderá mais à sua intenção que ao sentido literal da linguagem."

[613] TEPEDINO, Gustavo *et al. Código Civil interpretado conforme a Constituição da República*, cit., p. 228; DUARTE, Nestor. *Código Civil comentado*, cit., p. 87; TOSTA, Jorge; BENACCHIO, Marcelo. A interpretação dos negócios jurídicos. *In*: TOLEDO, Armando Sérgio Prado de (org.). *Negócio jurídico*. São Paulo: Quartier Latin, 2013. p. 154-155.

[614] MIRANDA, Custódio da Piedade Ubaldino. *Interpretação e integração dos negócios jurídicos*, cit., p. 177.

[615] GRASSETTI, Cesare. *L'interpretazione del negozio giuridico con particolare riguardo ai contratti*, cit., p. 21-23; MIRANDA, Custódio da Piedade Ubaldino. *Interpretação e integração dos negócios jurídicos*, cit., p. 171-173.

contaminado por suas próprias experiências e concepções, mas antes deverá observar a boa-fé objetiva[616] e os usos[617].

No ano de 2019, o texto legal atinente à interpretação dos negócios jurídicos no direito brasileiro foi bruscamente alterado pela Lei nº 13.874/2019 (também conhecida por Lei da Liberdade Econômica ou simplesmente LLE). Reputa-se *brusca* a alteração implementada, pois se alterou de forma quantitativamente substancial a redação do artigo 113 do Código, e o fez de maneira repentina e sem grandes debates na comunidade jurídica[618], por meio de medida provisória[619]. Não se pode propriamente afirmar que o artigo em questão foi alterado de maneira profunda, mas antes tão somente brusca, porquanto o texto acrescido pouco efetivamente acresce em termos de sentido ou comando normativo.

O artigo 7º da LLE acresceu dois parágrafos ao artigo 113 do Código Civil, que anteriormente contava apenas com o *caput*. O primeiro de tais parágrafos, por sua vez, conta com cinco incisos que, pretensamente, estabelecem de forma mais detalhada e alinhada com os preceitos do diploma em questão os critérios para interpretação do negócio jurídico. Ocorre que, ao fazê-lo, o legislador por vezes limitou-se a sedimentar em texto legal aquilo que já era amplamente reconhecido e adotado por doutrina ou jurisprudência e, por outras, a introduzir critérios que, em vez de clarear o tema, causam maiores dúvidas.

Não se adentrará, aqui, em análise pormenorizada, tampouco em enumeração das redundâncias ou deficiências propaladas pela malfadada alteração do artigo 113, propulsada pela dita LLE, a pretexto de privilegiar uma "liberdade econômica", por fugir ao escopo deste trabalho[620].

616 De cujas funções, inclusive hermenêutica, tratou-se no item 3.2.1, acima.

617 Por se tratar de prescrição de sua função hermenêutica, e não normativa, os usos, aqui, podem ser entendidos em sentido técnico como "condutas geralmente adotadas em determinados setores da vida social, econômica, profissional" (MARTINS-COSTA, Judith. *A boa-fé no direito privado*, cit., p. 474-475).

618 NITSCHKE, Guilherme Carneiro Monteiro. Colmatação de lacunas contratuais, cit., p. 363.

619 A LLE é resultado da conversão em lei da Medida Provisória nº 881 de 2019.

620 Para análise pormenorizada das alterações implementadas no Código Civil pela Lei de Liberdade Econômica no campo da hermenêutica negocial, veja-se, por exemplo, LEONARDO, Rodrigo Xavier; RODRIGUES JR., Otavio Luiz. A interpretação dos negócios jurídicos na Lei da Liberdade Econômica. *In*: CUNHA FILHO, Alexandre J. Carneiro da;

Também não se olvida que, dada a escassez de normas circundando a interpretação do negócio jurídico em nosso sistema, uma reforma poderia ser salutar[621]. Todavia, como ocorre com qualquer reforma envolvendo o direito codificado, há que se fazê-lo com parcimônia, respeitando os pilares estruturais do sistema e a tradição construída tijolo por tijolo, a fim de evitar que, por meio de desvios repentinos, se destruam seus alicerces.

3.4.4. A interpretação e a integração do contrato preliminar no ordenamento jurídico pátrio

Feitas as considerações de há pouco, cumpre agora analisar como deverá dar-se a interpretação do contrato preliminar, à luz do ordenamento jurídico pátrio e dos demais princípios e regras de hermenêutica negocial aplicáveis.

Em primeiro lugar, correndo o risco da redundância, o processo deve iniciar-se pelo início. É dizer: é preciso avaliar se, diante de determinado suporte fático, há negócio jurídico propriamente dito.

Ato contínuo, deve-se proceder à qualificação do negócio jurídico[622]. Ou seja, o intérprete deve perquirir se aquele negócio jurídico pode ser classificado – ou enquadrado – na categoria típica do contrato preliminar contida no Código Civil ou se, por exemplo, se trata de alguma das outras

PICCELLI, Roberto Ricomini; MACIEL, Renata Mota (org.). *Lei da Liberdade Econômica anotada*. São Paulo: Quartier Latin, 2020. v. 2. p. 219-226; GEIDEL, José Antônio Peres; CORRÊA, Adriana Espíndola. Interpretações: art. 113 do Código Civil. *In*: MARQUES NETO, Floriano Peixoto; RODRIGUES JR., Otavio Luiz; LEONARDO, Rodrigo Xavier (org.). *Comentários à Lei de Liberdade Econômica*: Lei 13.874/2019. São Paulo: Thomson Reuters Brasil, 2019. *E-book*. Faz-se referência ainda às notas críticas emitidas por Tepedino, Cavalcanti e Nitschke, às quais o autor faz coro – TEPEDINO, Gustavo; CAVALCANTI, Lais. Notas sobre as alterações promovidas pela Lei nº 13.874/2019 nos artigos 50, 113 e 421 do Código Civil. *In*: SALOMÃO, Luis Felipe; CUEVA, Ricardo Villas Boas (org.). *Lei de Liberdade Econômica e seus impactos no direito brasileiro*. São Paulo: Thomson Reuters Brasil, 2020; NITSCHKE, Guilherme Carneiro Monteiro. Colmatação de lacunas contratuais, cit.

621 ARAUJO, Paulo Doron Rehder de; NAKAMURA, Camila Leiko. Comentário geral ao art. 113 CC. *In*: CUNHA FILHO, Alexandre J. Carneiro da; PICCELLI, Roberto Ricomini; MACIEL, Renata Mota (org.). *Lei da Liberdade Econômica anotada*. São Paulo: Quartier Latin, 2020. v. 2. p. 238-246.

622 MIRANDA, Custódio da Piedade Ubaldino. *Interpretação e integração dos negócios jurídicos*, cit., p. 129-130.

modalidades negociais afins vistas anteriormente[623]. Significa dizer: aquele negócio jurídico entabulado preenche todos os elementos categoriais inderrogáveis para que possa ser qualificado como tanto?

Em primeiro lugar, é necessário verificar se, com base na declaração negocial – e, neste ponto, não se vislumbra possibilidade de que se recorra a elementos heterônomos da regulamentação negocial –, as partes se obrigaram a um contratar futuro; se a declaração negocial contém a obrigação de emitir declaração de vontade.

É importante pontuar que, na prática negocial, não raro se verificam documentos celebrados entre as partes na fase pré-contratual, os quais possuem disposições por vezes pouco apegadas a um rigor técnico ou a um padrão – as chamadas cartas de intenção, memorandos de entendimento e afins – nas quais se pactua a obrigação de celebrar negócio jurídico, porém sujeito a determinadas condições, como a negociação dos principais termos e condições do contrato visado, ou mesmo a negociação e celebração de contratos coligados àquele que se pretende concluir.

Nesses casos, é de suma importância aferir a intenção das partes para verificar se efetivamente se pretendeu encerrar obrigação de contratar ou se o intuito era de apenas entabular obrigação de negociar (que, como visto antes, não é despida de valor jurídico). Neste ponto, ainda, importante o alerta de que, quando o sentido jurídico da declaração de vontade diverge da vontade real do declarante, não podendo esta ser imposta ao destinatário de declaração, referida declaração está viciada com erro[624]. Assim, mesmo que o negócio jurídico em questão, em leitura literal-gramatical, aparente encerrar obrigação de contratar, é necessário recorrer aos contextos verbal e situacional, aplicando-se os critérios interpretativos prescritos pelo ordenamento (i.e., boa-fé e usos), e depois revalidar a conclusão à luz de todo o regramento negocial, para averiguar se foi essa a verdadeira vontade intentada pelos agentes.

E, mesmo quando se conclua pela existência de obrigação de contratar – e, portanto, de contrato preliminar –, é imprescindível verificar o grau de programação do instrumento, a fim de averiguar a possibilidade de

623 *Vide* item 2.4.

624 MIRANDA, Custódio da Piedade Ubaldino. *Interpretação e integração dos negócios jurídicos*, cit., p. 190-192.

compleição de seu conteúdo por meio da interpretação integrativa ou da integração negocial.

Nesse sentido, como corolário da dupla causalidade de que se entende revestido o contrato preliminar, cumpre verificar se os elementos categoriais inderrogáveis do contrato definitivo se encontram presentes no negócio em exame. Caso da interpretação recognitiva não se possa depreender a totalidade dos elementos categoriais inderrogáveis do definitivo, o intérprete poderá valer-se da interpretação integrativa ou da integração para, recorrendo às fontes heterônomas de regulação da vontade ou às fontes de integração negocial, verificar a possibilidade de colmatar eventual lacuna em relação aos elementos categoriais inderrogáveis do contrato definitivo que resultará do adimplemento do preliminar.

É importante, ademais, no processo interpretativo e integrativo do contrato preliminar, averiguar se, de forma explícita (interpretação recognitiva) ou implícita (interpretação integrativa), não se pactuou direito de retratação ou se afastou o regime da execução específica.

Verificados os pressupostos acima descritos, parece possível afirmar pela possibilidade de execução específica do negócio em exame. Todavia, inquietante questão é aquela que se apresenta quando as partes tenham deixado, no contrato preliminar, reserva de complementação ou, ainda, determinado a necessidade de acordos residuais ulteriores. Pode o intérprete suprir esses pontos deixados para trás? Deve o intérprete fazê-lo?

O ordenamento deve sempre buscar viabilizar às partes de um contrato o máximo aproveitamento dos efeitos queridos, o que se viabiliza por meio de sua plena eficácia e eficacização. Isso decorre do princípio da conservação do negócio jurídico[625]. Em todo caso, para que possa existir, valer e ser eficaz, um contrato, além de preencher os demais pressupostos de existência, requisitos de validade e fatores de eficácia, deve (ou necessita) conter, na totalidade de seu regramento (inclusive implícito), tão somente aquilo que é essencial – ou seja, os elementos categoriais inderrogáveis do tipo contratual em questão.

Por exemplo, a compra e venda, para existir, ser válida e eficaz, precisa tão somente dispor sobre o objeto e o preço[626]. Dos elementos categoriais

[625] MARINO, Francisco Paulo de Crescenzo. *Interpretação do negócio jurídico*, cit., p. 228.

[626] É essa a inteligência do artigo 482 do CC.

derrogáveis e acidentais o próprio ordenamento, por meio da interpretação integrativa e da integração, dará conta se e quando houver necessidade[627]. Ainda tomando por exemplo a compra e venda, é interessante também notar que, mesmo em se tratando do preço, elemento categorial inderrogável, há situações específicas nas quais o ordenamento prescreve de antemão critérios para colmatação de eventuais lacunas que possam vir a ser deixadas pelos contratantes[628].

Ademais, ao interpretar o negócio jurídico, o intérprete deve ser fiel à vontade dos agentes, abstendo-se de extrair da declaração quaisquer sentidos que não possam ser deduzidos, explícita ou implicitamente, da intenção externalizada. Eis a expressão do cânone da *autonomia hermenêutica*[629]. Daí se extrai que, na interpretação e integração negocial, o agente deve agir sempre nos limites do necessário para que seja dada a máxima eficácia ao negócio jurídico naquele aspecto sob exame, privando-se de agir no lugar das partes naquilo que não for essencial ao deslinde da controvérsia.

Reputa-se, assim, que o intérprete deverá, sempre que possível, perfazer todos os exercícios de interpretação e integração possíveis e autorizados pelo ordenamento visando ao preenchimento do preliminar, para que seja alcançada sua plena eficácia, por meio da decisão que supre a vontade não declarada[630]. Entender em sentido contrário[631] seria ignorar a disciplina do contrato preliminar introduzida pelo Código Civil, especialmente no que se refere ao conteúdo mínimo (art. 462) e à possibilidade de se exigir

[627] Por exemplo, as regras contidas nos artigos 484, 490, 491, 492, 493, 494, 500, 502 e 503, que integram o conteúdo do contrato de compra e venda na ausência de disposição expressa em sentido contrário.

[628] É o que ocorre com o artigo 488 do Código Civil ao prescrever solução para a hipótese de compra e venda em que as partes deixam de avençar o preço.

[629] MARINO, Francisco Paulo de Crescenzo. *Interpretação do negócio jurídico*, cit., p. 57-58.

[630] PRATA, Ana. *O contrato-promessa e seu regime civil*, cit., p. 898; ALMEIDA COSTA, Mario Julio de. *Direito das obrigações*, cit., p. 367; ASSIS, Araken de. *Manual da execução*, cit., parág. 243.2; BIANCHINI, Luiza Lourenço. *Contrato preliminar*, cit., p. 209-218.

[631] Como defendido pelo STF no julgamento do Caso Disco (que, repise-se, não mais pode ser tomado como paradigma absoluto tendo em vista a relevante alteração no direito positivo desde então), bem como em AZEVEDO, Antonio Junqueira de. *Novos estudos e pareceres de direito privado*, cit., p. 252-269.

seu cumprimento sempre que cumpridos os requisitos do art. 462 (*vide* art. 463[632]).

Todavia, eventuais elementos do contrato definitivo que não sejam essenciais ou relevantes naquele momento deverão ser objeto de um segundo processo interpretativo e integrativo, já no âmbito do contrato definitivo.

Assim, por exemplo, caso se tenha celebrado preliminar de locação, em que se haja acordado quanto ao objeto e ao prazo, deixando, contudo, o aluguel a ser fixado "com base em padrões de mercado", diante da recusa de uma das partes em prosseguir com o adimplemento, poderá e deverá o julgador valer-se dos usos, práticas e costumes, bem como da tecnicidade, mediante o recurso a *experts*, para fixar o valor do aluguel e, ato contínuo, suprir a vontade não declarada para determinar a formação do contrato de locação definitivo.

Todavia, caso as partes não tenham expressamente disposto, não deverá o intérprete, por exemplo, cuidar, na decisão que determina a formação do contrato definitivo, sobre tratamento aplicável a benfeitorias ou à sublocação do imóvel.

Neste ponto, ainda, há que se retomar os comentários outrora feitos acerca dos graus de programação do contrato preliminar[633] para recobrar que tudo aquilo a que as partes tenham conferido caráter de relevância e essencialidade no âmbito daquele arranjo contratual especificamente considerado e que não tenha sido suficientemente tratado na declaração negocial deverá ser objeto do esforço interpretativo e integrativo para, na medida do possível, promover a execução forçada do preliminar.

Caso, contudo, os critérios de interpretação e integração fornecidos pelo ordenamento não sejam suficientes para a supressão das lacunas, impossibilitando assim seu cumprimento forçado, deverá o intérprete averiguar se houve inadimplemento contratual por descumprimento dos deveres explícitos, implícitos e laterais, especialmente o dever de

[632] Nesse sentido, cumpre ressaltar que, porquanto o art. 463 condiciona a exigência do cumprimento à "observância do disposto no artigo antecedente" (i.e., art. 462), o qual, por sua vez, trata dos *requisitos mínimos* do contrato preliminar (a esse respeito, faz-se referência aos comentários tecidos no item 2.2 deste trabalho), excluir de plano a execução específica do contrato preliminar de programação mínima ou média seria ir de encontro à disciplina legal corrente.

[633] *Vide* item 2.6.

cooperação traduzido na obrigação de negociar, a fim de imputar a responsabilidade pela resolução contratual.

3.5. A resolução do contrato preliminar fundada no inadimplemento

Antes de adentrar no tema que aqui se pretende abordar, é importante formar algumas premissas que servirão de linha mestra para os raciocínios que serão em seguida desenvolvidos. Em outras palavras, para que se possa examinar especificamente o inadimplemento do contrato preliminar, é importante tecer considerações acerca de algumas noções centrais do adimplemento e inadimplemento das obrigações.

3.5.1. A mora e o inadimplemento absoluto

Viu-se que as obrigações essencialmente tendem e se desenvolvem em direção ao adimplemento e que as partes buscam, no vínculo obrigacional, o seu cumprimento, mediante a realização da prestação devida ou, ainda, de forma indireta, por meio de institutos como a dação em pagamento, a novação ou a compensação, entre outros[634], de modo a satisfazer o interesse do credor.

Apesar disso, em determinados casos, o devedor deixa de satisfazer a obrigação, o que pode se dar mediante a não realização da prestação devida, no caso de obrigação de fazer ou de dar, ou do cometimento do ato vedado, no caso das chamadas obrigações de não fazer. Adicionalmente, o devedor pode realizar a prestação devida, porém de forma insuficiente ou insatisfatória ao credor, de modo que não se reputará devidamente adimplida a obrigação[635]. Relevante notar, ainda, que o adimplemento das obrigações se refere ao cumprimento não apenas da prestação principal como de todos os deveres referentes à relação obrigacional[636], como

[634] SILVA, Jorge Cesa Ferreira da; REALE, Miguel. *Adimplemento e extinção das obrigações*: comentários aos arts. 304 a 388 do Código Civil. São Paulo: Revista dos Tribunais, 2007. p. 68.

[635] NANNI, Giovanni Ettore. *Inadimplemento absoluto e resolução contratual*, cit., seç. 1.2; SILVA, Jorge Cesa Ferreira da; REALE, Miguel. *Adimplemento e extinção das obrigações*, cit., p. 40.

[636] SILVA, Jorge Cesa Ferreira da; REALE, Miguel. *Adimplemento e extinção das obrigações*, cit., p. 40; NANNI, Giovanni Ettore. *Inadimplemento absoluto e resolução contratual*, cit., seç. 1.4.

consequência da complexidade obrigacional referida outrora. Da mesma forma, o descumprimento de tais deveres, chamados laterais ou acessórios, implica descumprimento da obrigação, ainda que a prestação central da obrigação não deixe de ser cumprida[637].

O não cumprimento da obrigação, ou inadimplemento, não é, e não pode ser, a regra nas relações obrigacionais e no direito a estas subjacente. Em verdade, o inadimplemento da obrigação deve ser considerado excepcional e, por que não, patológico[638]. Não por acaso, a depender da natureza e extensão do inadimplemento, o sistema prevê soluções jurídicas às quais o credor pode recorrer a fim de ver sua pretensão legítima devidamente satisfeita, sem que seja desfeita a relação jurídica. É por isso que há quem questione a definição clássica do pagamento como o cumprimento voluntário da prestação[639].

O inadimplemento pode ser absoluto ou relativo, acrescendo-se, ainda, a figura da violação positiva do crédito[640]. Diz-se implemento absoluto aquele no qual a obrigação não foi cumprida e nem será possível tal cumprimento[641]. Ainda, o inadimplemento reputa-se absoluto quando a prestação, por conta do atraso do devedor, torna-se inútil ao credor, ou seja, deixa de atender ao interesse útil inicialmente pretendido pelo credor ao ingressar no vínculo obrigacional[642]. Nesses casos, não se tem

[637] NANNI, Giovanni Ettore. *Inadimplemento absoluto e resolução contratual*, cit., seç. 1.4.

[638] DINIZ, Maria Helena. *Curso de direito civil brasileiro*, cit., v. 3, p. 414. A autora assevera, ainda, que o inadimplemento da obrigação "representa um rompimento da harmonia social, capaz de provocar a reação do credor". *Vide* também ALVIM, Agostinho. *Da inexecução das obrigações e suas consequências*. 5. ed. São Paulo: Saraiva, 1980. p. 6.

[639] Contra: SILVA, Jorge Cesa Ferreira da; REALE, Miguel. *Adimplemento e extinção das obrigações*, cit., p. 39. A favor: PEREIRA, Caio Mário da Silva. *Instituições de direito civil*, cit., v. I, p. 114. Ruy Rosado de Aguiar Júnior, em que pese colocar o adimplemento como forma de cumprimento da prestação, aponta serem dois os requisitos do adimplemento – a pontualidade e a boa-fé –, reconhecendo assim que, para que haja adimplemento, não apenas a prestação deve ser cumprida, mas também os demais deveres secundários e laterais (AGUIAR JÚNIOR, Ruy Rosado de. *Extinção dos contratos por incumprimento do devedor*: resolução. Rio de Janeiro: Aide, 1991. p. 92).

[640] TEPEDINO, Gustavo *et al. Código Civil interpretado conforme a Constituição da República*, cit., p. 696.

[641] ALVIM, Agostinho. *Da inexecução das obrigações e suas consequências*, cit., p. 7.

[642] ASSIS, Araken de. *Resolução do contrato por inadimplemento*. 5. ed. São Paulo: Revista dos Tribunais, 2013. p. 101.

falta por parte do devedor com relação à prestação devida, mas sim verdadeira perda do objeto da prestação, seja no sentido material, em que há, por exemplo, perecimento ou extravio da coisa devida, seja no sentido jurídico.

A impossibilidade de cumprimento da obrigação pode ser absoluta, nas situações em que a obrigação não pode ser cumprida pelo devedor e, da mesma forma, não poderia sê-lo por qualquer outra pessoa[643], ou, ainda, nos casos em que seu cumprimento exigiria esforços que excedem os limites da razoabilidade e da proporcionalidade em face da natureza da obrigação, ocorrendo verdadeira inexigibilidade da prestação[644]. Por outro lado, a impossibilidade de cumprimento da obrigação pode ser relativa, ou seja, pode afetar tão somente um devedor específico[645], sem que tal impossibilidade afete as características da obrigação ou da prestação nela consubstanciada de tal sorte que o seu cumprimento se torne impossível a qualquer um.

Frise-se, por oportuno, que, quando se trata de inadimplemento das obrigações, refere-se apenas à impossibilidade superveniente do adimplemento da obrigação. A impossibilidade de cumprimento da prestação cuja origem seja anterior à formação do vínculo obrigacional, se absoluta, incidirá no âmbito da sua formação, sobre a validade do ato jurídico que a esta deu origem[646]. Se relativa, implicará mera *impotência* do devedor, consubstanciando inadimplemento apenas no momento em que, devida,

643 AGUIAR JÚNIOR, Ruy Rosado de. *Extinção dos contratos por incumprimento do devedor*, cit., p. 99.

644 Neste aspecto, Morsello observa o que denomina um *alargamento de espectro* da impossibilidade superveniente da prestação, com esteio sobretudo nas recentes evoluções no direito das obrigações em Alemanha e França, propaladas por reformas legislativas substanciais, ressaltando, todavia, que a *impossibilidade* jamais há que confundir-se com a *dificuldade*, esta que não altera sobremaneira a relação obrigacional (*vide* MORSELLO, Marco Fábio. *Contratos de transporte*: novos paradigmas do caso fortuito e força maior. São Paulo: Thomson Reuters Brasil, 2021. p. 174-180). Impende destacar, ademais, que, a despeito de ter o autor constatado o fenômeno ora mencionado com base no exame comparado de outros sistemas, pugna pela aplicação dos *standards* ao direito pátrio (p. 186).

645 AGUIAR JÚNIOR, Ruy Rosado de. *Extinção dos contratos por incumprimento do devedor*, cit., p. 97.

646 AGUIAR JÚNIOR, Ruy Rosado de. *Extinção dos contratos por incumprimento do devedor*, cit., p. 97.

a prestação deixe de ser efetivamente cumprida, convertendo-se em impossibilidade superveniente[647].

Por outro lado, em determinados casos, a obrigação pode não ter sido cumprida no tempo, modo ou local que a lei ou a convenção assim lhe impunham, mas ainda pode vir a ser satisfeita a tempo de atender ao interesse pretendido pelo credor quando da formação do vínculo obrigacional[648]. Nesses casos, o devedor não se encontra em uma situação de inadimplemento na acepção (ou seja, inadimplemento absoluto), mas sim em mora. Não é demais ressaltar que, quando se trata de mora, não basta apenas que a prestação seja possível, tanto de uma perspectiva fática quanto jurídica, mas carece também que o interesse do credor em tal prestação ainda esteja mantido, ou seja, que tal interesse não tenha se esvaído em função do atraso.

Sobreleva pontuar que o atraso somente é relevante se ainda passível de remediação; caso contrário, equivalerá ao descumprimento definitivo[649]. Tanto assim o é que a mora é passível de remédio, de purgação, de modo que a obrigação que, em determinado momento, encontrou-se em uma situação de abalo convalesce e retorna ao seu estado de normalidade.

Vale ressaltar, ainda, que, consoante o artigo 394 do Código Civil, e desde antes da promulgação do diploma, no ordenamento brasileiro a mora engloba em seu conteúdo não apenas o atraso temporal, como é a regra em outros sistemas civis, mas também o cumprimento da obrigação em desacordo com a forma ou com o lugar que a lei ou a convenção houverem estabelecido[650].

A distinção entre a mora e o inadimplemento absoluto ganha relevo quando se trata das consequências aplicáveis a tais situações. Conforme preceitua o artigo 389 do Código Civil, uma vez não cumprida a obrigação, o devedor responde pelas perdas e danos sofridos pelo credor em virtude de tal descumprimento. Por sua vez, o artigo 475 do mesmo Código prevê

[647] AGUIAR JÚNIOR, Ruy Rosado de. *Extinção dos contratos por incumprimento do devedor*, cit., p. 98-99.

[648] A esse respeito, Jorge Cesa Ferreira da Silva ensina que a diferença entre a mora e o inadimplemento reside exatamente na manutenção do interesse do credor na entrega da prestação devida (*vide* SILVA, Jorge Cesa Ferreira da. *Inadimplemento das obrigações*: mora, perdas e danos, juros legais e cláusula penal. São Paulo: Revista dos Tribunais, 2007. p. 42).

[649] SILVA, Jorge Cesa Ferreira da. *Inadimplemento das obrigações*, cit., p. 70.

[650] ALVIM, Agostinho. *Da inexecução das obrigações e suas consequências*, cit., p. 7.

que, em caso de inadimplemento, a parte lesada poderá pedir a resolução do contrato, independentemente da existência de cláusula resolutiva expressa, se não preferir ela, parte credora, exigir o cumprimento da indenização, sem prejuízo, ainda, de indenização por perdas e danos em ambos os casos.

Da leitura dos dispositivos acima mencionados infere-se que o inadimplemento pode levar a diversas consequências, dentre as quais se destaca a execução para cumprimento da obrigação, a resolução do contrato ou a execução pelo equivalente, em qualquer caso com incidência de perdas e danos[651]. Ainda, como visto antes, a opção entre a demanda pelo cumprimento da prestação devida e a resolução em perdas e danos trata-se de faculdade que assiste ao credor que sofre com o descumprimento[652].

É evidente, contudo, que referida faculdade apenas se aplica às situações em que o cumprimento da prestação devida ainda é possível[653], cabendo, nesse caso, ao credor avaliar se a prestação, mesmo após a situação de mora, ainda se presta a satisfazê-lo, ou se a mora converteu-se em inadimplemento. A propósito, ressalta-se que a análise da situação de mora está centrada na preservação do interesse útil do credor, o qual deve ser aferido objetivamente com base no quanto externalizado pelos agentes na declaração de vontade[654].

Outrossim, há que se memorar que a cláusula geral da boa-fé objetiva, atuando em sua função corretiva, limita o direito do credor à resolução contratual[655]. A opção do credor na conversão da mora em inadimplemento não pode ocorrer de forma arbitrária, mas sim mediante a verificação

[651] Aqui, importante a nota ao entendimento de Giovanni Ettore Nanni, que coloca o *dano do inadimplemento* como uma das possíveis consequências do inadimplemento, ao lado das demais a que se fez referência anteriormente neste trabalho (*vide* NANNI, Giovanni Ettore. *Inadimplemento absoluto e resolução contratual*, cit., seç. 3.3).

[652] *Vide* item 3.3.

[653] ASSIS, Araken de. *Resolução do contrato por inadimplemento*, cit., p. 33.

[654] ZANETTI, Cristiano de Sousa. A transformação da mora em inadimplemento absoluto, cit. No caso prático, o autor se embasou nas considerações feitas pelas partes no preâmbulo do arranjo contratual para averiguar o interesse útil ali contido. A partir de tal análise, foi possível verificar que, diante da conduta do devedor na respectiva relação contratual, o interesse esvaziou-se de sentido para o devedor, configurando verdadeiro inadimplemento contratual.

[655] MARTINS-COSTA, Judith. *A boa-fé no direito privado*, cit., p. 674.

de perda do interesse a partir da avaliação objetiva dos elementos da prestação em relação ao interesse subjacente, também objetivamente considerado[656].

Com efeito, no direito civil, precipuamente naqueles sistemas oriundos da tradição romano-germânica, prevalece a observância do princípio do efeito obrigatório dos contratos (*pacta sunt servanda*), de tal modo que as obrigações não apenas tendem e se direcionam ao adimplemento como também têm em sua essência a vinculação das partes e manutenção de tais vínculos. Assim, não é qualquer descumprimento contratual (ou obrigacional) que habilita o credor a pleitear a resolução do contrato, mas tão somente aquele inadimplemento revestido de gravidade ou importância suficientes para justificar a quebra do vínculo, sob pena de se atentar contra a boa-fé objetiva[657].

Portanto, no sistema jurídico informado pelo Código Civil de 2002, a predominância geral é do adimplemento da obrigação, em detrimento da resolução contratual, que atua de forma excepcional. Do mesmo modo, em cenários de inadimplemento, parece fazer sentido afirmar que demanda específica objetivando o cumprimento da avença (ainda que sem prejuízo de indenização por eventuais perdas e danos sofridos) tenha preferência sobre a tutela resolutiva, aplicando-se as perdas e danos, na medida, evidentemente, em que tal cumprimento seja possível e interessante ao credor.

3.5.2. Consequências do inadimplemento das obrigações

Como visto anteriormente, é cediço que, por muitas vezes, a conversão do pedido em perdas e danos pode não ser suficiente para tutelar os interesses daquela parte lesada pelo inadimplemento da outra. Cabe, portanto, ao sistema jurídico prover os meios por meio dos quais as partes terão acesso a todos os elementos componentes do seu interesse consubstanciado na vontade declarada, o que muitas vezes se dá por meio da execução específica de que se tratou.

[656] TERRA, Aline de Miranda Valverde. Execução pelo equivalente como alternativa à resolução: repercussões sobre a responsabilidade civil. *Revista Brasileira de Direito Civil*, v. 18, p. 49, 2018. p. 53.

[657] MARTINS-COSTA, Judith. *A boa-fé no direito privado*, cit., p. 675.

Outra figura admitida em nosso ordenamento, e que consiste em um terceiro caminho às tradicionais figuras da execução específica em contraposição à resolução da obrigação, é a da execução pelo equivalente pecuniário. Há quem entenda que a execução pelo equivalente seja figura que toma seu lugar quando há inadimplemento absoluto da prestação, em oposição à execução específica, que se aplicaria apenas quando há mora[658]. Há quem, por outro lado, defenda que a execução pelo equivalente se avizinha à execução específica, como recurso alternativo a esta em situação de mora[659], podendo ser convocada, ainda, quando houver perda da coisa por culpa do devedor[660].

Seja qual for a interpretação que se dê, e aqui não se alongará a análise de tal aspecto por implicar desvio do cerne deste ensaio, fato é que a execução pelo equivalente se apresenta como solução para aquelas circunstâncias nas quais, por não desejar pôr fim à relação obrigacional por meio da figura da resolução, de que se tratará adiante, o credor converta a obrigação em espécie na natureza pecuniária, de modo a preservar a relação obrigacional.

Aqui, então, não ocorre o retorno das partes ao estado anterior à conclusão do contrato, como se dá na resolução, mas ocorre verdadeiro cumprimento da prestação[661], esta que foi então convertida em montante pecuniário, havendo assim adimplemento da obrigação, sem prejuízo do direito daquele que exigiu o cumprimento pelo equivalente às perdas e danos[662].

Feitas as considerações acima, cumpre tecer ainda alguns comentários acerca da figura da resolução contratual. A resolução representa modo de dissolução, ou extinção contratual[663]. Daí se depreende que o fenômeno da resolução se dá no plano da eficácia do negócio jurídico e, portanto, incide

[658] TERRA, Aline de Miranda Valverde. Execução pelo equivalente como alternativa à resolução, cit., p. 52.

[659] AGUIAR JÚNIOR, Ruy Rosado de. *Extinção dos contratos por incumprimento do devedor*, cit., p. 96.

[660] AGUIAR JÚNIOR, Ruy Rosado de. *Extinção dos contratos por incumprimento do devedor*, cit., p. 96.

[661] AGUIAR JÚNIOR, Ruy Rosado de. Extinção dos contratos. *In*: FERNANDES, Wanderley (org.). *Fundamentos e princípios dos contratos empresariais*. São Paulo: Saraiva: FGV, 2007. p. 444.

[662] AGUIAR JÚNIOR, Ruy Rosado de. Extinção dos contratos, cit.

[663] GOMES, Orlando. *Contratos*, cit., p. 203.

sobre o contrato como relação, e não como ato jurídico[664], ou, sob outra perspectiva, ataca a relação obrigacional, e não a relação contratual[665], ao contrário do que ocorre com os remédios que visam à invalidação do contrato, que afetam o contrato, ou o ato jurídico, como se preferir.

A resolução ocorre basicamente em função da ocorrência de três hipóteses: impossibilidade superveniente da prestação (pois a impossibilidade genética do objeto implica invalidade do negócio jurídico), inadimplemento ou onerosidade excessiva. Para o tema que aqui se desenvolve, a hipótese de resolução que possui relevância é, sobretudo, aquela que decorre do inadimplemento.

Em linhas gerais, os requisitos para que possa haver a resolução do contrato são a existência de um contrato bilateral, a ocorrência de inadimplemento definitivo e a não existência de inadimplemento por parte do credor[666]. Portanto, a figura da resolução não é o caminho adequado para a extinção de atos unilaterais e não se aplica em situação em que há simples mora do devedor. Também não tem lugar a resolução, via de regra, quando o credor também se encontra inadimplente.

A resolução por inadimplemento é alternativa que se afigura ao credor, em oposição à execução específica, quando a prestação não mais pode ser prestada com manutenção do interesse útil do credor. É por essa razão que se diz que, cumpridos os pressupostos da resolução, emerge em favor do credor direito subjetivo formativo à resolução[667], ou ainda *direito formativo extintivo*[668], podendo ser exercido por aquele visando à extinção da relação contratual e à reparação de perdas e danos.

Assim, relevante a advertência de que, em que pese por vezes receberem tratamento unificado, que pode tornar turvas as necessárias diferenciações, inadimplemento e resolução não se confundem[669]. São institutos autônomos, cada qual com seus pressupostos e consequências, conquanto ambos se interligam na medida em que o primeiro pode levar – e nem sempre leva – ao segundo. Logo, o inadimplemento é o

664 ROPPO, Vincenzo. *Il contratto*, cit., p. 937.

665 AGUIAR JÚNIOR, Ruy Rosado de. Extinção dos contratos, cit., p. 448.

666 AGUIAR JÚNIOR, Ruy Rosado de. Extinção dos contratos, cit., p. 441-448.

667 AGUIAR JÚNIOR, Ruy Rosado de. *Extinção dos contratos por incumprimento do devedor*, cit., p. 31.

668 NANNI, Giovanni Ettore. *Inadimplemento absoluto e resolução contratual*, cit., seç. 5.3.

669 NANNI, Giovanni Ettore. *Inadimplemento absoluto e resolução contratual*, cit., seç. VIII.

descumprimento absoluto da prestação, que faz surgir direito à extinção por meio da resolução.

Como uma nota adicional, é de asseverar-se que a resolução, via de regra, opera-se com efeitos retroativos, *ex tunc*, fazendo com que as partes retornem ao estágio anterior à formação da relação obrigacional[670]. Nada obstante, nos contratos cuja execução se protrai no tempo, sobretudo aqueles de trato sucessivo ou prestação continuada, a resolução se dá com efeitos *ex nunc*[671], não tendo o condão de desfazer aquilo que já tenha sido devidamente cumprido.

3.5.3. O inadimplemento absoluto do contrato preliminar

Foram vistos, ao longo deste trabalho, os pressupostos para que se verifique o cumprimento, ou adimplemento, do contrato preliminar. Tem-se, portanto, que, sempre que tais pressupostos não se verifiquem presentes em uma situação jurídica decorrente da relação preliminar, haverá descumprimento (ou inadimplemento em sentido lato). Foram vistos também os pressupostos e efeitos da execução específica do preliminar na hipótese de mora. Cabem agora, para que se encerre o exercício epistemológico, notas acerca do inadimplemento absoluto do contrato preliminar, a ensejar resolução contratual.

Como referido há pouco[672], ocorre mora sempre que há descumprimento de qualquer dos deveres de uma das partes no âmbito da relação jurídica, sobretudo os deveres principais de prestação, mas também os deveres secundários e laterais, ou anexos, que incidem relação jurídica complexa obrigacional. Viu-se, também, que o inadimplemento somente se verifica quando o descumprimento de tais deveres é relevante o suficiente para que se veja impossibilitado o adimplemento ou se perca o interesse útil do credor.

Primeiramente, cumpre destacar que, em linhas gerais, não se reputa que haja diferenças substanciais que ensejem tratamento diverso ao contrato preliminar. Significa dizer que ao descumprimento do contrato

670 ROPPO, Vincenzo. *Il contratto*, cit., p. 948; TRABUCCHI, Alberto. *Istituzioni di diritto civile*, cit., p. 723.

671 ROPPO, Vincenzo. *Il contratto*, cit., p. 947; TRABUCCHI, Alberto. *Istituzioni di diritto civile*, cit., p. 723.

672 *Vide* item 3.5.1.

preliminar devem ser aplicadas as regras gerais aplicáveis ao não cumprimento dos contratos em geral. O que há de diferente – e é o que se verá a seguir – é que, em algumas circunstâncias, os *standards* aplicáveis são diferenciados, em virtude das peculiaridades da relação jurídica sob exame.

Na relação preliminar, o interesse das partes está, de forma imediata, ligado à celebração do contrato definitivo e, de forma mediata, à consecução do fim do contrato definitivo[673]. Nesse sentido, na verificação do inadimplemento absoluto do contrato preliminar, há que se observar não apenas o próprio preliminar, mas também a situação jurídica pretendida com o definitivo.

No âmbito do preliminar, o descumprimento ocorrerá quando uma das partes deixar de adimplir sua obrigação (isto é, de celebrar o definitivo). Ademais, converter-se-á em definitivo quando, em função do inadimplemento, deixar o adimplemento de ser possível ou útil ao credor. Na prática, o contrato definitivo, por si só, não é de qualquer utilidade para o credor. Admitir o contrário seria dizer que o credor há de prosseguir à execução do contrato definitivo para, logo em seguida, resolvê-lo por descumprimento. Em assim sendo, reputa-se que, no exame da conversão da mora em inadimplemento no âmbito do preliminar, deve-se levar em consideração não somente o preliminar propriamente dito, mas também as circunstâncias que levariam ao inadimplemento – i.e., impossibilidade ou falta de interesse – da prestação consubstanciada no contrato definitivo.

Na prática: se, celebrado preliminar de compra e venda de uma obra de arte, houver recusa de cumprimento por parte do devedor e, nesse meio-tempo, a obra vier a perder-se por culpa deste, evidentemente se formará direito a resolução em favor do credor. A inexistência de contrato definitivo de compra e venda não pode ser oposta pelo devedor para evitar a resolução.

Outro exemplo hipotético: celebra-se preliminar de locação de imóvel por temporada, para um evento específico (*v.g.*, temporada de carnaval), sem cláusula de arrependimento, guardando-se reserva de complementação para determinação das condições de entrega do imóvel (existência de

[673] Daí por que se afirmou outrora que o contrato preliminar é dotado de dupla causalidade – *vide* item 2.2.

móveis, roupa de cama, utensílios etc.). Antes da conclusão do definitivo, o locador desiste de alugar o imóvel e passa a esquivar-se das tratativas. Passada a folia, não há mais interesse útil do locatário na manutenção da relação jurídica, justificando-se a resolução.

Não obstante, há que se salientar que as hipóteses de inadimplemento definitivo do preliminar não estão adstritas às circunstâncias relativas ao interesse contido no contrato definitivo. Pode suceder, por exemplo, que, entre a celebração do preliminar e o definitivo, sobrevenha impossibilidade jurídica de conclusão do definitivo imputável ao devedor (por exemplo, a não obtenção de uma certidão obrigatória à lavratura da escritura definitiva com que o vendedor tenha se obrigado), justificando a resolução do preliminar.

É mister pontuar, ademais, que, como visto antes, a relação jurídica do contrato preliminar reveste-se de acentuada incidência dos deveres oriundos da boa-fé objetiva, especialmente no que se refere à cooperação, no mais das vezes fundamental a que se atinja o objetivo ali consubstanciado. Nesse sentido, o descumprimento, por qualquer dos agentes, do dever de negociar pode implicar inadimplemento absoluto e resolução contratual, desde que verificados seus pressupostos.

Assim, retomando a lição de antes no sentido de que o descumprimento de dever lateral deve ser relevante o suficiente para que corresponda ao descumprimento definitivo, reputa-se que, em se tratando de contrato preliminar de programação média ou mínima, o descumprimento do dever de cooperação concretizado no dever de negociar quase que equivale à recusa do cumprimento[674].

3.5.4. Notas sobre os efeitos da resolução do preliminar por inadimplemento

Resolvido o contrato preliminar, ter-se-á que apurar os efeitos da referida resolução. Tradicionalmente, a doutrina aponta que a resolução implica essencialmente três consequências: liberação das partes em relação às prestações principais[675], restituição das partes ao estágio em que se encontravam previamente à contratação e indenização por perdas e

[674] Sobre a recusa do cumprimento do contrato promessa, *vide* MORAIS, Fernando de Gravato. *Contrato-promessa em geral, contratos-promessa em especial*, cit., p. 163-165.

[675] Resguardando-se, assim, a responsabilidade pela *culpa post pactum finitum*.

danos[676] (se não houver sido pactuada cláusula penal compensatória, hipótese na qual ocorrerá tão somente a execução desta[677]).

Nanni[678] tece elenco segregado dos efeitos do inadimplemento e da resolução, listando entre os primeiros (i) a tutela jurídica do crédito e a responsabilidade patrimonial, (ii) a reposição em espécie ou pelo equivalente; e (iii) a responsabilidade pelo dano do inadimplemento; e, entre os segundos, (a) a ineficácia superveniente do negócio jurídico; (b) a liberação dos agentes; e (c) a retroatividade dinâmica das prestações principais.

No que se refere à liberação das partes em relação à prestação principal, ficarão estas liberadas da obrigação de contratar, estando ademais livres para pactuar – em sede de preliminar ou definitivo – acerca daquele que seria o objeto definitivo que do contrato resolvido resultaria.

Resolvido o contrato preliminar, surge em favor de cada parte a obrigação de dar e o correspondente direito a reaver aquilo que foi realizado a título de adimplemento, por exemplo, a devolução da coisa (que pode ocorrer em espécie ou pelo equivalente[679]) e a restituição de valores pagos. A situação em comento afigura-se especialmente relevante nos contratos preliminares de execução antecipada[680] e naqueles em que, sem entrega da coisa, tenha havido pagamento de sinal.

É espinhoso o tema da reparação civil no âmbito da resolução do contrato preliminar. A doutrina pátria e estrangeira trava, até hoje, intenso debate em torno da natureza da responsabilidade civil pré-contratual, fundada na *culpa in contrahendo* – isto é, se deve esta ser considerada contratual

[676] AGUIAR JÚNIOR, Ruy Rosado de. *Extinção dos contratos por incumprimento do devedor*, cit., p. 257; GOMES, Orlando. *Contratos*, cit., p. 209-211. Não se ignora que na resolução involuntária os efeitos sejam distintos, mas aqui se tratará apenas da resolução voluntária, ou com culpa.

[677] AGUIAR JÚNIOR, Ruy Rosado de. *Extinção dos contratos por incumprimento do devedor*, cit., p. 266.

[678] NANNI, Giovanni Ettore. *Inadimplemento absoluto e resolução contratual*, cit.

[679] NANNI, Giovanni Ettore. *Inadimplemento absoluto e resolução contratual*, cit., seç. 3.2.

[680] COSCO, Giusy. *Il contratto preliminare ad esecuzione anticipata*: una proposta ricostruttiva di un fenomeno complesso. Milano: Cedam, 2018. p. 40. Nos compromissos de compra e venda de unidades em incorporação imobiliária ou loteamento, deverão ser observados, na restituição das prestações, os ditames da Lei nº 13.786, popularmente (e de forma pouco técnica) conhecida como Lei dos Distratos.

ou extracontratual[681]. Conquanto, ali, a controvérsia consiste em averiguar se, na fase de tratativas, há intensidade suficiente para configurar relação equivalente à contratual ou, de outra, sorte, se ainda se estaria no plano aquiliano, reputa-se que no contrato preliminar a polêmica não se justifica, porquanto o preliminar é contrato propriamente dito, ensejando responsabilidade contratual.

Outro árduo tema para a doutrina consiste em aferir se, diante da resolução dos contrato, deve-se indenizar apenas o interesse positivo ou tão somente o negativo[682]. De um lado, aqueles que defendem que o Código Civil não impõe qualquer limitação à responsabilidade contratual, e que na fase contratual já está encerrada a *culpa in contrahendo*, devendo ser indenizados também lucros cessantes (que integram o interesse positivo)[683]. De outro, aqueles que reputam suficiente a reparação civil pelo interesse negativo, porquanto a indenização do interesse positivo seria incompatível com os efeitos *ex tunc* impostos pela resolução, atrelado ainda ao fato de que, após a resolução, a parte inocente estaria livre para buscar equivalente oportunidade no mercado[684]. Há, ademais, quem repute superada a divisão estanque entre interesse positivo e interesse negativo[685].

Tentar, aqui, solver essa questão demandaria aprofundamento digno de todo um outro trabalho, escapando ao objeto e escopo aqui intentados. Em todo caso, cumpre pontuar que não parece haver justificativa para que à resolução do contrato preliminar seja dado tratamento diferenciado daquele aplicável ao regime contratual em geral.

681 Por todos, POPP, Carlyle. *Responsabilidade civil pré-negocial*, cit., p. 138-150; PEREIRA, Regis Velasco Fichtner. *A responsabilidade civil pré-contratual*, cit., p. 213-273.

682 A respeito do tema, ver PINTO, Paulo Mota. *Interesse contratual negativo e interesse contratual positivo*. Coimbra: Coimbra Editora, 2008; STEINER, Renata C. *Reparação de danos*: interesse positivo e interesse negativo. São Paulo: Quartier Latin, 2018.

683 PONTES DE MIRANDA, Francisco Cavalcanti. *Tratado de direito privado*, cit., t. XXXVIII, p. 468; AGUIAR JÚNIOR, Ruy Rosado de. *Extinção dos contratos por incumprimento do devedor*, cit., p. 269; ALVIM, Agostinho. *Da inexecução das obrigações e suas consequências*, cit., p. 205. Nesse sentido, ainda, o REsp 403.037/SP, da lavra do próprio Ministro Ruy Rosado de Aguiar Júnior, que, em análise da resolução de compromisso de compra e venda de imóvel, entendeu pela incidência da indenização pelo interesse positivo.

684 ANTUNES VARELA, João de Matos. *Das obrigações em geral*. 10. ed. Coimbra: Almedina, 2006. v. 2. p. 106-112; ALMEIDA COSTA, Mario Julio de. *Direito das obrigações*, cit., p. 938; ASSIS, Araken de. *Resolução do contrato por inadimplemento*, cit., p. 146-148.

685 NANNI, Giovanni Ettore. *Inadimplemento absoluto e resolução contratual*, cit., seç. 4.2.

CONCLUSÕES

Ao longo deste trabalho, buscou-se explorar o regime jurídico aplicável ao contrato preliminar, figura de ampla utilização no tráfico negocial, procurando, ainda, enfrentar certos pontos de incerteza considerados essenciais para sua plena operabilidade no plano prático.

Encerrado o esforço teórico, cumpre agora, à guisa de conclusão, sintetizar as principais proposições que se extraem do quanto exposto neste ensaio:

(i) Impende registrar, uma vez mais, que o contrato preliminar é contrato propriamente dito, por meio do qual as partes se obrigam a celebrar um novo contrato, dito definitivo.

(ii) Em que pese ser contrato propriamente dito, o preliminar não se confunde com o contrato que de seu adimplemento decorre (o definitivo).

(iii) O contrato preliminar é negócio jurídico causal, dotado de dupla causalidade, possuindo como causa imediata a celebração do contrato definitivo e, como causa mediata, a implementação da operação econômica consubstanciada no contrato definitivo que dele decorre.

(iv) O contrato preliminar, para existir como tal, deve indicar seu elemento categorial inderrogável próprio, que é a obrigação de celebrar o contrato definitivo, bem como os elementos categoriais inderrogáveis para determinação do contrato definitivo.

(v) Como corolário da combinação do artigo 462 com o artigo 107, ambos de nosso Código Civil, o contrato preliminar não necessita observar a forma do contrato definitivo.

(vi) O registro do contrato preliminar não é requisito de validade ou de eficácia entre suas partes, mas tão somente fator de eficácia mais ampla, em face de terceiros.

(vii) Proposta e aceitação, cartas de intenções, memorandos de entendimento, pacto de opção, acordo de preferência e condição suspensiva são figuras que, embora guardem alguma proximidade com o contrato preliminar, com ele não necessariamente se confundem e, por conseguinte, podem implicar efeitos jurídicos diversos.

(viii) O contrato preliminar contém obrigação de fazer, consistente na celebração do contrato definitivo projetado, obrigação esta que possui natureza fungível (ou seja, a obrigação de contratar não possui natureza personalíssima).

(ix) Em seu grau máximo de completude, o da programação máxima, o contrato preliminar dispõe de antemão acerca da totalidade do programa contratual definitivo, de modo que a celebração do definitivo aproxima-se de um ato devido.

(x) No estágio intermediário, o da programação média, as partes dispõem sobre os principais pontos da negociação, mas guardam reserva de complementação. A depender do conteúdo do preliminar de programação média, pode ficar obstada sua execução específica.

(xi) Já no estágio inferior, o da programação mínima, as partes introduzem apenas os pontos fulcrais do programa contratual, sendo necessários acordos residuais ulteriores para sua plena eficácia. A necessidade de tais acordos não pode abarcar os elementos categoriais inderrogáveis, sob pena de não haver preliminar propriamente dito.

(xii) Pode o contrato preliminar ser compatibilizado com a cláusula *amico eligendo*, o que inclusive representa ferramenta deveras útil na circulação econômica.

(xiii) O compromisso de compra e venda de bem imóvel, figura amplamente utilizada no dia a dia do comércio, é espécie do gênero contrato preliminar, contendo em seu bojo obrigação de celebração da escritura definitiva.

(xiv) No momento do adimplemento do contrato preliminar, especialmente aquele de programação média ou mínima, ocorre sobreposição dos momentos do adimplemento (do contrato preliminar) e das tratativas (do contrato definitivo).

(xv) A boa-fé objetiva incide sobre a relação jurídica decorrente do contrato preliminar em suas três funções, em todos os momentos da relação, assim como sucede com os contratos em geral.

(xvi) Na medida em que o contrato preliminar representa o nível máximo de confiança depositado por uma parte à outra em relação à futura formação de um contrato, no momento do adimplemento do contrato preliminar incide de maneira acentuada o dever de cooperação, fundamental para que os agentes possam atingir os resultados inicialmente projetados.

(xvii) A intensa necessidade de negociar e, portanto, de cooperar, acrescida à situação de intensa interação em que as partes se colocam ao celebrar o contrato preliminar, justificam a incidência mais intensa da boa-fé, por meio do dever de cooperação, concretizado no dever de negociar.

(xviii) O contrato preliminar comporta execução específica, a qual se opera por meio de decisão judicial que substitui a vontade não declarada.

(xix) A execução específica do contrato preliminar resta obstada quando o contrato contiver cláusula de arrependimento (expressa ou implícita), quando o provimento se afigurar contrário à natureza da prestação e, em qualquer caso, quando esta se mostrar contrária à boa-fé objetiva.

(xx) A sentença que substitui a declaração de vontade produz todos os efeitos desta, mas com ela não se confunde.

(xxi) No exercício do adimplemento do contrato preliminar, o intérprete deverá realizar todos os esforços necessários a fim de permitir sua plena eficácia, inclusive promover interpretação integrativa e integração a fim de que, por meio dos critérios apropriados, se permita a plena eficácia do negócio.

(xxii) Por outro lado, não deve o agente, nesse primeiro momento, ir além do necessário para que seja colocado em vigor e efeito o contrato definitivo, de modo que complementações adicionais terão vez se e quando necessárias no plano do adimplemento do contrato definitivo.

(xxiii) Caso os critérios sejam insuficientes para devida complementação da vontade das partes, pode restar impossibilitado o cumprimento do contrato, hipótese na qual se deverá apurar a existência de inadimplemento para que se possa imputar os efeitos da resolução contratual.

(xxiv) Sempre que os pressupostos do adimplemento do contrato preliminar não se verifiquem – incluindo a observância dos deveres que são impostos às partes por força da incidência da boa-fé objetiva –, haverá inadimplemento.

(xxv) Para que possa ensejar resolução contratual, o descumprimento de deveres anexos, ou laterais, deve ser relevante o suficiente para que impossibilite a consecução da finalidade projetada.

(xxvi) As hipóteses de impossibilidade da prestação que justificam a resolução do contrato preliminar incluem não apenas as circunstâncias imediatamente relacionadas a este, mas também aquelas que com ele se relacionam de forma mediata, consistentes nas impossibilidades que atingem o objeto do contrato definitivo pretendido.

(xxvii) Resolvido o contrato preliminar por inadimplemento, incide o regime geral da resolução dos contratos por inadimplemento.

Conclusões

Ao longo deste trabalho, buscou-se demonstrar, com base em pressupostos jurídicos, o importante papel desempenhado pela boa-fé objetiva no adimplemento do contrato preliminar, figura que julgamos de grande importância à prática negocial e que, ainda assim, em nossa visão por vezes passa desapercebida.

Nossa posição acerca da incidência da boa-fé objetiva de forma mais intensa na relação jurídica do contrato preliminar decorre do reconhecimento de ambas as figuras – o contrato preliminar e a boa-fé objetiva – por nosso direito positivo, bem como da firme convicção de que a interpretação sistemática das referidas normas nos conduz a tal conclusão.

Não obstante, a conclusão aqui propugnada se trata de um filete de uma crença maior: a de que, nas relações jurídicas contratuais, em que a confiança e a consideração para com o interesse do *alter* são a base e o centro. São indispensáveis a postura escorreita, a lisura, correção e a consideração no trato. É necessário que se propugne pela eticidade nas relações.

Não se pode admitir que, no âmbito de qualquer relação jurídica – e muito menos naquela oriunda da contratação preliminar, em que a confiança na segurança de contratar é o que leva os agentes a contratarem –, posturas inconsequentes daqueles que celebram documentos preliminares sem qualquer intenção de cumpri-los sejam acolhidas.

REFERÊNCIAS

AGUIAR JÚNIOR, Ruy Rosado de. *Extinção dos contratos por incumprimento do devedor:* resolução. Rio de Janeiro: Aide, 1991.

AGUIAR JÚNIOR, Ruy Rosado de. Extinção dos contratos. *In*: FERNANDES, Wanderley (org.). *Fundamentos e princípios dos contratos empresariais*. São Paulo: Saraiva: FGV, 2007. p. 416-458 (Série GV*law*).

ALABISO, Aldo. *Il contratto preliminare*. Milano: Giuffrè, 1966.

ALEM, Fabio P. *Contrato preliminar*: níveis de eficácia. São Paulo: Almedina, 2018.

ALEXY, Robert. *Teoría de los derechos fundamentales*. Tradução Ernesto Garzón Valdés. Madrid: Centro de Estudios Constitucionales, 1993 (Colección El Derecho y la Justicia, 34).

ALMEIDA COSTA, Mario Julio de. *Contrato-promessa*: uma síntese do regime actual. 3. ed. Coimbra: Almedina, 1994.

ALMEIDA COSTA, Mario Julio de. *Direito das obrigações*. 7. ed. Coimbra: Almedina, 1999.

ALVIM, Agostinho. *Da inexecução das obrigações e suas consequências*. 5. ed. São Paulo: Saraiva, 1980.

AMARAL NETO, Francisco dos Santos. *Da irretroatividade da condição suspensiva no direito civil brasileiro*. Rio de Janeiro: Forense, 1984.

ANDRADE, Darcy Bessone de Oliveira. *Da compra e venda*: promessa, reserva de domínio & alienação em garantia. São Paulo: Saraiva, 1997.

ANDREWS, Neil. *Contract law*. Cambridge: Cambridge University Press, 2011.

ANTUNES VARELA, João de Matos. *Das obrigações em geral*. 10. ed. Coimbra: Almedina, 2006. 2 v.

ANTUNES VARELA, João de Matos. *Sobre o contrato-promessa*. 2. ed. Coimbra: Coimbra Editora, 1989.

ANTUNES, José Engrácia. *Direito dos contratos comerciais*. Coimbra: Almedina, 2009.

ARAUJO, Paulo Doron Rehder de; NAKAMURA, Camila Leiko. Comentário geral ao art. 113 CC. *In*: CUNHA FILHO, Alexandre J. Carneiro da; PICCELLI, Roberto Ricomini; MACIEL, Renata Mota (org.). *Lei da Liberdade Econômica anotada*. São Paulo: Quartier Latin, 2020. v. 2. p. 238-246.

ASCENSÃO, José de Oliveira. *Direito civil*: reais. Coimbra, Portugal: Coimbra Editora, 2012.

ASSIS, Araken de. *Manual da execução*. 5. ed. em *e-book*, baseada na 21. ed. impressa. São Paulo: Thomson Reuters Brasil, 2020. *E-book*.

ASSIS, Araken de. *Resolução do contrato por inadimplemento*. 5. ed. São Paulo: Revista dos Tribunais, 2013.

AZEVEDO JÚNIOR, José Osório de. *Compromisso de compra e venda*. 6. ed. São Paulo: Malheiros, 2013.

AZEVEDO, Antonio Junqueira de. A boa-fé na formação dos contratos. *Revista da Faculdade de Direito – Universidade de São Paulo*, v. 87, p. 79-90, 1992.

AZEVEDO, Antonio Junqueira de. Insuficiências, deficiências e desatualização do Projeto de Código Civil na questão da boa-fé objetiva nos contratos. *Revista Trimestral de Direito Civil*, v. 1, n. 1, p. 3-12, 2000.

AZEVEDO, Antonio Junqueira de. *Negócio jurídico e declaração negocial*: noções gerais e formação de declaração negocial. 1986. Tese (Titularidade) – Faculdade de Direito, Universidade de São Paulo, São Paulo, 1986.

AZEVEDO, Antonio Junqueira de. *Negócio jurídico*: existência, validade e eficácia. 4. ed. São Paulo: Saraiva, 2008.

AZEVEDO, Antonio Junqueira de. *Novos estudos e pareceres de direito privado*. 1. ed. 2. tir. São Paulo: Saraiva, 2010.

BDINE JR., Hamid Charaf. *Código Civil comentado*: doutrina e jurisprudência. 10. ed. Barueri: Manole, 2016.

BDINE JR., Hamid Charaf. Compromisso de compra e venda em face do Código Civil de 2002: contrato preliminar e adjudicação compulsória. *Revista dos Tribunais*, v. 843, n. 95, p. 58-84, 2006.

BESSONE, Darcy. *Do contrato*: teoria geral. 3. ed. Rio de Janeiro: Forense, 1987.

BETTI, Emilio. *Interpretação da lei e dos atos jurídicos*: teoria geral e dogmática. Tradução Karina Jannini e Giuliano Crifò. São Paulo: Martins Fontes, 2007.

BETTI, Emilio. *Teoria geral do negócio jurídico*. Tradução Editora Servanda. Campinas: Servanda, 2008.

BEVILAQUA, Clovis. *Direito das obrigações*. Recife: Livraria Magalhães, 1896.

BIANCA, C. Massimo. *Diritto civile*. 2. ed. Milano: Giuffrè, 2000. t. III: Il contratto.

BIANCHINI, Luiza Lourenço. *Contrato preliminar*: conteúdo mínimo e execução. Porto Alegre: Arquipélago Editorial, 2017 (Série Pautas em Direito).

BULGARELLI, Waldirio. *Contratos mercantis*. 7. ed. São Paulo: Atlas, 1993.

CANARIS, Claus-Wilhelm. *Pensamento sistemático e conceito de sistema na ciência do direito*. Tradução António Manuel da Rocha e Menezes Cordeiro. Lisboa: Fundação Calouste Gulbenkian, 1989.

CARNELUTTI, Francesco. *Teoria general del derecho*. Tradução de Carlos G. Posada. Madrid, Revista de Derecho Privado, 1941.

CASTRO Y BRAVO, Federico. La promesa de contrato, algunas notas para su estudio. *Anuario de Derecho Civil*, v. 3, n. 4, p. 1133-1188, 1950.

CHAVES, Antonio. *Responsabilidade pré-contratual*. São Paulo: Lejus, 1997.

CHOI, Albert H.; TRIANTIS, George. Designing and enforcing preliminary agreements. *Texas Law Review*, v. 98, p. 439- 488, 2020.

COMIRAN, Giovana Cunha. *Os usos comerciais*: da formação dos tipos à interpretação e integração dos contratos. São Paulo: Quartier Latin, 2019.

COMPARATO, Fábio Konder. Reflexões sobre as promessas de cessão de controle acionário. *Revista Forense*, v. 266, 1979.

CORRÊA, Luiz Fabiano. Contratos preliminares ou pré-contratos. *In*: *Contratos*: formação e regime. São Paulo: Revista dos Tribunais, 2011. v. IV. p. 211-220 (Doutrinas essenciais – obrigações e contratos).

COSCO, Giusy. *Il contratto preliminare ad esecuzione anticipata*: una proposta ricostruttiva di un fenomeno complesso. Milano: Cedam, 2018.

COUTO E SILVA, Clóvis Veríssimo do. *A obrigação como processo*. Rio de Janeiro: Editora FGV, 2007.

DEL NERO, João Alberto Schützer. *Conversão substancial do negócio jurídico*. Rio de Janeiro: Renovar, 2001.

DELGADO, Abel Pereira. *Do contrato-promessa*. Lisboa: Livraria Petrony, 1978.

DÍEZ-PICAZO, Luis María; GULLÓN, Antonio. *Sistema de derecho civil*. 6. ed. 2. reimpr. Madrid: Tecnos, 1992. v. 2: El contrato en general: la relación obligatoria; contratos en especial; cuasi contratos; enriquecimiento sin causa; responsabilidad extracontractual (Biblioteca Universitaria de Editorial Tecnos).

DÍEZ-PICAZO, Luis. *El arbitrio de un tercero en los negocios jurídicos*. Barcelona: Bosch, 1957.

DÍEZ-PICAZO, Luis. *Fundamentos del derecho civil patrimonial*. 5. ed. Madrid: Civitas, 1996. v. II: Introducción; teoría del contrato.

DINAMARCO, Cândido Rangel. *Instituições de direito processual civil*. 3. ed. São Paulo: Malheiros, 2009. v. IV.

DINIZ, Maria Helena. *Curso de direito civil brasileiro*. 27. ed. São Paulo: Saraiva, 2010. v. 1. Teoria geral do direito civil.

DINIZ, Maria Helena. *Curso de direito civil brasileiro*. 30. ed. São Paulo: Saraiva, 2014. v. 3: Teoria das obrigações contratuais e extracontratuais.

DUARTE, Nestor. *Código Civil comentado*: doutrina e jurisprudência. 10. ed. Barueri: Manole, 2016.

DWORKIN, Ronald. Hard cases. *Harvard Law Review*, v. 88, n. 6, p. 1057-1109, 1975.

DWORKIN, Ronald. *Levando os direitos a sério*. Tradução Nelson Boeira Faedrich. São Paulo: Martins Fontes, 2002.

EISENBERG, Melvin A. Relational contracts. *In*: BEATSON, Jack; FRIEDMAN, Daniel (orgs.). *Good faith and fault in contract law*. Oxford: Clarendon Press, 1997. p. 291-304.

ENGISCH, Karl. *Introdução ao pensamento jurídico*. Tradução João Baptista Machado. 8. ed. Lisboa: Fundação Calouste Gulbenkian, 2001.

FARNSWORTH, Edward Allan. Precontractual liability and preliminary agreements: fair dealing and failed negotiations. *Columbia Law Review*, v. 87, n. 2, p. 217-294, 1987.

FERNANDES, Wanderley; OLIVEIRA, Jonathan Mendes. Contrato preliminar: segurança de contratar. *In*: *Contratos empresariais*: fundamentos e princípios dos contratos empresariais. São Paulo: Saraiva: FGV, 2009. p. 164-321.

FONTAINE, Marcel; DE LY, Filip. *Drafting international contracts*: an analysis of contract clauses. Ardsley: Transnational Publishers, 2006.

FRADERA, Vera Maria Jacob de. Interpretação dos contratos. *In*: SILVA, Jorge Cesa Ferreira da; BARBOSA, Henrique (org.). *A evolução do direito empresarial e obrigacional*: os 18 anos do Código Civil. Obrigações e contratos São Paulo: Quartier Latin, 2021. v. 2. p. 417-442.

FRIED, Charles. *Contract as promise*: a theory of contractual obligation. 2nd ed. New York: Oxford University Press, 2015.

GADAMER, Hans-Georg. *Verdade e método*: traços fundamentais de uma hermenêutica filosófica. Tradução Flavio Paulo Maurer. 3. ed. Petrópolis: Vozes, 1999.

GALGANO, Francesco. The new lex mercatoria. *Annual Survey of International & Comparative Law*, v. 2, p. 99-110, 1995.

GEIDEL, José Antônio Peres; CORRÊA, Adriana Espíndola. Interpretações: art. 113 do Código Civil. *In*: MARQUES NETO, Floriano Peixoto; RODRIGUES JR., Otavio Luiz; LEONARDO, Rodrigo Xavier (org.). *Comentários à Lei de Liberdade Econômica*: Lei 13.874/2019. São Paulo: Thomson Reuters Brasil, 2019. *E-book*.

GIUSTI, Alberto; PALADINI, Mauro. *Il contratto preliminare*. Milano: Giuffrè, 1992 (*Il Diritto privato oggi*).

GODOY, Claudio Luiz Bueno de. *Função social do contrato*: os novos princípios contratuais. São Paulo: Saraiva, 2004 (Coleção Prof. Agostinho Alvim).

GOMES, Orlando. *Contratos*. 26. ed. Rio de Janeiro: Forense, 2007.

GOMES, Orlando. *Obrigações*. 17. ed. Rio de Janeiro: Forense, 2008.

GONÇALVES, Carlos Roberto. *Principais inovações no Código Civil de 2002*: breves comentários. São Paulo: Saraiva, 2002.

GRASSETTI, Cesare. *L'interpretazione del negozio giuridico con particolare riguardo ai contratti*. Padova: Cedam, 1983.

GRECCO, Renato. *O momento da formação do contrato*: das negociações preliminares ao vínculo contratual. São Paulo: Almedina, 2019.

HAICAL, Gustavo. O inadimplemento pelo descumprimento exclusivo de dever lateral advindo da boa-fé objetiva. *Revista dos Tribunais*, v. 900, 2010.

HESPANHA, António Manuel. *O caleidoscópio do direito*: o direito e a justiça nos dias e no mundo de hoje. 2. ed. Coimbra: Almedina, 2014.

KELSEN, Hans. *Teoria pura do direito*. Tradução João Baptista Machado. 6. ed. São Paulo: Martins Fontes, 1998.

KRAMER, Matthew H. On the separability of law and morality. *Canadian Journal of Law and Jurisprudence*, v. XVII, n. 2, p. 315-335, 2004.

LARENZ, Karl. *Metodologia da ciência do direito*. Tradução José Lamego. Lisboa: Fundação Calouste Gulbenkian, Serviço de Educação e Bolsas, 2009.

LEONARDO, Rodrigo Xavier; RODRIGUES JR., Otavio Luiz. A interpretação dos negócios jurídicos na Lei da Liberdade Econômica. *In*: CUNHA FILHO, Alexandre J. Carneiro da; PICCELLI, Roberto Ricomini; MACIEL, Renata Mota (org.). *Lei da Liberdade Econômica anotada*. São Paulo: Quartier Latin, 2020. v. 2. p. 219-226.

LOUREIRO, Francisco Eduardo. *Código Civil comentado*: doutrina e jurisprudência. 10. ed. Barueri: Manole, 2016.

MACNEIL, Ian. Contracts: adjustment of long-term economic relations under classical, neoclassical, and relation contract law. *Northwestern University Law Review*, v. 72, n. 6, p. 854-905, 1978.

MALUF, Carlos Alberto Dabus. *As condições no direito civil*: doutrina e jurisprudência. Rio de Janeiro: Forense, 1983.

MANTUCCI, Daniele. *L'inadempimento reciproco*. Napoli: Edizioni Scientifiche Italiane, 1990.

MARINO, Francisco Paulo de Crescenzo. *Contratos coligados no direito brasileiro*. São Paulo: Saraiva, 2009.

MARINO, Francisco Paulo de Crescenzo. *Interpretação do negócio jurídico*. São Paulo: Saraiva, 2011.

MARINONI, Luiz Guilherme; ARENHARDT, Sérgio Cruz. *Execução*. 6. ed. São Paulo: Revista dos Tribunais, 2013 (Curso de Processo Civil).

MARKOVITS, Daniel. Good faith as contract's core value. *In*: KLASS, Gregory; LETSAS, George; SAPRAI, Prince (org.). *Philosophical foundations of contract law*. Oxford: Oxford University Press, 2014. p. 272-293.

MARQUES, Claudia Lima; BENJAMIN, Antonio Herman V.; MIRAGEM, Bruno. *Comentários ao Código de Defesa do Consumidor*. 3. ed. em *e-book*, baseada na 6. ed. impressa. São Paulo: Thomson Reuters Brasil, 2019. *E-book*.

MARTINS, Ricardo Marcondes. *Abuso de direito e a constitucionalização do direito privado*. São Paulo: Malheiros, 2010.

MARTINS-COSTA, Fernanda Mynarski. *Condição suspensiva*: função, estrutura e regime jurídico. São Paulo: Almedina, 2017.

MARTINS-COSTA, Judith. *A boa-fé no direito privado*: critérios para a sua aplicação. São Paulo: Marcial Pons, 2015.

MARTINS-COSTA, Judith. As cartas de intenção no processo formativo da contratação internacional: os graus de eficácia os contratos e a responsabilidade pré-negocial. *Revista da Faculdade de Direito Universidade Federal do Rio Grande do Sul*, v. 10, p. 39-55, 1994.

MENDES, Rodrigo Octávio Broglia. Os efeitos jurídicos do memorando de entendimentos, os achados da *due diligence* e a responsabilidade pela ruptura das negociações. *In*: YARSHELL, Flávio Luiz; PEREIRA, Guilherme Setoguti J. (coord.). *Processo societário*. São Paulo: Quartier Latin, 2018. v. III. p. 673--698.

MENDONÇA, Manoel Ignacio Carvalho de. *Doutrina e prática das obrigações ou tratado geral dos direitos de crédito*. Curitiba: Imprensa Paranaense, 1908.

MENEZES CORDEIRO, António Manuel da Rocha e. *Da boa-fé no direito civil*. Coimbra: Almedina, 1953.

MESSINEO, Francesco. *Dottrina generale del contratto*. 2. ed. Milano: Giuffré, 1946.

MIRANDA, Custódio da Piedade Ubaldino. *Interpretação e integração dos negócios jurídicos*. São Paulo: Revista dos Tribunais, 1989.

MONTEIRO, Washington de Barros. *Curso de direito civil*: direito das obrigações – 1ª parte. 37. ed. São Paulo: Saraiva, 2010. v. 4.

MONTESANO, Luigi. *Contratto preliminare e sentenza costitutiva*. Napoli: Jovene, 1953.

MORAIS, Fernando de Gravato. *Contrato-promessa em geral, contratos-promessa em especial*. Coimbra: Almedina, 2009.

MORI, Celso Cintra. A boa-fé no direito civil. *Revista do Advogado*, ano XXXII, v. 116, p. 53-59, 2012.

MORSELLO, Marco Fábio. *Contratos de transporte*: novos paradigmas do caso fortuito e força maior. São Paulo: Thomson Reuters Brasil, 2021.

NANNI, Giovanni Ettore. A obrigação de renegociar no direito contratual brasileiro. *Revista do Advogado*, ano XXXII, v. 116, p. 88-97, 2012.

NANNI, Giovanni Ettore. *Inadimplemento absoluto e resolução contratual*: requisitos e efeitos. 1. ed. em *e-book*, baseada na 1. ed. impressa. São Paulo: Thomson Reuters Brasil, 2021. *E-book*.

NEGREIROS, Teresa. *Teoria dos contratos*: novos paradigmas. 2. ed. Rio de Janeiro: Renovar, 2006.

NERY JUNIOR, Nelson. Contrato preliminar de doação e previsão de atribuições gratuitas futuras. *In*: *Soluções práticas de direito*. São Paulo: Revista dos Tribunais, 2014. v. VII: Contratos e obrigações, direitos reais e direito das sucessões.

NERY JUNIOR, Nelson. Execução específica: emissão de declaração de vontade de um dos contratantes – CPC 466-B e 466-C. *In*: *Soluções práticas de direito*. São Paulo: Revista dos Tribunais, 2014. v. IX.

NEVES, Julio Gonzaga Andrade. *A* suppressio (Verwirkung) *no direito civil*. São Paulo: Almedina, 2016.

NITSCHKE, Guilherme Carneiro Monteiro. Colmatação de lacunas contratuais: insuficiências do Código Civil, deficiências da Lei de Liberdade Econômica e o trabalho de doutrina. *In*: SILVA, Jorge Cesa Ferreira da; BARBOSA, Henrique (org.). *A evolução do direito empresarial e obrigacional*: os 18 anos do Código Civil. Obrigações e contratos. São Paulo: Quartier Latin, 2021. v. 2. p. 353-396.

NITSCHKE, Guilherme Carneiro Monteiro. *Lacunas contratuais e interpretação*: história, conceito e método. São Paulo: Quartier Latin, 2019.

PENTEADO, Luciano de Camargo. *Direito das coisas*. 3. ed. São Paulo: Revista dos Tribunais, 2014.

PENTEADO, Luciano de Camargo. Figuras parcelares da boa-fé objetiva e *venire contra factum proprium*. *Revista de Direito Privado*, v. 27, p. 252-278, 2006.

PENTEADO, Luciano de Camargo. *Integração de contratos incompletos*. 2013. Tese (Livre-Docência) – Faculdade de Direito, Universidade de São Paulo, Ribeirão Preto, 2013.

PEREIRA, Altino Portugal Soares. *A promessa de compra e venda de imóveis no direito brasileiro*. Curitiba: Juruá, 1997.

PEREIRA, Caio Mário da Silva. *Instituições de direito civil*. 22. ed. Rio de Janeiro: Forense, 2018. v. III: Contratos.

PEREIRA, Caio Mário da Silva. *Instituições de direito civil*. 30. ed. Rio de Janeiro: Forense, 2017. v. I: Introdução ao direito civil; teoria geral do direito civil.

PEREIRA, Regis Velasco Fichtner. *A responsabilidade civil pré-contratual*: teoria geral e responsabilidade pela ruptura das negociações contratuais. Rio de Janeiro: Renovar, 2001.

PETRELLI, Gaetano. *La condizione elemento essenziale del negozio giuridico*: teoria generale e profili applicativi. Milano: Giuffrè, 2000.

PIGNATARO, Gisella. *Buona fede oggettiva e rapporto giuridico precontrattuale*: gli ordenamenti italiano e francese. Napoli: Edizioni Scientifiche Italiane, 1997.

PINTO, Paulo Mota. *Interesse contratual negativo e interesse contratual positivo*. Coimbra: Coimbra Editora, 2008. 2 v.

PODESTÁ, Fábio Henrique. *Direito das obrigações*: teoria geral e responsabilidade civil. 7. ed. São Paulo: Almedina, 2018.

PONTES DE MIRANDA, Francisco Cavalcanti. *Tratado de direito privado*. São Paulo: Revista dos Tribunais, 2012. t. III.

PONTES DE MIRANDA, Francisco Cavalcanti. *Tratado de direito privado*. São Paulo: Revista dos Tribunais, 2012. t. XXII.

PONTES DE MIRANDA, Francisco Cavalcanti. *Tratado de direito privado*. São Paulo: Revista dos Tribunais, 2012. t. XXXVIII.

POPP, Carlyle. *Responsabilidade civil pré-negocial*: o rompimento das tratativas. Curitiba: Juruá, 2001.

POSNER, Richard. Let us never blame a contract breaker. *Michigan Law Review*, v. 107, n. 8, p. 1349-1363, 2009.

PRATA, Ana. *O contrato-promessa e seu regime civil*. Coimbra: Almedina, 1995.

PUGLIATTI, Salvatore. *Esecuzione forzata e diritto sostanziale*. Milano: Giuffrè, 1935.

ROPPO, Enzo. *O contrato*. Tradução Ana Coimbra e M. Januario C. Gomes. Coimbra: Almedina, 2009.

ROPPO, Vincenzo. *Il contratto del duemila*. 3. ed. Torino: Giappichelli, 2011.

ROPPO, Vincenzo. *Il contratto*. Milano: Giuffrè, 2001 (*Trattato di diritto privato*).

ROSENVALD, Nelson. *Código Civil comentado*: doutrina e jurisprudência. 10. ed. Barueri: Manole, 2016.

SANCHES, Sydney. *Execução específica*: das obrigações de contratar e prestar declaração de vontade. São Paulo: Revista dos Tribunais, 1978.

SCHREIBER, Anderson. Construindo um dever de renegociar no direito brasileiro. *In*: SILVA, Jorge Cesa Ferreira da; BARBOSA, Henrique (org.). *A evolução do direito empresarial e obrigacional*: os 18 anos do Código Civil. Obrigações e contratos. São Paulo: Quartier Latin, 2021. v. 2. p. 445-474.

SCHREIBER, Anderson. *Equilíbrio contratual e dever de renegociar*. 2. ed. São Paulo: Saraiva Educação, 2020.

SCHUNCK, Giuliana Bonanno. *Contratos de longo prazo e dever de cooperação*. São Paulo: Almedina, 2016.

SILVA, Fábio Rocha Pinto e. *Garantias das obrigações*: uma análise sistemática do direito das garantias e uma proposta abrangente para a sua reforma. São Paulo: Editora Iasp, 2017.

SILVA, Jorge Cesa Ferreira da. *A boa-fé e a violação positiva do contrato*. Rio de Janeiro: Renovar, 2002.

SILVA, Jorge Cesa Ferreira da. *Inadimplemento das obrigações*: mora, perdas e danos, juros legais e cláusula penal. São Paulo: Revista dos Tribunais, 2007.

SILVA, Jorge Cesa Ferreira da; REALE, Miguel. *Adimplemento e extinção das obrigações*: comentários aos arts. 304 a 388 do Código Civil. São Paulo: Revista dos Tribunais, 2007 (Biblioteca de Direito Civil. Estudos em Homenagem ao Professor Miguel Reale. Coordenação Miguel Reale e Judith Martins-Costa, v. 6).

SOUZA, Eduardo Nunes de. *Teoria geral das invalidades do negócio jurídico*: nulidade e anulabilidade no direito civil contemporâneo. São Paulo: Almedina, 2017.

SOUZA, Ernani Vieira de. Execução específica da obrigação de emitir declaração de vontade. *In*: *Doutrinas essenciais de processo civil*. São Paulo: Revista dos Tribunais, 2011. v. 8.

SPEIDEL, Richard E. The characteristics and challenges of relational contracts. *Northwestern University Law Review*, v. 94, n. 3, p. 823-846, 2000.

STEINER, Renata C. *Descumprimento contratual*: boa-fé e violação positiva do contrato. São Paulo: Quartier Latin, 2014.

STEINER, Renata C. *Reparação de danos*: interesse positivo e interesse negativo. São Paulo: Quartier Latin, 2018.

TEIXEIRA, Tarcísio. Contrato preliminar empresarial. *Revista da Faculdade de Direito – Universidade de São Paulo*, v. 101, 2006.

TELES, Miguel Galvão. *Obrigação de emitir declaração negocial*. Coimbra: Almedina, 2012.

TEPEDINO, Gustavo; BARBOZA, Heloisa Helena; MORAES, Maria Celina Bodin de, *et al*. *Código Civil interpretado conforme a Constituição da República*. 2. ed. Rio de Janeiro: Renovar, 2007.

TEPEDINO, Gustavo; CAVALCANTI, Lais. Notas sobre as alterações promovidas pela Lei nº 13.874/2019 nos artigos 50, 113 e 421 do Código Civil. *In*: SALOMÃO, Luis Felipe; CUEVA, Ricardo Villas Boas (org.). *Lei de Liberdade Econômica e seus impactos no direito brasileiro*. São Paulo: Thomson Reuters Brasil, 2020.

TEPEDINO, Gustavo; KONDER, Carlos Nelson. Qualificação e disciplina do contrato preliminar no Código Civil brasileiro. *In*: BARBOSA, Henrique; SILVA, Jorge Cesa Ferreira da (org.). *A evolução do direito empresarial e obrigacional*: 18 anos do Código Civil. São Paulo: Quartier Latin, 2021. v. 2: Obrigações & contratos. p. 27-42.

TERRA, Aline de Miranda Valverde. Execução pelo equivalente como alternativa à resolução: repercussões sobre a responsabilidade civil. *Revista Brasileira de Direito Civil*, v. 18, p. 49-73, 2018.

THEODORO JÚNIOR, Humberto. *Código de Processo Civil anotado*. 17. ed. Rio de Janeiro: Forense, 2013.

TOMASETTI JR., Alcides. *Execução do contrato preliminar*. 1982. Tese (Doutoramento) – Faculdade de Direito, Universidade de São Paulo, São Paulo, 1982.

TOMASEVICIUS FILHO, Eduardo. *O princípio da boa-fé no direito civil*. São Paulo: Almedina, 2020.

TOSTA, Jorge; BENACCHIO, Marcelo. A interpretação dos negócios jurídicos. *In*: TOLEDO, Armando Sérgio Prado de (org.). *Negócio jurídico*. São Paulo: Quartier Latin, 2013. p. 136-159.

TRABUCCHI, Alberto. *Istituzioni di diritto civile*. Padova: Cedam, 2012.

VICENTE, Dário Moura. *Direito comparado*: obrigações. São Paulo: Almedina, 2018. 2 v.

VON TUHR, Andreas. *Tratado de las obligaciones*. Tradução José Luis Monereo Pérez. Granada: Comares, 2007 (Crítica del Derecho, Sección Arte del Derecho, 79).

VON TUHR, Andreas. *Tratado de las obligaciones*. Tradução Tito Ravà. Madrid: Reus, 1934.

WAMBIER, Luiz Rodrigues; TALAMINI, Eduardo. *Curso avançado de processo civil*: execução. 15. ed. São Paulo: Revista dos Tribunais, 2015. v. II.

WIEACKER, Franz. *História do direito privado moderno*. 2. ed. Lisboa: Fundação Calouste Gulbenkian, 2004.

ZANETTI, Cristiano de Sousa. A transformação da mora em inadimplemento absoluto. *Revista dos Tribunais*, v. 942, 2014.

ZANETTI, Cristiano de Sousa. *Responsabilidade pela ruptura das negociações*. São Paulo: Juarez de Oliveira, 2005.

ZIMMERMANN, Reinhard. *The law of obligations*: Roman foundations of the civilian tradition. Cape Town: Juta, 1990.

ZIMMERMANN, Reinhard; WHITTAKER, Simon (org.). *Good faith in European contract law*. Cambridge: Cambridge Univ. Press, 2000 (Cambridge Studies in International and Comparative Law, 14).